中国储备粮管理集团有限公司
员工岗位培训教材

内部审计

中国储备粮管理集团有限公司　编写

中国财经出版传媒集团
中国财政经济出版社

图书在版编目（CIP）数据

内部审计／中国储备粮管理集团有限公司编写．--北京：中国财政经济出版社，2021.12

中国储备粮管理集团有限公司员工岗位培训教材

ISBN 978-7-5223-0662-9

Ⅰ.①内…　Ⅱ.①中…　Ⅲ.①内部审计-教材　Ⅳ.①F239.45

中国版本图书馆CIP数据核字（2021）第139836号

责任编辑：王　飏　郭爱春　　　　责任校对：张　凡

封面设计：任海亮

内部审计

NEIBU SHENJI

中国财政经济出版社 出版

URL：http：//www.cfeph.cn

E-mail：cfeph@cfeph.cn

社址：北京市海淀区阜成路甲28号　邮政编码：100142

营销中心电话：010-88191522

天猫网店：中国财政经济出版社旗舰店

网址：https：//zgczjjcbs.tmall.com

北京鑫海金澳胶印有限公司印装　各地新华书店经销

成品尺寸：170mm×230mm　16开　21.25印张　264 000字

2021年12月第1版　2021年12月北京第1次印刷

定价：52.00元

ISBN 978-7-5223-0662-9

（图书出现印装问题，本社负责调换，电话：010-88190548）

本社质量投诉电话：010-88190744

打击盗版举报热线：010-88191661　QQ：2242791300

编委会名单

编写组名单

熊本国　潘　超　钱立峰　孙　斌　郈小伟
刘　阳　高昌原　黄　欣

序

善于学习，就是善于进步。中储粮的历史经验和现实发展都告诉我们，没有中储粮大培训，没有干部员工大学习，就没有事业大发展。面对不稳定性不确定性增强的复杂变局，面对二十多年来波澜壮阔的实践，我们要团结带领全系统广大干部员工将集团公司建设成为高质量服务国家粮食安全战略支撑力量、世界一流农产品储备集团，就必须更加崇尚学习、积极学习、持续深化学习，不断强化教育培训和实践锻炼，努力增进广大干部员工对中储粮的政治认同、思想认同、文化认同、情感认同，努力锻造出一支懂粮食、会经营、善管理的过硬队伍，为完成“做实垂直管理体系、做强储备保障功能、做优服务调控机制、用好两个市场资源”重点任务提供强大的人才队伍支撑。

中储粮依靠学习走过了不平凡的历程，取得了辉煌的成绩，今后更要依靠学习赢得未来。“十四五”时期是中储粮系统管好“大国粮仓”、增强服务国家粮食安全战略能力的关键期，是完善公司治理体系和提升治理能力的攻坚期，是全面推进高质量发展的机遇期，也是企业深化改革的转型期。在这样的关键时期，我们的“赶考”之心不能变，“赶考”之行不能停，全系统广大干部员工要胸怀全局、立足变局，坚持政治建设为要、主责主业为本、防范风险为基、高质量发展为重，不断提高“立足新发展阶段、贯彻新发展理念、构建新发展格局”的政治能力、战略眼光、专业水平，努力锻造对党忠诚、勇于创新、治企有方、兴企有为、清正廉洁的干部队伍和爱国、敬业、诚信、友善的模范员工队伍。

中储粮培训中心在公司成立十周年之际编写的第一套培训教材，在系统干部员工培训中发挥了重要作用，有力推动了广大干部员工岗位技能的提升和综合素质的提高，得到了广大干部员工的充分肯定。值此公司成立二十周年之际，培训中心启动了增编新教材、修订旧教材的工作，这套教材反映了新时代中储粮工作的新要求、新经验、好做法，希望各级各类干部员工在教育培训中要注重用好这套教材，促进“听党话、管好粮、不出事、效益好”的新要求在全系统落地生根，促进新经验、好做法在全系统开花结果，为增强服务保障国家粮食安全战略能力，提升企业竞争力、创新力、控制力、影响力、抗风险能力，推动公司治理体系和治理能力现代化，实现高质量发展贡献力量。

中国储备粮管理集团有限公司董事长　党组书记

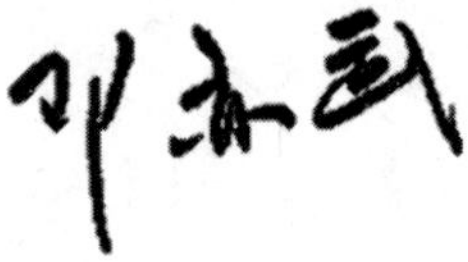

前言

2010年，中国储备粮管理集团有限公司（以下简称“集团公司”）出版了《中国储备粮管理总公司员工岗位培训教程——内部审计》，对中储粮系统内部审计人员掌握审计知识、提高综合素质、规范开展审计工作、提升审计效能等起到了积极作用。

近年来，特别是党的十八大以来，集团公司面临的内外部形势发生了深刻变化，集团公司内部审计工作也得到了深入发展。一是以习近平同志为核心的党中央高度重视审计工作。2018年5月23日，习近平总书记召开中央审计委员会第一次会议并发表重要讲话，指出审计是党和国家监督体系的重要组成部分，强调要拓展审计监督广度和深度，消除监管盲区，加大审计力度，切实起到有效监督作用。二是审计署、国资委成立内部审计指导监督机构，加强对中央企业内部审计工作指导、监督、检查。三是集团公司党组深入贯彻落实党中央决策部署，坚持全面从严治党、从严治企，对审计监督工作提出了更高要求。四是集团公司内部审计工作围绕中心、服务大局，积极推进审计全覆盖，创新方式方法，强化审计整改和审计结果运用，取得了明显成效，也积累了一些经验。为适应新形势新任务，便于内部审计人员更好地认识审计、了解审计、做好审计工作，有必要对原内部审计教材进行修订。

本次修订突出了以下特点：一是吸收先进的审计理论、技术和方法。丰富了审计概念的内涵，内部审计内容增加了“内部控制”“风险管理”，审计方式包括“监督”“评价”“建议”，审计目的则是帮助集团公司“完善治理”和“实现目标”。增加了计算机审计技术和方法知识，着重介绍了数据采集、数据分析等方面内容。二是落实党中央对审计工作的部署要求。强调审计全覆盖，明确对公共资金、国有资产、关键领导干部进行审计，做到应审尽审、凡审必严。审计内容突出贯彻落实国家粮食宏观调控政策、“三重一大”事项决策、以往审计发现问题的整改等情况。完善审计评价方式，坚持“三个区分开来”原则。三是总结集团公司内部审计工作经验。集团公司加强顶层设计，先后制定出台了《内部审计管理办法（试行）》《内部控制评价工作三年规划》等制度，内审人员积极实践，在确定审计程序、突出审计重点、创新审计整改机制等方面形成了适合中储粮系统实际的经验。这次修订对这些经验都加以总结提炼。

本教材不足之处，恳请广大读者批评指正。

《内部审计》编写组

2021 年 6 月

目 录

第一章

审计基础理论知识

第一节　审计概述

一、内部审计的定义

审计署《关于内部审计工作的规定》（中华人民共和国审计署令第11号，2018年印发）第三条规定：内部审计，是指对本单位及所属单位财政财务收支、经济活动、内部控制、风险管理实施独立、客观的监督、评价和建议，以促进单位完善治理、实现目标的活动。

中国内部审计协会《第1101号——内部审计基本准则》（2013年版）第二条规定：内部审计，是一种独立、客观的确认和咨询活动，它通过运用系统、规范的方法，审查和评价组织的业务活动、内部控制和风险管理的适当性和有效性，以促进组织完善治理、增加价值和实现目标。

二、内部审计的发展趋势

国际内部审计师协会的一份研究报告表明，内部审计的未来呈现下列十大发展趋势。这对于国内企业内部审计创新发展，包括中储粮系统内部审计的发展，具有很好的借鉴意义。

（1）从控制导向审计向风险导向审计转变；

（2）从着眼于风险到着眼于经营环境；

（3）从检查过去到着眼未来；

（4）内部审计的职能从评价扩展到预测、咨询和保证；

（5）内部审计人员从关注未来事项向多角度思考问题转变；

（6）内部审计从单纯强调独立向更加注重价值转变；

（7）要求审计人员掌握的知识从审计知识扩展为经营知识；

（8）内部审计的种类从经营审计扩展到战略审计；

（9）内部审计日益受到重视，被审计单位从过去强迫接受审计转变为主动邀请审计；

（10）审计的主要方式从说服转变为协商。

三、内部审计的目的

改善企业的经营，增加企业的价值，实现企业的目标，这就是内部审计的目的。内部审计是在企业规模不断扩大，管理层次不断增加，管理空间不断拓展的情况下，基于加强企业内部的管理控制而产生的一种管理活动。作为企业管理活动的一个组成部分，内部审计的目的无疑必须与企业的目标相一致，为企业目标的实现而服务。内部审计不但要面向内部经营管理活动，加强检查、评价，以保证各项规章制度和管理指令得到及时有效地贯彻执行，而且要面向企业的外部环境，加强调查、分析，以提供经营管理者正确决策所需的建议、咨询、资料，加强风险管理，完善内部控制，提高管理效率，为最大限度地增加企业的价值服务。实际上，也正是因为内部审计为企业增加价值服务，才使内部审计真正成为有用的活动，为企业所真正需要，从而使其能够得到高层管理者的重视和支持，更有利于内部审计工作的开展和作用的发挥。

四、内部审计的分类

内部审计按照审计目标不同，可以分为经济责任审计、财务审计、投资项目审计、经济效益审计、内部控制评价和专项审计等。

（一）经济责任审计

经济责任审计是指内部审计机构对本单位内部或下属单位的主要负责人任期经济责任履行情况或经营目标实现情况进行的审查和评价活动。

（二）财务审计

财务审计是指对被审计单位的财务收支及其有关经济活动的真实性、合法性进行的监督和评价活动。

（三）投资项目审计

投资项目审计是指由审计机构及审计人员，依据国家在一定时期颁发的方针政策、法律法规和相关的技术经济标准，运用审计方法对投资项目建设全过程的技术经济活动，以及与之相联系的各项工作进行的服务和监督活动。

（四）经济效益审计

经济效益审计是指对被审计单位的业务经营及其有关活动的经济性、效率性和效果性进行的监督和评价，针对审计过程中发现的问题，提出纠正措施和建议，以便改善经营管理、提高经营效率和效果，实现组织经营目标。效益审计也被称作经营审计、管理审计等。

（五）内部控制评价

内部控制评价是指企业董事会或类似权力机构对内部控制有效性进行全面评价、形成评价结论、出具评价报告的过程。

（六）专项审计

专项审计是指内部审计机构针对某项业务而开展的专门审计项目。例如，根据国资委《关于深化中央企业内部审计监督工作的实施意见》（国资发监督规〔2020〕60号）要求，有关单位应结合辖区实际，对重大投资项目、重大风险领域和重要子企业以及大额资金管控、高风险金融业务、重点境外经营投资项目（投资额在1亿美元以上）或重要境外企业（机构）等重点领域、关键环节开展审计监督。

（七）其他审计

通常，企事业单位的内部审计机构会受到单位负责人的委托，完成负责人和上级主管交办的任务。同时，结合公司实际情况，聚焦主责主业，对重点领域、关键环节开展审计监督，密切关注企业改革发展中的新情况和新问题。

第二节　内部审计程序

内部审计程序可以划分为审计准备、审计实施、审计报告和审计整改四个阶段。

一、审计准备阶段

审计准备阶段是内部审计的规划阶段，一般从选择审计项目开始，到制定出审计实施方案、向被审计者发出审计通知书、作出书面承诺要求为止。准备阶段是内部审计工作的基础，其工作质量会直接影响整个审计工作的质量，在内部审计程序中占有重要的地位。

（一）选择审计项目

对于内审机构来说，审计项目有两种基本来源：一种是审计机构的主动立项，即内审机构根据审计计划或者规划的安排，或者根据本单位生产经营活动和管理的需要，主动选择一些部门、单位或者项目进行审计；另一种是被动立项，即审计机构应董事会、监事会或者管理层的要求对部分部门、单位或者项目进行审计。内审机构应当在项目初选的基础上，按照重要性原则对初选项目进行筛选，从中选择重要项目优先加以考虑。在按重要性原则进行项目筛选的基础上，内部审计再按照可行性原则，对项目进行进一步的分析，剔除不可行事项，即可确定本期需要实施的审计项目。

（二）委派审计人员，编制项目审计计划

在审计项目确定后，应根据项目需要委派审计人员组成审计组，指定审计组组长和主审人员，必要时，可聘请专业技术人员参加审计组的工作。

在具体实施审计项目前，审计项目负责人制定项目审计计划。项目审计计划是对整个审计项目具体实施的全过程综合安排。项目审计计划必须在审计工作开始前得到内部审计机构负责人的书面批准，审计项目应严格按照项目审计计划展开。项目审计计划一般应当包括以下基本内容：

（1）被审计单位；

（2）审计范围；

（3）审计风险评估；

（4）审计人员及其分工；

（5）审计时间安排；

（6）审计经费安排；

（7）对专家和外部审计工作结果的利用；

（8）其他有关内容。

（三）开展审前调查和初步分析性复核

审计组成立后，审计人员应当进行审前调查，初步了解被审计企业所处的经济环境、所在行业的情况、企业内部控制情况、财务状况、业务和合同情况、以往开展过的审计情况等，在此基础上，确定审计重点，有效开展审计工作。

在审前调查的基础上，审计人员可以进行初步分析性复核。通过初步分析性复核，对被审计企业重要的财务比率和趋势进行分析，以便更好地了解被审计企业经营状况和经营成果，发现有关财务数据间的异常关系和重大波动，确定审计风险或审计重点所在。

（四）初步确定重要性水平

在初步分析性复核的基础上，审计人员需要运用重要性原则，评估被审计企业会计报表或者会计报表中的单个项目存在错报或者漏报的可能性，以及这种可能性对审计风险的影响程度，初步确定被审计项目的重要性水平，并据以合理确定所需收集审计证据的数量。

通过对重要性水平的确定，可以使审计人员在审计中对一些重点问题多加关注，而对重要性水平以下的问题或金额不用花费过多精力进行审计，从而突出审计重点，提高审计工作效率。

（五）分析审计风险和制定审计实施方案

通过前述各项工作，审计人员可以合理估量审计风险，即被审计企业容易出现问题的重点部位或关键环节，确定审计的重点和范围，将总体审计风险控制在适当的水平，保证审计意见或结论的正确性、适当性。在此基础上，制定审计实施方案。

审计方案是针对某一审计项目进行的详细安排。通过审计方案可以对审计项目实施过程中的各项审计作业作出具体安排，并据以检查和控制审计项目的进度和质量，对整个项目起指导和控制的作用。审计项目负责人应根据项目审计计划制定审计实施方案。

项目审计实施方案应包括的主要内容有：

（1）编制的依据；

（2）被审计企业的名称和基本情况；

（3）审计的目标；

（4）审计的范围、内容和重点；

（5）重要性的确定及审计风险的评估；

（6）预定的审计工作起止日期；

（7）审计组组长、审计组成员及其分工；

（8）编制的日期。

（六）向被审计单位发出审计通知书

内部审计机构应向被审计单位发出审计通知书，正式通知被审计单位做好准备，提供有关文件、会计凭证、账册和报表等资料，并为审计组提供必要的工作条件。

（七）书面承诺

在送达审计通知书的同时，审计组对被审计单位提出书面承诺要求，被审计单位的领导人员和企业财务主管人员应当对其所提供有关资料的真实性、合法性、完整性作出书面承诺。

二、审计实施阶段

审计实施阶段就是审计人员获取、审查和评估资料的阶段。在审计实施阶段，审计人员根据审计方案，在对内部控制制度进行符合性测试的基础上，收集和判断审计证据、编制审计工作底稿、提出初步审计意见的过程。

（一）实施内部控制测试

实施内部控制测试，确定审计准备阶段对企业内部控制的了解是否清楚、真实地反映了企业内部控制现状，是否有效地运转，控制风险有多大，最终确定审计人员能否依赖企业内部控制进行审计。

（1）根据内部控制测试方案，选取当年应测试的控制环节或业务循环。根据审计准备阶段对被审计企业内部控制调查了解得到的结论，审计人员应确定是否依赖内部控制进行审计，对打算信赖的内部控制进行测试和评价，最终评定内部控制的可信赖程度，确定控制风险高低。

（2）检查被审计企业内部控制的执行情况，获取控制测试证据。针对选定的内部控制，通过询问并检查相关的控制管理报告、询问并检查交易和业务的凭证、询问并实地观察未留下审计轨迹的内部控制的运行情况、重新实施相关内部控制程序等方法，取得内部控制有效运转的证据，发现其中的控制薄弱环节。

（3）评价内部控制测试结果。审计人员要根据内部控制测试结果的评价结论，修正审计准备阶段对内部控制风险的初步评价，调整或确认进一步实质性测试的程序、范围和重点。

（4）记录内部控制测试结果。实施内部控制测试后，应作好测试工作记录，记录测试的对象、测试程序和方法、测试的结果和测试结论。

（5）根据测试结果，审计人员要客观公正地对被审计企业的内部管理和内部控制状况作出客观的评价，指出内部控制中存在的薄弱环节，提出有针对性的加强和改进企业管理的意见和建议。

（二）实施审计测试

在实施审计过程中，审计人员应当及时进行审计测试，并编制审计测试记录，对测试中发现的问题编制审计工作底稿。审计测试记录是审计人员对所负责审计事项的查证过程和结果的记录。

1. 审计测试记录要素

审计测试记录应以每一审计事项为单位编制。审计测试记录的要素包括：

（1）审计项目名称；

（2）审计项目编号；

（3）审计时间范围；

（4）被审计单位名称；

（5）审计事项的名称；

（6）实施审计的程序和方法；

（7）抽查的样本；

（8）测试结论及发现的主要问题，包括对问题性质的判断；

（9）审计人员姓名及编制日期；

（10）复核人员、复核意见及复核日期；

（11）索引号及页次；

（12）附件，即所附的审计证据及相关资料。

2. 审计测试记录复核

审计项目负责人应作出适当安排，确保在现场及时对审计测试记录进行复核。复核的内容包括：

（1）是否按照审计方案的要求执行审计工作；

（2）已执行的审计工作是否得到适当记录；

（3）获取的审计证据是否足以支持审计结论；

（4）审计结论是否恰当；

（5）审计目标是否实现。

（三）收集审计证据

1. 审计证据的概念及形式

审计证据是指内部审计人员在从事审计活动中，通过实施审计程序所获取的，用以证实审计事项，作出审计结论和建议的依据。审计证据有以下几种：

（1）以书面形式存在并证明审计事项的书面证据；

（2）以实物形式存在并证明审计事项的实物证据；

（3）以录音录像或计算机储存、处理的证明审计事项的视听材料；

（4）与审计事项有关人员提供的证言材料；

（5）专门机构或专门人员的鉴定结论和勘验笔录；

（6）其他证据。

2. 审计证据收集方式

审计人员可以通过检查、监督盘点、观察、调查、函证以及录音、录像、拍照、复印、计算和分析性复核等方法，收集审计证据。

3. 审计证据规范

审计人员应当有针对性地收集与审计方案确定的审计事项相关的审计证据。

审计人员收集的审计证据，必须具备客观性、相关性、充分性和合法性。审计证据必须是客观存在的事实材料，与审计事项之间必须有实质性的联系，能足以证明审计事项并形成审计结论。审计证据必须依照法定程序取得。

审计人员向有关单位和个人进行调查询问时取得的审计证据，应当有提供者的签名和盖章，不能取得提供者签名和盖章的，由审计人员注明原因，并由两人签字予以证明。不能取得签名或者盖章不影响事实存在的，该审计证据仍然有效。

审计组长应当对审计人员收集审计证据工作进行督导，并对审计证据进行审核。发现审计证据不符合要求的，应当责成审计人员进一步取证。

（四）编制审计工作底稿

1. 审计工作底稿概念及内容

对于被审计单位违反国家和企业规定的行为以及对审计结论有重要影响的事项，审计人员应当在编制审计测试记录的基础上，编制审计工作底稿。审计工作底稿应当逐事逐项编写，做到一事一议，主要内容包括：

（1）审计项目的名称以及实施审计的时间；审计项目编号；被审计单位（部门）的名称；

（2）审计事项；

（3）审计结论或审计查出问题摘要；

（4）审计结论及问题描述；

（5）审计处理意见及依据；

（6）被审计单位反馈意见；

（7）审计人员对被审计单位反馈意见的核实结果及核实日期；

（8）编制者的姓名及编制日期；复核者的姓名及复核日期；

（9）索引号及页次；

（10）附件。

2. 审计工作底稿规范

审计证据对应多个审计工作底稿时，应将审计证据附在与其关系最为密切的审计工作底稿的后面，并在其他审计工作底稿上予以注明。

审计工作底稿实行分级复核制度，审计人员对审计工作底稿的真实性、完整性负责，审计组长对审计工作底稿的复核意见负责，经过检查复核的审计工作底稿，不得增删或修改。确需改动的，审计人员应另行编制审计工作底稿并作出书面说明。

（五）审计实施阶段的质量控制措施

审计组组长应当对审计实施过程中审计事项的测试、审计证据的取得、审计工作底稿的编制工作进行复核，并提出复核意见。

1. 审计方案确定的审计事项是否实施审计；

2. 审计方案确定的具体审计目标是否实现，审计步骤和方法是否执行；

3. 审计证据和审计工作底稿描述的事实是否清楚；

4. 审计证据是否充分、相关、可靠；

5. 适用法律、法规、规章是否准确；

6. 审计结论是否恰当；

7. 其他有关重要事项。

三、审计报告阶段

在审计终结阶段，审计组的工作是向内部审计机构提出审计报告，并将审计资料进行整理归档。

（一）编制内部审计报告

审计报告是内部审计人员在完成了审计实施阶段的各项工作后，对其工作底稿进行整理，汇总工作成果，形成审计意见，就审计结果向有关方面发表审计意见的文件。审计报告是内部审计人员工作的最终成果，也是审计项目程序的重要组成部分。只有通过审计报告向管理层传达了审计工作成果的信息，才能促进机构采取行动纠正存在的缺陷，增加机构价值。

（二）审计报告的审核

审计报告完成后应当进行审核。

审计报告通常实施三级复核：一是审计组成员的交叉审核，即由审计组成员相互对审计报告内容进行检查和复核；二是审计组组长对主审完成的审计报告进行审核；三是内部审计机构的负责人或其他被指定人员在审计报告发出前对审计报告进行审核和批准。

（三）审计报告的报送

企业内部审计机构或者履行内部审计职责的内设机构应当在企业党组织、董事会（或者主要负责人）直接领导下开展内部审计工作，向其负责并报告工作。审计报告经过审核程序后报送相应的对象。

（四）审计档案

审计工作终结时，审计组应将各种审计文件进行整理，建立审计文件档案，并妥善保管。审计报告和审计决定的底稿、可能进行的后续审计资料，以及相关的资料也要及时归档，以便日后查阅。

四、审计整改阶段

根据国资委《关于深化中央企业内部审计监督工作的实施意见》（国资发监督规〔2020〕60号）等有关文件精神，集团公司坚持问题导向，压实整改落实责任，强化审计结果运用，按照“三个不放过”（制度未完善的不放过、资金未追回的不放过、责任未落实的不放过）和全覆盖的原则进行审计整改，明确各方责任，形成闭环管理，确保审计整改工作落到实处。

（一）建立健全审计发现问题整改机制

（1）被审计单位主要负责人为审计发现问题整改第一责任人，对审计整改工作负主要领导责任。被审计单位对审计发现问题整改工作承担主体责任，应及时落实整改要求，堵塞管理漏洞，防范风险隐患，并将整改结果按要求书面报送上级内部审计机构和有关业务部门。

（2）组织实施审计的内部审计机构负责对审计整改工作进行监督，

建立问题清单和整改数据库，及时下发整改通知，督促有关单位落实审计整改责任，限期上报整改结果，并对整改完成情况予以通报。特别关注审计发现重大问题的整改落实情况，对重要问题的整改落实情况开展现场检查或跟踪审计。

（3）有关业务部门按照职能分工和业务归口管理原则负责对审计整改工作进行督办，依据内部审计机构提供的业务问题清单，督促有关单位落实整改要求，上报整改结果，并对整改完成情况进行审核确认，及时反馈内部审计机构。

（4）对审计发现的重大违纪违法问题线索，内部审计机构按照管理权限及时移交集团公司纪检监察部门。

（二）建立健全内部控制机制

对内部审计发现的具有典型性、普遍性和倾向性的问题，应认真分析研究，制定和完善有关管理制度。

（三）强化审计结果运用

将内部审计结果及整改情况作为干部考核、任免、奖惩的重要依据之一，对审计发现的违规违纪违法问题线索，按程序及时移送相关部门或纪检监察机构处理。

第三节　内部审计方法

一、内部审计方法概述

审计方法通常分为两类：即一般审计方法和专门的技术方法。一般审计方法是常用的、基本的方法，包括审核、观察、询问、函证、大数据等方法；而专门的技术方法是指需要经过一定的专门训练才能掌握的方法，如分析性复核技术、审计抽样和计算机环境下的审计技术等。不管哪种审计技术与方法，实际上都是审计人员取得审计证据的手段。

二、一般审计方法

一般方法，是指常用的审计取证方法中的询问、审核、观察、函证、监盘五种方法，以及大数据审计。

（一）询问法

询问法又称为面谈法、访谈法等，是指审计人员通过与有关人员进行访谈以获取有关信息、取得审计证据的方法。询问的形式可以多种多样，可以面谈，也可以电话交流，也可以通过信函就有关问题进行访谈；可以一对一访谈，也可以通过召开座谈会、研讨会等方式进行。通过访谈，审计人员不仅可以掌握与被审计事项有关的相关信息、相关知识，从中收集到审计证据，而且还可以分析相关问题产生的原因，以及解决问题的思路和方法。

（二）审核法

审核法又称为审阅法，是指审计工作人员通过查阅或者复核与被审计事项有关的文件资料，以获取有关信息、取得审计证据的方法。审阅法是审计人员收集审计证据的最常用方法。

（三）观察法

观察法是指审计人员对被审计单位的工作现场或被审计事项直接进行现场观察，以获取第一手资料的方法。审计人员可以用录音、录像、拍照的方法以获取资料。这种方法主要用于，了解被审计领域的运作方式，充分听取现场工作人员的意见和看法，同时可以进行一些讨论，并对其他信息进行补充。

（四）函证法

审计人员为证明被审计单位会计资料所载事项而向有关单位或者个人发函询证，要求与被审计单位有经济业务联系的第三方就函件所列经济业务和相关金额，确定被审计单位记录的正确性，这种取证方法被称为函证法。由于通过函证取得的证据来自独立的第三方，因而通过函证获取的证据可靠性较高。

（五）监盘法

监盘法是指对盘点进行监督。盘点是对实物资产、现金及有价证券等有形资产的数量进行清点的过程。应用于审计，一般是由审计人员监督盘点过程，由被审计单位的人员进行盘点，因此这种方法被称为监盘法。

（六）大数据审计

大数据审计是指审计机关遵循大数据理念，运用大数据技术方法和工具，利用数量巨大、来源分散、格式多样的经济社会运行数据，开展跨层级、跨地域、跨系统、跨部门和跨业务的深入挖掘与分析，提升审计发现问题、评价判断、宏观分析的能力。

三、分析性复核

分析性复核是内部审计人员在审计工作中需要运用的重要程序和方法。审计人员在审计过程中往往需要大量运用分析性复核来规划审计工作，获取审计证据，并形成或协助形成恰当的审计结论。

（一）分析性复核的概念

分析性复核是指审计人员对被审单位重要的金额、比率或趋势等进行比较和分析，并对异常变动和异常项目予以重点关注的审计方法。

（二）分析性复核的方法

分析性复核可以分为定量分析和定性分析两类。

1. 定量分析法

定量分析法也称作数据分析法，是内部审计中最常用的分析方法。它是指对从被审计单位或其他来源获取的资料进行计算、分析的方法。常用的定量分析方法有：

（1）比率分析法。是通过计算比率来分解、剖析和评价被审计单位效益的一种分析方法。比率分析可以是将相关的变量相比，也可以是部分与整体相比，还可以将一定时期的变化与初始状态相比。

（2）比较分析法。是将被审计单位若干个有关的可比数据进行比较，找出不同时期同一性质的若干数量差异，从而总结实绩，发现问题，评价被审计单位的活动运行状况。

（3）时间序列分析法。是指把观察或记录下来的一组按时间先后顺序排列起来的数据进行分析，找出趋势，并进行比较的方法。

（4）量本利分析法。就是找出盈亏平衡点，然后将实际或预期的业务量水平与盈亏平衡点相比较，以此来确定盈亏的可能性或投入的经济性。量本利关系是指数量、成本和利润之间的关系。

（5）成本效益分析法。是在分析计算成本与效益的基础上，比较成本与效益之间的货币金额关系，目的是确定被审计单位或项目的效益是否超过了成本。

2. 定性分析法

定性分析法是一种直观的文字分析方法，也广泛用于内部审计中。下面的几种分析方法是常见的定性分析法：

（1）内容分析法。对多种来源获取的信息进行全面、系统地梳理，归纳总结出客观明确的观点或者陈述。常用于确定审计具体目标和了解被审计单位或事项，以及对被审计事项形成初步的结论。

（2）程序分析法。在内部审计过程中，审计人员通常会按照既定标准和合理的控制模式对管理程序进行检查、分析，通常要结合其他审计程序实施。

（3）案例分析法。审计人员选择具有代表性的事件进行综合研究分析，探求反映总体的规律性认识，说明被审计事项的一般性问题，或者对被审计事项中的复杂问题进行深入研析，通常要结合其他审计程序实施。

（三）分析性复核的步骤

执行分析性复核一般均包括以下主要步骤：

（1）确定要执行分析性复核的对象。

（2）估计预期值。

（3）确定重大差异的标准。分析数据的目的主要是确认被审计单位的会计资料是否存在重大差异或意外波动。重大差异或意外波动的标准，需要审计人员根据重要性原则，运用专业判断来加以确定。

（4）确认是否存在重大差异。将报表或账面记录与期望值进行比较，如果两者的差异大于所确定的标准，则为重大差异；相反，如果两者的差异小于所确定的标准，则可以不作为审计重点，计划较少的实质性测试程序或认可被审计单位的账面记录的整体合理性。

（5）调查重大差异的原因。对于分析性复核中发现的重大差异，审计人员必须进一步调查，包括重新考虑估计预期值时所使用的方法和因素，并询问被审计单位。对于进一步确定的重大差异，则要求被审计单位提供解释，并在必要时检查支持解释的证据，查明是否能够合理说明所存在的差异。

（6）确定进一步的审计程序。对于分析性复核中发现的、不能合理解释的重大差异，如果是在审计准备阶段，审计人员应当将其视为错报或漏报风险增加的信号，作为重点审计领域，计划更加详细的审计测试；如果是在审计实施阶段和审计报告阶段，则应放弃分析性复核，转而采用其他实质性测试程序来获取证明相关报表项目或账户金额合理性的审计证据，或向有关管理层报告。

（四）发现异常差异时的处理

通过分析性复核结果出现以下异常情况时，审计人员应当进行调查，要求被审计单位给予解释，并获得适当的验证证据：

（1）与预期金额存在重大偏差。

（2）与其他相关信息严重不一致。

如果被审计单位不予解释或解释不当，则可能预示存在潜在的差错、不正当或非法行为，审计人员应当考虑是否实施其他审计程序。

四、审计抽样

（一）审计抽样的概念

审计抽样是指内部审计人员在实施审计程序时，从审计对象总体中选取一定数量的样本进行测试，并根据测试结果，推断审计对象总体特征的一种方法。审计抽样的基本目标是在有限的审计资源这一条件限制下，收集充分、适当的审计证据，以形成和支持审计结论。

（二）审计抽样的基本程序

尽管对不同类别的审计事项，审计抽样可以采取许多不同的方法，但基本都应遵循如下程序：

1. 确定被审计总体范围

确定审计总体就是根据审计的目标和要求，明确审计对象的内涵、外延及具体的总体单位数量，并对总体进行必要的分析。如在审计销售业务记录时，审计人员可将总体定义为全年账面记录的所有销售业务。

2. 确定样本量

样本量的确定关系到样本对总体的代表性，也关系到抽样的成本。样本量的确定有多种方法，但样本量的大小与抽样结果的可信赖程度、可容忍误差密切相关。

3. 样本的选取

内部审计人员在选取样本时，应使审计对象总体内所有项目均有被选取的机会，以使样本能够代表总体。只有如此，才能保证由抽样结果推断出的总体特征具有合理性、可靠性。

4. 审查样本

样本的审查就是对样本的某些方法的特征进行审查。

5. 抽样结果的评价

内部审计人员在对样本实施必要的审计后，需要对抽样结果进行评价，其具体程序和内容包括分析样本误差、推断总体误差、重估抽样风险、形成审计结论。

五、计算机辅助审计技术

（一）计算机辅助审计技术的概念

计算机辅助审计技术是指利用计算机和相关软件，使审计测试工作实现自动化的技术。通常将计算机辅助审计技术分为两类，一类是用来测试程序/系统的，即面向系统的计算机辅助审计技术，另一类是用于分析电子数据的，即面向数据的计算机辅助审计技术。

（二）计算机辅助审计技术的分类

（1）面向系统的计算机辅助审计技术，包括平行模拟、测试数据、嵌入审计模块法、程序编码审查、程序代码比较和跟踪等方法。

（2）面向数据的计算机辅助审计技术，包括数据查询、账表分析、审计抽样、统计分析、数值分析等方法。

计算机辅助审计技术是一种审计方式，需要使用一定的工具来加以实现。常见的工具包括 Excel、Access 等通用类工具，SQL Server、Oracle 等数据库类工具，以及 ACL、IDEA 等专业分析工具。

（三）数据采集

数据采集是指根据审前调查所提出的数据需求，按照审计目标，采取一定的方法和工具对被审计单位数据库中的数据进行采集的工作。

在数据采集过程中，应对数据进行验证，保证所采集的数据是真实的，未经蓄意增加、删除、修改等操作，保证所采集到的数据是完整的，未发生数据丢失的情况，并且与审计需求相关，能够保证完成各项审计程序，达到审计目标。数据采集常用的方式包括直接拷贝和直接读取、利用嵌入审计模块采集数据、利用财务软件标准接口采集数据、网上采集、文件传输以及开放数据互连等。在完成数据的采集、清理、转换、验证等过程后，为数据分析做好准备。

（四）数据分析

数据分析是指通过建立审计分析模型对数据进行核对、检查、复算、判断等操作，将被审计单位数据的现实状态与理想状态进行比较，从而发现审计线索，收集审计证据的过程。

根据分析对象的不同，可以分为总体分析和具体分析。根据业务数据的勾稽关系、业务逻辑、法律法规的规定、审计人员自身经验等来建立审计分析模型。通过采用查询、验证、发掘等数据分析方法，获取问题和线索，并将数据分析的结果具体化为纸质资料交由被审计单位征求意见，签章确认后作为审计证据归档。对于不能直接查实的问题，应根据问题线索进行延伸审计，查证和核实有关问题。

第四节 审计报告

审计报告是审计人员对于被审计事项发表审计意见，作出审计结论和提出审计建议的一种书面文件，是审计项目成果的集中体现。

一、审计报告的作用

审计报告的重要作用有：

（1）说明审计结果和审计结论；

（2）说明审计的性质和范围；

（3）作为对审计结果和建议进行后续跟踪检查的依据。

二、审计报告的编制要求

编写审计报告是审计项目的关键。编写审计报告一般有以下要求：

（1）及时性。审计报告要及时编写，以便及时提供企业管理层、被审计单位和其他利益相关者所需要的相关信息。

（2）完整性。完整性要求审计报告包含所有为实现审计目标所必须收集的证据和论点，以及对这些证据和论点进行详细充分的说明，以便于报告使用者全面、正确地理解所报告的事项和情况。

（3）准确性。准确性要求审计报告中证据表述真实、结果描述正确、结论和建议的得出具有逻辑性。

（4）客观性。客观性要求审计人员以不偏不倚的立场来表述证据，提出审计结果。

（5）有说服力。审计报告要具有说服力，就意味着审计结果要针对审计目标，用有说服力的形式表述审计发现的问题，依据已提出的事实和论点合理推断得出审计结论和建议。

（6）结构合理。审计报告必须结构合理，审计报告的内容之间要有一个明确的逻辑顺序。

（7）易于理解。审计报告要易于理解和阅读。

三、审计报告的基本要点

审计报告一般包括内容摘要、被审计事项的背景、审计实施情况、审计评价意见或结论、审计发现的情况、发现的违法违规问题及处理处罚意见、建议和被审计单位的反馈意见等一些内容。具体内容如下：

（一）被审计事项的背景

包括被审计事项或单位的基本情况，包括管理体制、财务隶属关系、财务收支状况、项目资金来源和使用情况、目前的状况等，目的是使读者对被审计事项有一个清晰的了解。

（二）审计实施情况

主要是用于向读者说明审计实施的情况，便于读者了解审计的性质、范围和内容，并进行判断。主要包括以下五个方面的内容：

（1）审计的依据，即实施审计的法律、法规、规章的具体规定，董事会、监事会、管理层交办的事项，或者其他依据。

（2）审计的目标、范围、审计起讫时间等。用以说明“审计组在什么时间、对什么事项进行了怎样的审计”。

（3）采用的审计评价标准和审计方法。

（4）遵循审计准则的情况。在审计报告中，审计人员必须明确说明审计工作是否遵循了审计准则，如果没有遵循准则，应该说明未能遵循准则的理由，目的是让读者相信审计报告的质量。

（5）明确说明被审计单位的责任，以便读者了解审计的性质和局限性，同时避免审计风险。

（三）审计评价意见或结论

针对审计目标，以审计发现的情况为基础，依据评价标准，总括地发表审计意见或得出审计结论。

（四）审计发现的问题

通常需要针对每项具体目标，逐项说明支持审计结论的事实和所作出的分析判断。一般来说，这种说明应该包括审计发现的事实、导致上述结果的原因、产生的影响三个方面的要素。

（五）发现的违法违规问题及处理处罚意见

对审计过程中发现的具体违法违规问题及处理处罚意见的逐项列示。包括审计过程中查出的被审计单位违反国家法律、法规和公司管理制度规定的财务收支行为事实，定性、处理处罚决定以及法律、法规、规章依据，有关移送处理的决定等。

（六）审计建议

审计人员在提出审计建议时应该注意，审计建议应根据审计结论和审计发现的主要问题，针对其产生问题的原因提出，在审计建议的内容上与报告中的其他内容相呼应；建议不应该太多，应该有针对性、可操作，便于被审计单位落实，也便于审计机构今后的后续跟踪检查；为保证审计的独立性和规避审计风险，审计建议一般采用“应当”式的语句，建议被审计单位“应当做什么”，而不是“如何去做”。

（七）被审计单位的反馈意见

被审计单位的反馈意见主要包括：被审计单位对审计报告的看法；

审计组采纳被审计单位的意见，并对审计报告的修改情况；审计机构不同意被审计单位意见的理由。

（八）对特别规定的或保密信息的报告

审计过程中的有些信息是禁止公开披露的，而只允许向特定的人员发送。在这种情况下，审计报告中就应该说明未披露信息的性质以及不允许披露的依据。

除上述内容以外，对于审计过程中发现的好的管理方法或实践，审计报告中还应单独对其进行评论和肯定。

第二章

经济责任审计

第一节　经济责任审计概述

一、经济责任

（一）经济责任的概念

经济责任是指分（子）公司和直属企业主要负责人在任职期间，对其管辖范围内贯彻执行集团公司党组决策部署，推动企业发展，管理公共资金、国有资产，防控重大经营风险等有关经济活动应当履行的职责。

（二）经济责任的内容

经济责任以企业负责人任职期间国有资产的管理为基础，以领导干部权力运行和责任落实情况为重点。企业负责人的经济责任主要包括财产责任、经营责任、法律责任和会计责任。

1. 财产责任

财产责任是指企业负责人在经营活动中应维护企业财产的安全，保障企业资产安全完整，并保持资产的有效运转等方面应尽的责任。例如，任期内是否产生不良资产；企业资产是否得到保值增值等。

2. 经营责任

经营责任是指企业负责人在行使经营管理职权时，如何科学、合理、有效的组织和利用企业的人力、物力、财力等资源，积极开展各项经营管理活动，努力提高经营效益等方面应尽的责任。例如，任期内企业的经营战略规划是否科学、合理、可行；内部控制制度是否健全、有效；经营决策程序是否科学、合法、合理；有无违法违纪行为；有无造成集团公司资产重大损失事件等。

3. 法律责任

法律责任是指企业负责人在企业经营管理活动中，是否严格遵守国家法律法规等方面应尽的责任。例如，企业生产经营活动是否合法；有无偷、逃、拖欠国家税款行为；有无违规转让集团公司资产，造成损失浪费等问题；有无以权谋私、损公肥私、行贿受贿、虚报经营成果，骗取荣誉等问题。

4. 会计责任

会计责任是指企业负责人在任期内是否严格遵守国家财务会计法规的有关规定，准确核算和真实反映企业的经营成果和财务状况，并有效保证企业财务会计信息的质量等方面应尽的责任。例如，企业资产、负债、损益的真实性和完整性；财务收支是否真实；资金管理是否安全高效；是否充分降低成本费用；会计核算工作是否依照国家的有关法律、法规进行；内部会计控制制度是否建立健全，是否存在弄虚作假、资产不实、账实不符等问题。

（三）经济责任的分类

经济责任按照权责一致的原则，根据企业负责人分工，综合考虑相关问题的历史背景、决策过程、性质、后果和企业负责人实际所起的作用等情况，界定其应当承担的直接责任或领导责任。

1. 直接责任

直接责任是指企业负责人因对主管的资产经营活动和财务管理事项未履行或者未正确履行职责，致使企业经营管理不善，或由于决策失误而事后又处理不力以及违规操作等，造成所在企业经济损失或经济效益下降应负的经济责任。

直接责任包括：直接违反有关党内法规、法律法规、政策规定的；授意、指使、强令、纵容、包庇下属人员违反有关党内法规、法律法规、政策规定的；贯彻党和国家经济方针政策、决策部署不坚决不全面不到位，造成国有资产流失或其他严重影响的；未完成有关法律法规规章、政策措施、目标责任书等规定的企业负责人作为第一责任人（负总责）事项，造成国有资产流失或其他严重影响的；未经集体决策程序或集体决策时在多数人不同意的情况下，直接决定、批准、组织实施重大经济事项，造成国有资产流失的或其他严重影响的；不履行或不正确履行职责，对造成的后果起决定性作用的其他行为。

2. 领导责任

领导责任是指企业负责人在其任期内对其所在企业资产和财务状况，以及有关经济活动应当负有的直接责任以外的领导和管理责任。

领导责任包括：集体决策时在多数人同意的情况下，决定、批准、组织实施重大经济事项，由于决策不当或者决策失误造成国有资产流失或其他严重影响的；违反集团公司内部管理规定造成国有资产流失或其他严重影响的；参与相关决策和工作时，没有发表明确的反对意见，相关决策和工作违反有关党内法规、法律法规、政策规定，或者造成国有资产流失或其他严重影响的；疏于监管，未及时发现和处理所管辖范围内本级或下级公司违反有关党内法规、法律法规、政策规定的问题，造成国有资产流失或其他严重影响的；除直接责任外，不履行或不正确履行职责，对造成的后果应当承担责任的其他行为。

二、经济责任审计

（一）经济责任审计的发展回顾

公元前11世纪西周周公建立的罚典制度是经济责任审计的雏形，罚典制度包括对财政的监督和对官吏的监督。其中，对官吏的监督采取将检查结果报告皇帝，由皇帝决定升降去留的方式。我国自1982年《宪法》确定实行审计监督制度以来，审计理论研究和审计实践活动不断得到深化和丰富。经济责任审计制度的建立是我国经济体制和政治体制改革，以及社会主义市场经济发展对领导干部经济责任监督的客观需要。

经济责任审计工作的具体实施始于1984年黑龙江省齐齐哈尔市的厂长离任审计。1999年中办、国办关于《国有企业及国有控股企业领导人员任期经济责任审计暂行规定》，进一步明确了企业经济责任审计的对象、内容和目的。2003年国资委成立后，与国家审计署进行了工作分工，国资委负责53户以外中央企业负责人经济责任审计工作。国资委在国家审计署审计方法的基础上，增加了访谈环节，引入了绩效评价体系，组织专家对企业经营绩效进行评价，使经济责任审计工作迈上“规范化、程序化”轨道。

（二）经济责任审计的概念

经济责任审计是指中国储备粮管理集团有限公司内部审计机构和人员依据国家有关法律法规和集团公司规章制度规定的程序、方法和要求，通过对企业负责人任职期间所在企业的资产、负债、权益和损益的真实性、合法性和效益性及企业重大经营决策等有关的经济活动，以及企业执行国家有关法律法规和集团公司规章制度情况的监督和评价，对企业负责人任职期间经济责任履行情况进行评价的审计活动。

（三）经济责任审计的主要特征

经济责任审计是审计监督与干部监督管理的综合，经济责任审计的结果在干部监督管理工作中发挥着重要作用。

经济责任审计以财务审计为基础，是在财务审计基础上对企业负责人任职期间经济责任履行情况的评价。

经济责任审计具有特定的对象，是对企业负责人的经济责任履行情况的综合评判。

（四）经济责任审计的内容构成

（1）贯彻执行党和国家经济方针政策、决策部署情况。

（2）企业发展战略规划的制定、执行和效果情况。

（3）重大经济事项的决策、执行和效果情况。

（4）企业法人治理结构的建立、健全和运行情况，内部控制制度的制定和执行情况。

（5）企业财务的真实合法效益情况，风险管控情况。

（6）在经济活动中落实有关党风廉政建设责任和遵守廉洁从业规定情况。

（7）以往审计发现问题的整改情况。

（8）其他需要审计的内容。

（五）开展经济责任审计的原则

1. 依法审计原则

经济责任审计应按照国家审计有关法律法规和集团公司的相关规定进行，审计程序、审计范围、审计内容和审计方法做到规范化。

2. 全面性原则

经济责任审计是对企业负责人任职期间所在企业资产、负债、权益和损益的真实性、合法性和效益性及重大经营决策等有关经济活动，以及执行国家有关法律法规情况进行的全面审计。在审计内容上不仅包括财务审计，而且包括企业经营活动的各个方面，体现为全部经济事项。

3. 客观性原则

经济责任审计结果关系到被审计人的任免和使用，审计应做到客观公正，要按照国家有关规定和中国储备粮管理集团有限公司相关规定，在独立、客观、公正的原则基础上，对企业负责人经济责任履行情况进行的评价。

4. 历史性原则

在进行经济责任评价时，应当按照权责一致的原则，根据企业实际，综合考虑相关问题的历史背景、决策过程、性质、后果等情况，客观公正评价以前年度的经济事项。

5. 重要性原则

经济责任审计的时间一般都较长，审计工作量较大，在审计工作中，要抓住重要问题和重要环节，从责任性质和责任大小两个角度确认审计事项的重要程度。

6. 独立性原则

经济责任审计按照年度审计工作计划和要求对被审计单位独立实施审计监督和评价，审计人员与被审计单位之间不存在经济联系和有损于独立性的其他联系。

（六）经济责任审计的分类

1. 离任审计

离任审计是指对企业负责人因任期届满或因调动、辞职、免职、撤职、退休，以及在企业进行改制、改组、兼并、出售、拍卖、破产等公司资产重组时，离开本工作岗位所进行的审计。离任审计主要目的是评价被审计人在担任职务期间履行经济责任情况，属于总结性评价，应客观公正地评判被审计人任职期间的主要业绩和应承担的经济责任，同时也严格划清前后任负责人之间的责任界限。

离任审计的审计期间通常是被审计人的整个任职期间，对于任期时间较长的，也可根据需要选择一定期间作为审计期间，但重大问题应当关注到整个任期。

2. 任中审计

任中审计是对现任的企业负责人进行的经济责任审计。任中审计主要目的是评价被审计人在任职的某一段期间履行经济责任情况，属于阶段性评价，为组织部门考核和任免领导干部提供决策依据，如审计报告要反映被审计人工作是否称职，是否完成上级部门下达的考核指标，是否存在个人经济问题等。

任中审计的审计期间通常由审计组织机构根据干部管理或企业监管工作需要确定。

3. 专项审计

专项审计是指对发生重大异常情况的企业进行的专项经济责任审计。

（七）经济责任审计的依据

（1）《中华人民共和国审计法》；

（2）《企业会计准则》；

（3）《中国内部审计准则》；

（4）《党政主要领导干部和国有企事业单位主要领导人员经济责任审计规定》；

（5）《企业内部控制基本规范》；

（6）《中国储备粮管理集团有限公司经济责任审计办法》；

（7）中国储备粮管理集团有限公司的相关管理制度。

第二节　经济责任审计的目的、地位和作用

一、经济责任审计的目的

经济责任审计是以服务集团战略为引领，以资金流向和业务流程为抓手，以问题和风险为导向，以压实责任、督促问题整改为重点，以促发展、控风险为目标，推动内部控制和风险管理系统不断完善，促进集团公司经济运行质量提升、管理效益提高和战略目标实现。

二、经济责任审计的地位

依法对国有及国有控股企业负责人进行经济责任审计，是随着我国改革开放的深入和社会主义市场经济的发展，为适应干部管理、监督的需要而产生的，是加快建立和谐社会的具体措施和有效保证，也是帮助促进企业负责人廉洁、勤政、自律，认真履行工作职责，从源头上预防和治理腐败而采取的一项重要措施，是推进依法行政、依法治企的有效手段。

三、经济责任审计的作用

（一）开展经济责任审计，是贯彻落实党中央决策部署的必然要求

党的十八大以来，以习近平同志为核心的党中央统筹推进“五位一体”总体布局和协调推进“四个全面”战略布局，推出一系列重大战略举措，出台一系列重大方针政策，中国特色社会主义进入了新的发展阶段。2014 年 10 月，国务院印发《关于加强审计工作的意见》，要求深化领导干部经济责任审计，促进各级领导干部主动作为、有效作为。2017 年 1 月，中共中央办公厅、国务院办公厅印发了《关于深化国有企业和国有资本审计监督的若干意见》的通知，提出“对国有企业、国有资本和国有企业领导人员履行经济责任情况实行审计全覆盖，做到应审尽审、有审必严，推动审计发现的问题整改到位、问责到位。”习近平总书记在党的十九大报告中，专门提出“改革审计管理体制，构建党统一指挥、全面覆盖、权威高效的监督体系。”2018 年 5 月 23 日，习近平总书记主持召开中央审计委员会第一次会议，强调改革审计管理体制，组建中央审计委员会，是加强党对审计工作领导的重大举措；要求做到应审尽审、凡审必严、严肃问责，更好发挥审计在党和国家监督体系中的重要作用。

（二）开展经济责任审计，是深化企业改革的需要

习近平总书记强调，要深化国有企业改革，提高竞争力和抗风险能力。《关于深化国有企业和国有资本审计监督的若干意见》中提出要通过完善审计监督体制机制，改进审计方式方法，促进国有企业深化改革，提高经营管理水平，坚定不移地把国有资本做强做优做大。当前，集团公司改革已进入攻坚阶段，同时也面临不少风险和挑战，如复杂的外部环境、政策性收储任务高位运行、部分单位经营管理水平不高、去库存任务异常艰巨等。认真落实集团公司重点改革举措、加快提质增效，对

中储粮系统持续健康发展至关重要。通过开展经济责任审计，准确理解和把握集团公司改革发展的新要求，将体制机制改革作为发挥审计监督作用的落脚点，着眼于帮助企业提质增效，重点揭示体制机制问题、影响企业经营运行的突出矛盾和风险，深入分析原因，积极提出解决重大问题和推动改革发展的建议，做到标本兼治、统筹推进，有利于推动解决企业改革发展中的一些难题，促进企业深化改革，不断增强活力、控制力、影响力和抗风险能力。

（三）开展经济责任审计，是推进从严治企的重要措施

从严治企，既是集团公司自身加强管理的迫切需要，更是中央的要求。2013 年以来，集团公司坚持从严治企、加强集团管控，出台了一系列管控措施，取得了明显成效，各项工作不断取得新的进展。但是，中储粮系统出现的一系列风险案件说明，有些基层企业内部管理不严不实，存在基础管理薄弱、管控穿透力不够、制度执行力不强、工作落实不够细不够实的问题。2020 年 9 月，国资委印发《关于深化中央企业内部审计监督工作的实施意见》（国资发监督规〔2020〕60 号），从制订年度审计计划、审计组织协调、审计程序、审计评价等方面，要求规范有效开展经济责任审计。通过开展经济责任审计，对企业财务状况、内部管理、经营风险、持续发展进行一次全面“体检”，揭示和反映企业经营和管理中存在的各类问题和风险隐患，有针对性提出审计建议，有利于促进企业夯实基础管理、加强风险控制，推动从严治企落地生根。

（四）开展经济责任审计，是促进领导干部履职尽责的重要手段

企业领导人员是企业经营管理的核心，也是企业发展的动力。企业领导人员肩负重大责任，相应拥有许多权力。企业领导人员认真履职尽责，则企业持续发展，否则，就会给企业造成损失。通过开展经济责任审计，围绕权力运行和责任落实，反映领导人员在履职尽责方面作出的

努力和取得的成效，揭示存在的问题，客观评价和界定经济责任，有利于促进领导人员正确履行职责，强化责任担当，提高管理水平，也有利于促进企业平稳健康发展。

（五）开展经济责任审计，是推动党风廉政建设和反腐败斗争向纵深发展的重要抓手

习近平总书记在中央审计委员会第一次会议上强调，要加强党对审计工作的领导，依法全面履行审计监督职责，促进反腐倡廉。集团公司经济责任审计工作从检查落实中央八项规定精神情况入手，重点关注领导干部执行廉洁从业规定情况，发现了一些作风问题和腐败问题线索，起到了警示和教育作用。但是，从集团公司党风廉政警示教育大会通报的问题来看，“四风”问题在少数单位还比较突出，腐败问题依然存在，这对经济责任审计工作提出了更高要求。中共中央办公厅、国务院办公厅 2019 年 7 月联合印发的《党政主要领导干部和国有企事业单位主要领导人员经济责任审计规定》明确要求，坚持党对审计工作的集中统一领导，聚焦领导干部经济责任，既强化对权力运行的制约和监督，又贯彻“三个区分开来”要求，对于加强领导干部管理监督，促进领导干部履职尽责、担当作为，确保党中央令行禁止具有重要意义。

第三节 经济责任审计的对象、内容和重点

一、经济责任审计的对象

审计对象又称审计客体，即参与审计活动关系并享有审计权力和承

担审计义务的主体所作用的对象，它是对审计内容的范围所作出的概括和限定。从其内容和范围上说，一般均包括被审计单位的会计资料及其他有关经济资料，以及所反映的财政收支、财务收支及相关的经济活动。

（一）经济责任审计对象的概念

经济责任审计对象，包括被审计人和被审计人所在企业两个方面，被审计人是经济责任审计直接指向的对象，被审计人所在企业是被审计人实施经济活动的载体，因此被审计人所在企业也是经济责任审计对象。

（二）经济责任审计的时间范围

1. 审计期间

审计期间与被审计人的任职期间既有区别又有联系，审计期间的选择直接关系到经济责任审计工作的客观、公正和全面性。

在经济责任审计中，在选取审计期间时一般应遵循下列原则：

（1）审计期间一般情况下应与被审计人的任职期间一致。

（2）审计期间的选择要结合干部管理工作的需要和审计工作实际情况，对于被审计人任职期间较长的，审计期间可以短于任职期间，但对于重大事项应追溯至被审计人实际任职期间的期初。

（3）审计期间应以会计年度作为起止时间，即起始时间为 1 月 1 日，截止时间为 12 月 31 日。

（4）被审计人任职时间为某一年度的上半年，一般以本年度初作为审计期间的期初；被审计人任职期间为某一年度的下半年，一般以下一年度初作为审计期间的期初；被审计人离任时间为某一年度的上半年，一般以上一年度末作为审计期间的期末；被审计人离任时间为某一年度的下半年，一般以本年度末作为审计期间的期末。

（5）经济责任审计中对于重大经营决策、重大财务事项等的责任界定，必须以被审计人实际任期期间为准。

2. 经济责任审计的单位范围

（1）经济责任审计单位范围的概念。经济责任审计的单位范围，是指审计的深度和广度，即企业中的哪些子企业或部门应纳入审计范围。审计单位范围的确定，直接关系到经济责任审计工作能否全面、客观、真实反映企业负责人任期经营业绩。

（2）确定单位范围的原则。在确定经济责任审计的单位范围时，应遵循重要性原则并充分考虑审计风险，被审计企业本部及重要子企业应当纳入经济责任审计的单位范围内，纳入经济责任审计范围的资产量不得低于被审计单位资产总额的50%，纳入审计范围的单位户数不得低于被审计单位总户数的60%。下列子企业必须纳入经济责任审计范围：

①资产或效益占有重要位置的子企业；

②由企业负责人兼任的子企业；

③任期内发生合并、分立、重组、改制等产权变动的子企业；

④任期内关停并转或出现经营亏损、资不抵债、债务危机等财务状况异常的子企业；

⑤任期内未经审计或财务负责人更换频繁的子企业；

⑥各类金融子企业及内部资金结算中心；

⑦与企业负责人管辖范围、业务范围有关的其他子企业。

上述资产总额指被审计单位各个独立核算单位的资产汇总金额，单位总户数指被审计单位所属的独立核算单位的总个数。

二、经济责任审计的内容

经济责任审计的内容，包括财务基础审计和经济责任审计评价两个方面。财务基础审计，通常也称经济责任审计；经济责任审计评价包括企业绩效评价和经济责任评价两方面内容。财务基础审计是依据，绩效评价是方法，经济责任评价则是结论。

（一）财务基础审计的内容

（1）贯彻执行党和国家经济方针政策、决策部署情况。主要是党和国家经济体制改革、宏观经济调控等经济方针政策及决策部署，党中央对行业、企业作出的重要指示等贯彻落实情况。

（2）企业发展战略规划的制定、执行和效果情况。主要是被审计企业负责人任期期间，企业是否按照集团公司发展战略制定相适应的发展战略，是否采取有效措施推进企业发展战略规划；是否按期完成，是否达到预期效果等。

（3）重大经济事项的决策、执行和效果情况。主要是被审计企业负责人任职期间，“三重一大”决策事项中重大事项决策、重要项目安排、大额度资金运作事项的决策制度及其执行和效果情况。

（4）企业法人治理结构的建立、健全和运行情况，内部控制制度的制定和执行情况。主要是党委会、董事会、监事会和高级管理层等之间的职责划分、制衡和约束机制等情况。

（5）企业财务的真实合法效益情况，风险管控情况。主要是围绕企业生产、经营和管理活动，揭示违规违纪违法问题线索和风险隐患等情况。

（6）在经济活动中落实有关党风廉政建设责任和遵守廉洁从业规定情况。主要是企业负责人作为党风廉政建设的第一责任人，在加强党风廉政建设方面职责履行情况。

（7）以往审计发现问题的整改情况。主要是被审计企业负责人对审计查出的问题整改过程中，是否存在不重视、不部署，以及未采取有效措施造成不到位等方面的情况。

（8）其他需要审计的内容。主要是根据集团公司中心任务需重点关注的其他内容。

（二）经济责任审计的评价

经济责任审计在审计查证或者认定事实的基础上，综合运用多种方法，坚持定性评价与定量评价相结合，依照有关党内法规、法律法规、政策规定、责任制考核目标等，在审计范围内，对被审计企业负责人履行经济责任情况，包括财政资金、国有资产的管理、分配和使用中个人遵守廉洁从政（从业）规定等情况，作出客观公正、实事求是的评价。

（三）经济责任审计的重点

本节主要讲解财务基础审计的重点内容，经济责任审计评价的内容在后面介绍。

1. 财务收支审计的重点

财务收支审计是经济责任审计的一个重要组成部分。财务收支审计重点是合规性审计，即企业的财务收支活动是否符合国家财务、会计制度的有关规定。

资产情况审计。重点通过审核账面资产和实物资产的相符程度，核实企业资产的真实性、完整性，以及处置资产行为的合规性和合理性等情况，查清有无重大资产损失或国有资产流失的现象。

负债情况审计。主要审查负债科目账面的真实性、正确性，负债形成及偿还的合法性、合理性，查清或有负债情况，以及有无通过负债类科目调节企业经营成果以及其他违反财经法规的行为。

所有者权益情况审计。主要审查所有者权益有关科目期末余额的真实性、正确性，以及所有者权益有关经济事项的合法性、合规性，查清有无侵蚀国有投资主体权益的行为；区分净资产资本投入性增减、国家政策性增减、企业经营性增减等情况，正确界定净资产增减变化中企业法定代表人应当承担的经济责任。

财务收支合规性审计。重点审计企业任期内的财务收支行为是否符合国家财务会计管理方面的有关规章制度，是否存在违反资金规定用途，挪用、占用或不当使用资金等行为。

2. 资产质量变动状况审计的重点

任职期间企业资产是否保全，是否存在重大资产损失或国有资产流失。

确认企业负责人任职期间企业资产质量的变动情况，任职期末与期初相比，不良资产比例是否下降，资产配置效率和资产获利能力是否得到改善。

比较存货周转率、应收账款周转率及总资产周转率等指标，分析企业负责人任职期间企业资产运营效率及变化情况，以及对企业未来发展的影响。

分析企业资产的流动性、风险性与效益性能否实现有效平衡。

3. 经营成果审计的重点

任期内企业收入确认和核算是否真实、完整、及时，是否符合国家财务会计制度规定，有无虚列、多列或透支未来收入，少列、漏列或转移当期收入等问题。

任期内企业成本费用开支范围和开支标准是否符合国家财务会计制度规定，成本核算是否真实、完整，符合配比原则，有无错列、多列、少列或漏列成本费用等问题。

任期内企业发生重大会计政策、估计变更及重大会计差错更正事项是否符合国家财务会计制度规定，有无滥用据以调节企业经营成果。

任期经营成果的调整。如果企业存在经营成果不实问题，应当根据审计结果对企业相关的会计数据进行调整，对审计期间产生的不良资产进行扣除，确认任期企业实际业绩，并作出调整后的新的会计报表。

审查其汇总合并范围是否完整，重点关注分（子）公司收支是否全部纳入决算。

4. 重大经营活动和经营决策审计的重点

对外投资（含职工集资成立的多元经营单位）、对外借款、重大资产处置、大额采购及大额销售等重大经营活动和重大经济决策是否符合国家有关法律法规、政策及有关规定。

有关决策是否有相关管理控制制度；

有关决策是否履行相关管理控制制度，并按规定程序进行；

所有经济业务是否已经全部签订协议或合同，有关决策协议或合同内容是否符合企业实际，是否存在损害集团公司的条款，其中有无个人谋利行为；

有关决策的履行过程明确了具体实施管理部门，有无进行过程监控；

有关决策结果有无给企业造成损失，对于形成损失的项目，有无采取果断、有力措施挽回损失等。

5. 经营合法合规性审计的重点

公款私存，坐收坐支，私设"小金库"，资金账外循环等。

无原始凭证或原始凭证不完备。

违规越权炒作股票、期货等高风险金融品种，违规账外投资、理财，违规借出资金以他方名义进行投资。

违规对外拆借、出借账户。

违规对外出借资金等。

6. 内部控制制度建立与执行情况审计的重点

是否建立相关内部控制制度和政策。

相关内部控制制度是否符合企业的实际，是否合法合规，是否完善、有效。

任职期间是否存在内部控制漏洞，如储备粮规模与实物库存账实是否相符等。

相关内部控制制度是否落实到人，是否得以彻底、有效执行。

7. 其他事项审计的重点

由于中储粮系统负担较多国家赋予的职能，有较强的计划性，因此需要重点关注审计企业负责人任职期间完成各项指令性计划的情况。

第四节　经济责任审计程序与方法

按照审计工作程序的先后，经济责任审计工作主要可分为四个工作阶段，即准备阶段、实施阶段、报告阶段和整改跟踪阶段，如图 2－1 所示。

一、准备阶段

准备阶段是整个经济责任审计工作的起始阶段，该阶段的主要任务是为下面的审计实施和撰写报告进行前期准备。经济责任审计准备阶段工作主要包括：确认任务、业务培训、进驻企业、审前调查、收集资料、修改完善经济责任审计方案等。

审计准备是指在审计部门年度审计项目计划已经批准下达后，由审计部门在具体实施对单个经济责任审计项目的审计工作前所做的各项准备工作。

经济责任审计流程

准备阶段

审计立项
组成经济责任审计组并确定审计组组长
审前培训
审前调查
编写审计实施方案
送达审计通知书
召开审计进点会
提出审计书面承诺和审计公告

实施阶段

实施内部控制的符合性测试
实施实质性测试
听取汇报、问卷调查、访谈
专家评议
审计工作底稿的编制及复核

报告阶段

拟定审计报告初稿
与被审计单位交换意见
出具报告征求意见稿
正式征求意见
出具正式报告
底稿归档

整改跟踪阶段

确定后续跟踪审计项目
编制后续跟踪审计方案
实施后续跟踪现场审计
编写后续跟踪审计报告

图 2－1 经济责任审计流程图

其主要流程如图 2－2 所示。

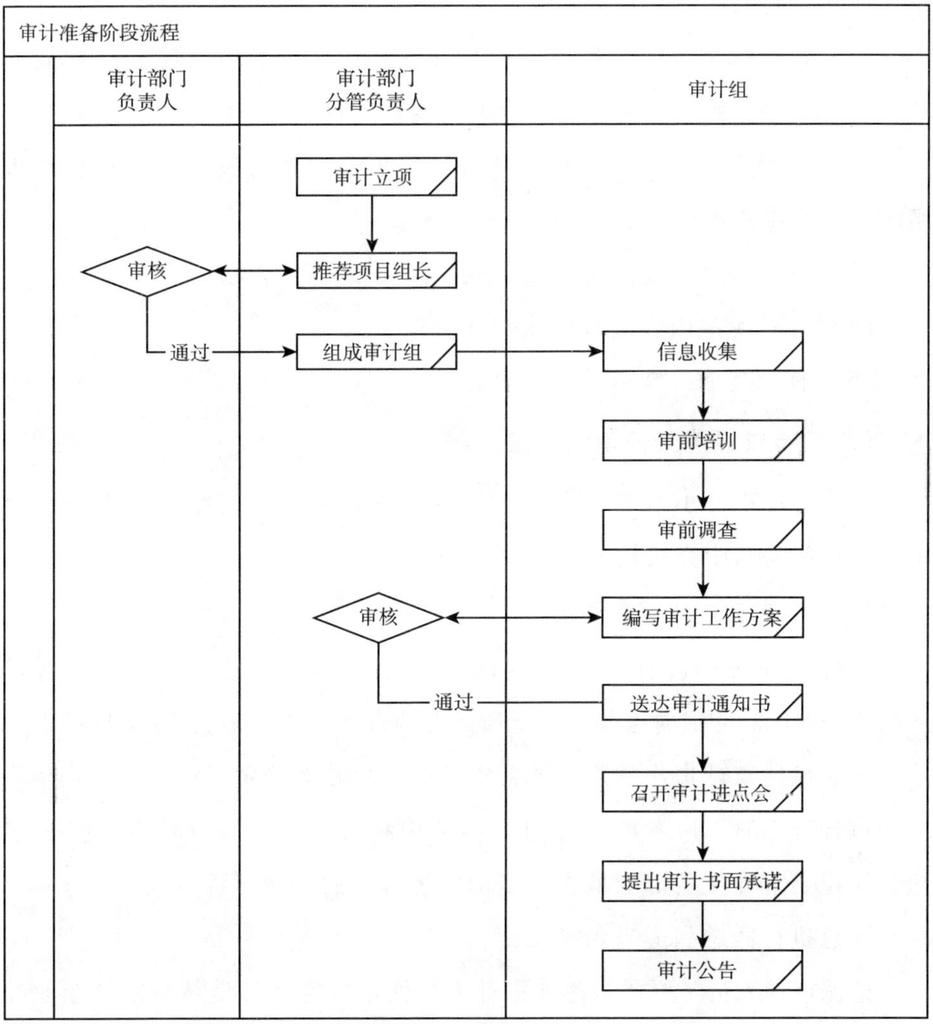

图 2－2　审计准备阶段流程

(一) 经济责任审计立项

审计部门根据年度审计计划和本企业主要领导或类似权力机构、人事管理部门的委派或委托进行立项，安排审计项目。

审计部门应对有关委托和安排事项进行认真研究，确认需要承担的审计任务，明确审计的客体和审计范围：

（1）审计哪个单位的负责人，对其进行任期中的审计还是任期内办理调任、免职、辞职、退休等事项前的离任审计；

（2）是否进行改制、改组、兼并、出售、拍卖、破产等国有资产重组时的经济责任审计；

（3）审计哪个年度的资产、负债、损益或财务收支；

（4）要对哪些内容进行确认和评价；

（5）有无其他特殊审计要求等。

（二）组成经济责任审计小组

经济责任审计小组的选派可采用内部审计部门自行组织、委托社会中介机构和聘请中介机构人员配合三种形式。

1. 确定审计组人员的原则

结合不同经济责任审计项目的性质、预计的审计工作量，以及审计任务的复杂程度和完成时限等，确定所需要的审计人员的知识结构和数量。

注意保持审计工作的连续性，审计分工要相对稳定。

审计分工时，应考虑审计组人员结构和审计人员自身情况，扬长避短，使每个审计人员都能最大限度地发挥自身的作用，各尽其才。

注意执行回避和适当轮换制度。

选派审计人员，要严格遵守审计人员回避规定，凡是与被审计企业的领导人员及其所在企业的有关人员有利害关系的人员，不应进入审计组。

在考虑保持审计工作连续性时，也应对一些连续多年从事某一特定企业经济责任审计的人员，进行适当轮换，以保证审计的独立性和客观公正性，防止出现审计人员与被审计的企业负责人及其所在企业接触过多而产生舞弊行为。

2. 审计组组长的选择与职责

审计组实行组长负责制。企业审计部门指定审计组组长。

审计组组长应由全面熟悉审计业务、具有较丰富审计工作经验和较强组织、沟通协调能力的审计人员担任。

企业委托审计派出机构进行审计的经济责任审计项目，审计组组长原则上由派出机构主要负责人担任。

审计组组长的主要职责是：

（1）全面负责项目审计工作；

（2）统一协调审计资源，选配具有相关业务专长的审计人员组成审计组；

（3）协调审计组内部、审计组与被审计单位之间的关系，确保审计项目工作进度；

（4）组织审前调查，审定审计实施方案和审计报告，并对审计项目质量负责；

（5）组织项目总结等。

3. 主审的选择与职责

经济责任审计项目应设立主审。主审由审计组组长指定，对审计组组长负责。主审应由具有相关专业知识和较丰富的审计经验，并具有较强沟通协调和文字能力的审计人员担任。

主审的主要职责是：

（1）协助审计组组长全面完成项目审计工作；

（2）协助组织审前调查，并起草审前调查报告和审计实施方案；

（3）协助审计组组长组织开展现场审计工作，控制审计工作进度和审计工作质量；

（4）起草审计报告和项目总结等。

4. 审计小组的分工与职责

审计组组长应根据审计项目具体情况，在审计组内设若干审计小组。

审计组组长应选配好各审计小组组长。审计小组组长应由熟悉本小组相关审计业务并具有一定的组织协调能力的人员担任。审计小组组长受审计组组长的委托，全面负责本小组的审计工作。

审计小组的设立，需根据集团公司的相关规定和企业的实际情况拟定。

（三）审前培训

审计部门在实施审计前根据审计小组成员构成情况制定审计业务培训内容，并布置审计工作。

（四）审前调查

在制定具体审计实施方案以前，审计人员应进行审前调查，了解被审计企业所处的经济环境、所在行业的情况和内部情况，确认本次审计的固有风险，了解被审计企业负责人的任期和任期目标、要求完成的经济指标及其完成情况等，以便确定审计重点，有效开展审计工作。

审前调查工作内容是，初步调查了解被审计人及被审计单位的情况。

1. 了解要点

（1）被审计企业领导人员的基本情况；

（2）被审计企业领导人员履行经济责任的基本情况；

（3）组织、人事、纪检、监察等有关部门对被审计企业领导人员的反映和看法；

（4）被审计企业的基本情况；

（5）被审计企业经营情况；

（6）被审计企业的内部控制；

（7）关联方及关联方交易情况；

（8）被审计企业经营环境；

（9）被审计企业所在行业情况。

2. 了解的方法

（1）利用以往审计的资料与经验；

（2）召开调查会议，与被审计单位高级管理人员等讨论；

（3）实地察看被审计单位的生产经营场所及设施；

（4）与被审计单位内部审计人员讨论并审阅内部审计报告；

（5）与被审计单位有关监管部门和金融机构等讨论；

（6）查阅与被审计单位所在行业相关的资料；

（7）学习对被审计单位有重大影响的法规；

（8）查阅被审计单位相关的会议记录和发布的对外年报等文件。

3. 了解的流程

（1）初步调查了解，编制被审计人员基本情况表；

（2）初步调查了解，编制被审计人员履行经济责任情况表；

（3）初步调查了解，编制被审计企业及被审计人员调查情况表；

（4）初步调查了解，被审计企业的经营情况，编制经营状况汇总表；

（5）初步调查了解，编制控制环境调查表和会计系统内部控制调查表；

（6）初步调查了解，编制关联方及关联方交易情况调查表；

（7）初步调查了解，编制经营环境情况表；

（8）初步调查了解，编制行业情况表；

（9）召开审前调查会议，编制审前调查会议记录；

（10）做好审前调查记录，编制审前调查记录表。

（五）执行初步分析性复核

审计准备阶段的初步分析性复核，是指在经济责任审计准备阶段对被审计企业重要的财务比率和趋势进行分析，以便更好地了解被审计企业的经营状况和经营成果，发现有关财务数据之间的异常关系和重大波动，确定审计风险或审计重点所在。

应执行以下流程：

（1）确定将要进行的计算和比较，编制有关初步性复核情况表，如横向趋势分析表、纵向趋势分析表、比率趋势分析表、财务与非财务信息综合分析表、初步性复核情况汇总表；

（2）利用会计和非会计资料来估计期望值，编制估计期望值表；

（3）执行计算或比较，编制计算或比较结果表；

（4）分析数据集确认重大差异，编制重大差异情况表；

（5）调查重大的非预期差异，编制重大的非预期差异调查表；

（6）确定对审计方案的影响，完整记录不合理的重大差异；

（7）利用初步分析性复核的结果帮助确定审计重点；

（8）初步确定重要性水平；

（9）初步确定重要性水平应考虑的因素，编制初步确定重要性水平应考虑因素表；

（10）初步确定报表层次重要性水平，编制报表层次重要性水平确定表；

（11）初步确定账户层次重要性水平，编制账户层次重要性水平确定表；

（12）重要性水平与精确限度；

（13）可以用相关账户重要性水平的80%—90%作为相应的精确限度。

（六）分析审计风险，确定审计策略

确定可接受的审计风险，编制可接受审计风险确定表。

分析固有风险，编制固有风险分析表。

初步评估控制风险，审计内部控制测试程序。

确定检查风险，设计实质性测试的程序和范围。

汇总分析审计风险，编制审计风险汇总分析表。

（七）编制审前调查报告

审前调查工作结束后应当撰写《审前调查报告》，审前调查报告应综合反映审前调查成果，主要内容包括以下几个部分：

1. 企业基本情况

简要介绍企业历史沿革、职工情况、组织机构及部门设置、审计期间企业主要负责人及分工情况、经营范围、企业市场地位及竞争能力、主要业务板块及所处行业情况、盈利重点、企业战略及决策层运作、会计核算体系等。

2. 审前调查的工作情况

简要介绍审前调查的人员和工作时间、调查方法等有关工作情况。

3. 审计期间企业财务状况

详细分析以下几个方面：一是企业负责人任期内财务变动情况，即经营成果、重要财务指标及比率变动情况；二是审计期间非经常性损益情况；三是资产质量的整体状况，不良资产及资产损失状况；四是企业内部控制制度建设及执行情况；五是内外部审计情况说明，主要包括企业负责人任职期间外部审计（包括中介机构年度审计、国家机关审计）和内部审计过程中发现的问题及初步核实情况。

4. 审计期间企业的重大事项

主要包括：一是重大投资经营项目；二是经营、投融资决策；三是重大资产损失；四是企业重组情况；五是担保抵押情况；六是诉讼事项。

5. 企业的主要竞争优势

总结企业的主要优势或核心竞争力，以及这些优势对企业的影响。

6. 企业面临的困难和主要风险情况

列明企业存在的突出问题和面临的风险，一是从总体上总结企业目前存在的问题或不足；二是结合企业的实际情况分析企业面临的主要风险，包括经营风险、市场风险、财务风险、管理风险和法律风险等。

7. 审前调查过程中发现的主要问题

详细列出在审前调查过程中发现的主要问题及有待核实的问题，包括会计信息、资产质量、重大决策、企业改革改制及重组转让、执行国家法律法规等方面。

8. 审计工作建议

结合审前调查了解的情况，针对企业的情况，提出对本次审计工作的具体建议。

9. 审前问题

审前调查中遇到的困难、拟采取的措施及需要相关部门协调解决的问题。

10. 其他需要说明的问题

（八）编写审计工作方案

1. 审计工作方案内容

（1）企业基本情况。介绍企业设立、沿革、发展概况；企业的主营业务情况；企业的产权关系、组织架构、部门设置及重要子企业情况；原企业负责人及领导班子的基本情况等。

（2）审计目标及审计依据。叙述本次审计的目的，需要完成的主要任务，以及审计依据等。

（3）审计策略。根据被审计企业特点，介绍本次审计的具体策略。

（4）审计范围和审计对象。介绍审计范围选择的原则和依据，列示被审计子企业名单及主要指标，简要介绍重点审计企业情况。

（5）审计的重点内容。介绍审计风险的评估结果以及拟审计的重点内容，如企业内部管理制度的建立和执行情况；企业各审计年度财务决算编制情况；内部管理制度的建立和执行情况；资金管理、使用情况；有关经营活动和重大经营决策情况；执行国家有关法律法规情况；廉洁自律情况等。

（6）审计程序和方法，包括审前调查、现场审计、报告阶段的具体工作程序和方法，企业绩效评价的有关内容。

（7）审计工作时间、人员安排。详细介绍各阶段的具体时间与人员安排，项目分组情况，各小组人员名单及工作职责和任务。

（8）审计组织和质量控制。叙述审计工作的组织情况、审计工作纪律和要求，以及审计质量控制的具体措施。

（9）审计配合与沟通。

（10）其他需说明的事项。

2. 审计工作方案编制方法

做好审前调查工作，调查内容完备。

审前调查要严格按照规定程序进行，通过提供审前调查提纲，编制具体调查资料格式，形成审计工作方案的编制依据。

根据责任明确、真实的调查资料，对调查资料归类分析、汇总，形成单项调查结论工作底稿。

评价单项调查结论，与行业资料对比，确定调查扩展范围，形成调查重点和对所属下级单位的调查范围。

汇总单项调查结论，复核调查资料，形成审计工作方案的内容。

3. 审计工作方案编制要求

审计工作方案是审计机构实施现场审计的直接依据，是形成审计结果的可靠保证。

由审计小组审前调查结束后完成，经审计组组长同意后，报审计部门备案后实施。

审计实施方案在报备前，审计组组长应专题向审计部门汇报。

审计小组在实施审计过程中可以根据审计情况调整审计实施方案。但审计方案的重大调整应经审计组组长同意后，报审计部门备案。

审计工作方案要结合被审计企业的实际情况，充分反映审前调查情况。

审计工作方案应包括企业绩效评价的有关内容。

（九）送达审计通知书

审计通知书应由审计委托方送至被审计企业及被审计人本人。

经济责任审计通知书的主要内容应包括：

（1）被审计企业名称；

（2）审计依据、范围、内容和方式，必要的追溯和延伸事项；

（3）审计起始日期和预计终结日期；

（4）审计组组长及成员的姓名、职务；

（5）对被审计企业提出配合审计工作的要求；

（6）对被审计企业提出自查要求，包括自查的内容、要求和自查完成日期。

审计通知书应在审计小组正式进驻被审计单位前提交，使被审计单位做好必要的安排，使组织的正常经营业务不因进行审计而受影响。实施审计应尽量做到不影响正常业务。

（十）召开审计进点会

审计小组应在审计通知书约定的时间正式进驻被审计单位，进驻时应由审计委托方组织被审计企业相关人员召开审计进点会议。

1. 参加人员

会议参加人员包括被审计企业现任负责人、财务负责人及相关主要管理人员，原任负责人（被审计人），审计委托方人员和审计小组人员。

2. 会议内容

审计委托人宣读审计通知书；被审计单位介绍单位基本情况；被审计人做述职报告；审计小组负责人介绍审计方案。

（十一）审计公告

审计小组进驻被审计企业后，应张贴审计公告，但委托方认为公告不利于审计工作开展的除外。

审计公告应包括审计的依据、审计的时间、审计所需的反馈内容和审计的联系方式，预留的联系方式可包括审计组办公地点的通信地址、主要负责人的联系电话、电子信箱等。

审计组的审计公告应张贴在被审计单位的主要公开场所，能使广大职工查看，并在审计公告下专设意见箱，意见箱钥匙应由审计小组负责人保管。

二、实施阶段

实施阶段是经济责任审计工作的主体部分，是获取证据、发现并查实问题的阶段。该阶段工作主要包括：财务基础审计、企业绩效评价、经济责任评价等。

审计实施是审计人员紧紧围绕审计目标，实施符合性测试和实质性测试，对测试结果进行记录，确定所审计事项与企业负责人的经济责任存在什么样的关系，并查证取证的过程。

审计评价是审计实施过程中非常重要的环节，它既关系到审计工作的质量和风险，也是被审计人员和委托人十分关注的焦点。

主要流程如图 2－3 所示。

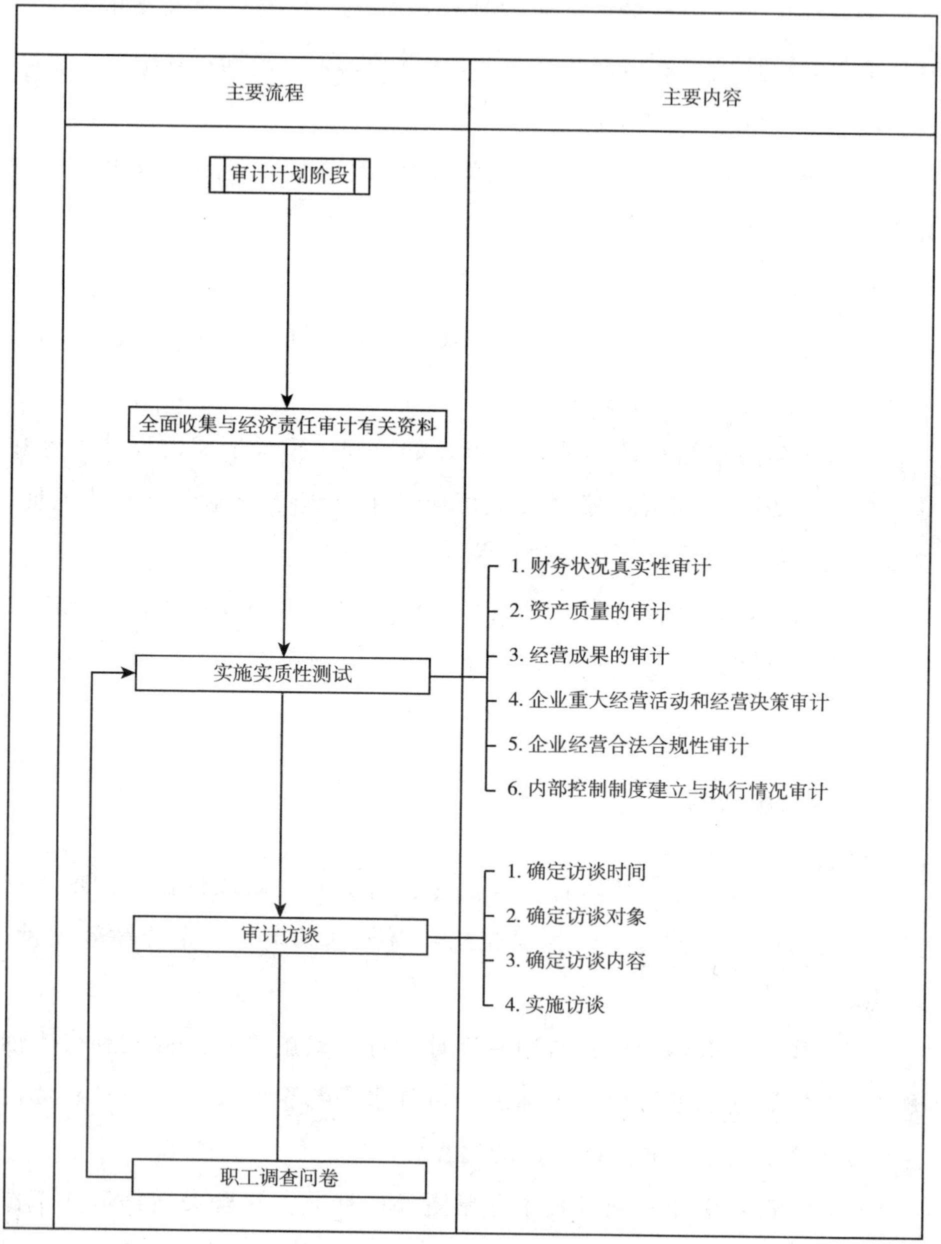
主要流程
主要内容
审计计划阶段
全面收集与经济责任审计有关资料
实施实质性测试
1. 财务状况真实性审计
2. 资产质量的审计
3. 经营成果的审计
4. 企业重大经营活动和经营决策审计
5. 企业经营合法合规性审计
6. 内部控制制度建立与执行情况审计
审计访谈
1. 确定访谈时间
2. 确定访谈对象
3. 确定访谈内容
4. 实施访谈
职工调查问卷

经济责任审计评价要贯穿经济责任审计工作的全过程，并采取独立的经济责任审计评价流程。经济责任审计评价流程如下：

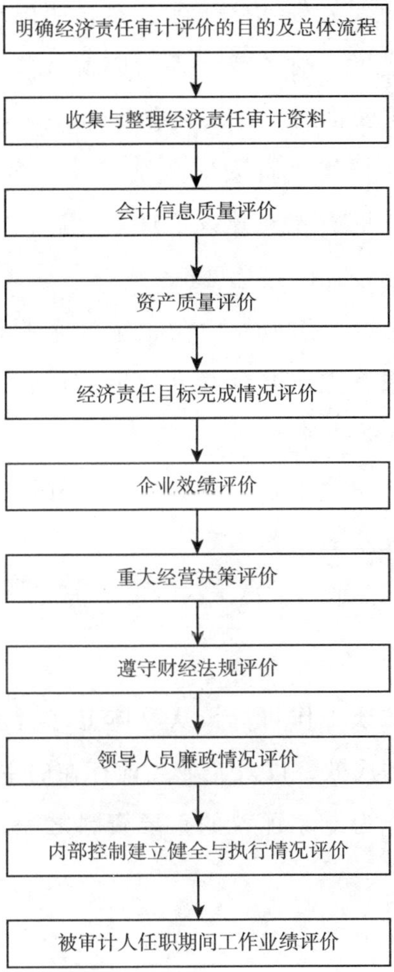

图 2－3　实施阶段流程图

（一）有关要求

审计组应按照经济责任审计工作的总体时间安排，及时与被审计企业沟通，协商确定进点会时间，按时召开进点会。

项目组人员应认真做好会议的各项准备工作，并准时参加会议。财务审计组进点会之前要做好初步工作安排，明确审计人员分组情况，确定审计工作时间和进度，财务审计组长应就有关审计工作安排事项与项目组组长及评价组组长沟通，并认真准备讲话稿。

会前或会后，审计组负责人应分别与企业负责人和被审计人沟通，听取他们对审计工作的意见和建议。进点会后，审计组应要求企业按照有关要求张贴审计公告，设置意见箱。

进点会后，财务审计组应及时与被审计企业相关部门沟通，收集审计资料，制定审前调查方案并认真开展审前调查，按照要求撰写审前调查报告，拟定审计实施方案。

审计组应在详细说明审计目的、内容、程序、时间安排和工作要求的基础上，提高会议效率。

（二）访谈

1. 访谈目标

经济责任审计访谈工作目标：从总体上把握被审计人任职期间开展的主要工作，取得的成效，以及企业当前存在的主要问题和不足。

访谈工作结果作为专家评议的重要资料之一，也是起草经济责任审计报告的重要参考。

2. 访谈对象

访谈对象主要包括四类：一是被审计对象；二是现任企业领导班子成员；三是主要子企业和本部主要职能部门负责人；四是需要核实有关审计事项的当事人。需要针对具体访谈对象制订访谈计划。

3. 访谈内容

访谈内容着重考虑两方面因素：一是被审计人任职期间企业开展的主要工作、取得的业绩、存在的不足和工作建议等；二是审前调查和财务基础审计反映出来的需要进一步了解核实的有关情况。

4. 有关要求

认真听取财务基础审计汇报。访谈前，参加访谈的人员应认真听取财务基础审计情况汇报，分析企业存在的风险和问题，将需要了解的重大问题列入访谈提纲。

制订切实可行的访谈计划。访谈前，项目组应根据企业的实际情况，制定周密、切实可行的访谈计划，访谈计划应包括访谈的目标、访谈对象的确定、具体访谈内容等，对于采取汇报式访谈的，应先将访谈题目交给审计访谈对象，要求访谈对象准备书面汇报材料。访谈计划应报审计组组长批准。

审计组组长应参与对领导班子成员访谈工作。为落实项目负责制，审计组组长一般应参与访谈，负责与企业领导班子成员及重大问题的访谈工作。

访谈内容应只限于与经济责任有关的内容。经济责任审计只对企业负责人履行经济责任情况进行评价，不涉及政治、人品等其他方面。

做好访谈记录和工作总结。访谈过程中，要有专门的访谈记录人员，认真做好书面访谈记录。访谈工作结束后，要及时整理访谈情况记录，对有关问题进行归纳总结，起草访谈工作报告。

（三）结合内部控制审计实施符合性程序

经济责任审计的一个重点内容就是要对被审计企业内部控制的建立、健全及执行情况进行审计，因此，在实施内部控制符合性测试时，应就内部控制情况审计一并进行。

实施内部控制符合性测试，确定审计准备阶段对企业内部控制的了解是否清楚、真实地反映了单位内部控制现状，是否有效地运转，控制风险有多大，最终确定审计人员能否依赖单位内部控制进行审计。

根据内部控制测试方案，选取应测试的控制环节或业务循环，检查被审计企业内部控制的执行情况，评价内部控制测试结果，并记录内部控制测试结果，最后作出客观评价。

（四）实施实质性测试

实质性测试，是指在符合性测试的基础上，运用盘点、函证、观察、查询及计算、分析性复核等方法，对会计报表项目金额进行的证实性测试。它主要是通过对具体业务的抽查来完成的。符合性测试中所确认的控制弱点，就是实质性测试的重点。

实施实质性测试，确定被审计单位会计报表所反映的资产、负债、损益是否真实、完整地反映了客观实际，被审计单位的各项经济指标是否真实完成或实现，是否存在单位或个人违法违纪问题，从而为评价被审计领导人员的经济责任履行情况打下基础。

根据实质性测试方案确定要测试的重点。

（1）结合审计进点后内部控制测试结果和被审计企业的实际情况，调整审计方案，合理分配审计资源和审计任务，如重新分配部分审计任务，调整审计工作进度和审计人员分工，调整审计的重要性水平和审计测试范围和重点。

（2）取得被审计企业的相关资料。

（3）实施有关会计账户与会计报表的审查工作。

（4）审计实施中针对经济责任审计的特点确定重点。重点审计主要是：被审计企业的重大采购和销售活动形成的债权、债务关系；改组和改制中参股、控股其他企业或被兼并、合并情况；重大投资决策、经营决策情况，特别要对重大风险性金融证券、期货等投资决策情况进行检查，审查企业领导人员在其中所起的作用和应承担的经济责任；对照会计核算的真实性、权责发生制、收入成本配比、谨慎性等原则，对资产、负债、损益中存在的不真实、不完整及虚假、错误账目进行重点审计。

（5）获取审计证据。

（6）编制审计工作底稿。

（五）审计底稿编制审核和确认

1. 审计底稿的类别

审计底稿具体可分为综合类审计底稿和业务类审计底稿。

综合类审计底稿包括各类组织性的文件，如审计通知书、审计方案等；结果性的文件，如审计报告、述职报告等；反馈性的文件，如被审计人与被审计单位的征求意见书。

业务类审计底稿包括审计人员具体实施审计内容所形成的工作底稿，主要为“一事一议”类型的问题描述底稿和各类审计表格。

2. 审计底稿的内容

综合类审计底稿：综合类审计底稿主要体现在审计流程中，相关内容详见模版。

业务类审计底稿：业务类审计底稿的基本信息包括被审计单位名称、审计项目名称、审计期间、编号、内容提要、审计处理意见及依据、被审计单位意见、对反馈意见的落实情况、人员签名（审计人员、复核人员和组长）、日期。

3. 审计取证记录

审计人员在实施会计凭证抽查时，对需要查证的事项需形成审计取证记录（模板），作为审计底稿的附件。具体内容包括抽查会计科目的名称、记账日期、凭证号、原会计摘要、借贷方金额和查证的主要事实。

4. 审计底稿的审核

审计底稿一般由小组长、主审、审计组组长实行三级复核。重要的审计工作底稿应召开审计组会议集体审定。

复核人员应集团公司的有关要求对审计底稿进行复核。其中，对审计事项的发生原因、起止时间、发生过程和结果等应详细复核，以便于合理界定被审计负责人的责任；对所引用法规依据的文件名称、文号和有关条款具体内容等应重点复核。

审计组组长作为最终复核人，应对涉及审计报告的重要工作底稿逐一认真复核，对不符合要求的审计工作底稿应责成有关人员重新编制。

审计组应建立审计质量控制责任制，明确组长、主审、小组长、组员的工作职责，实行一级对一级负责。

（六）进行审计评价

在财务审计工作基础上，对被审计企业负责人组织开展绩效评价工作。具体内容在后面介绍。

三、报告阶段

报告阶段处于整个经济责任审计工作的后期，是全面分析汇总审计情况、形成经济责任审计工作报告的阶段。该阶段工作主要包括：形成经济责任审计报告草稿，经济责任审计报告草稿征求各方面意见，修改报告草稿、形成正式审计工作报告等。

四、整改跟踪阶段

整改跟踪阶段是在审计项目完成后，经过一段时间，对审计建议和改进措施的执行情况进行回访性审计。审计人员到达现场后，可以通过座谈、审阅有关资料、到现场观察等方法，检查审计报告提出的建议措施是否执行、效果如何。对执行过程中存在的问题，应查明原因，提出改进建议和措施，以推动被审计单位执行审计报告中提出的建议和改进措施。审计人员应写出后续跟踪审计报告，向审计部门进行汇报。

第五节　经济责任审计的评价

一、经济责任审计评价的概念

经济责任审计评价是指依据经济责任审计情况，对被审计人任职期间所在企业的资产、负债、损益的真实性、合法性、效益性，以及被审计人个人履行经济责任、遵守财经纪律和廉洁自律情况所进行的评判和界定的行为。

二、经济责任审计评价原则

（一）客观公正原则

对被审计人开展审计评价时，应该秉承客观公正、实事求是的原则，审计评价应该基于审计查证或者认定事实的基础上，要有充分的审计证据支持，对于审计中未涉及的事项不作评价。

（二）“三个区分开来”原则

审计评价时，应当把领导干部在推进改革中因缺乏经验、先行先试出现的失误和错误，同明知故犯的违纪违法行为区分开来；把上级尚无明确限制的探索性试验中的失误和错误，同上级明令禁止后依然我行我素的违纪违法行为区分开来；把为推动发展的无意过失，同为牟取私利的违纪违法行为区分开来。对领导干部在改革创新中的失误和错误，正确把握事业为上、实事求是、依纪依法、容纠并举等原则，经综合分析研判，可以免责或者从轻定责，鼓励探索创新，支持担当作为，保护领导干部干事创业的积极性、主动性、创造性。

三、经济责任审计评价框架

（一）贯彻执行或落实重大经济工作方针政策、决策部署情况

本部分重点关注被审计单位对党和国家、集团公司出台的重大经济方针政策、决策部署的落实情况，从两个层次进行考量，一是规定动作完成情况，二是有无创新举动。具体从以下四个方面着手：

1. 是否制定行之有效的工作方案

围绕党和国家、集团公司等制定的重大经济工作方针政策和决策部署，确定审计重点内容和对象，审查被审计单位对重大政策措施的贯彻落实情况，是否存在未履行或未正确履行的情况，是否有实质性的工作推进方案或举措。

2. 是否按照方案出台具体措施并落地实施

根据确定的审计重点内容和对象，如资金、项目、政策和重大改革任务推进情况等为重点，关注被审计单位是否制定具体的落实措施，相关落实措施的具体内容及其分解、组织落实情况、执行进度以及取得的实际效果等。是否存在只以召开落实会议，未分解目标任务、无实质性举措的情形。

3. 各项措施执行的效果

审查以上重大经济工作的预定目标和效果是否按照预定的计划完成，

是否有详细的分析总结，既列示差异又总结经验、分析不足。

4. 分析重、难点，动态调整策略

找到影响重大政策措施落地的重点环节，分析政策措施落实过程中的难点，及时发现有令不行、有禁不止的行为及出现的新情况、新问题，分析原因并提出建议。

（二）企业发展战略规划的制定、执行和效果情况

本部分重点衡量企业发展。被审计单位、被审计人应当具备积极的发展理念，应当为企业发展期许谋划，具体体现为企业发展战略制定及实现的过程和效果。审计时可以从以下四个方面着手：

1. 是否制定清晰的发展战略并有有效传达

审查企业是否制定发展战略规划，是否通过会议、文件、主题研讨等形式传达到企业各个层面。企业发展战略应是否清晰、是否以书面形式正式记录的。

2. 发展战略是否基于企业现有资源和实际情况

战略规划是否符合国家、行业、主管单位相关政策规定，是否与政策引导方向、行业发展趋势一致。战略规划是否符合企业实际情况，与上一阶段相比是否有一定的延续性，是否存在不切实际的跃进式规划。

3. 是否对战略执行的过程进行检查、分析、调整

是否建立了动态开展企业发展战略规划的执行效果与规划预期的差异分析工作的机制，是否对战略规划的执行影响因素开展过深层次的原因分析，出现问题时是否作出恰当、及时、必要的调整。

4. 相关业绩指标考核完成情况

根据任期内上级下达的业绩合同，遴选与企业领导人员经济责任有关的评价指标，对业绩考核指标完成情况进行核实认定。

（三）重大经济事项决策制度制定、执行和效果情况

本部分关注被审计企业在内部决策行为的合法性和规范性。被审计人应该在授权范围内进行决策，不得越权、越界；决策制度体系要科学、健全；日常决策行为要依规进行。审计时可以从三个方面着手：

1. 重大事项决策制度的健全性、适当性和科学性

审查是否按照国家有关政策及主管单位要求制定本单位重大经济事项的决策制度或实施细则；重大经济事项决策制度是否符合国家有关政策及主管单位有关规定；内容是否完整适当，既不存在制度管理漏洞或缺项又不存在为了规避责任"大包大揽""事无巨细"纳入不属于重大经济事项而造成决策效率低下。

2. 实际问题的决策是否按照制度执行

关注重大经济事项决策制度的执行情况，是否依法依规决策、集体决策、民主决策，是否存在"特事特办事项""议而不决事项"；是否按照规定的决策程序议事；决策会议召开是否符合应到会人数要求，会议记录是否完整、详细并存档备查。

3. 重大经济事项的实施效果情况

关注重大经济决策事项的实施效果情况，决策后是否按决策组织实施，是否拖延、组织不力；执行情况是否达到预期的目标，是否执行过程进行有效监督检查、执行结果进行分析或评价和责任追究。

（四）法人治理结构的建立、健全和运行情况，内部控制制度的建立和执行情况

本部分深入企业内部，审查被审计企业的治理架构和日常管理行为，重点是内控方面：

1. 法人治理结构建立及运行情况

了解企业的法人治理结构，是否符合《公司法》及其他相关法律法

规的规定，查看各机构的职责及议事规则文件，是否权力机构、执行机构与监督机构权责明确、相互制约。

2. 内控制度的建立及执行情况

检查企业内部控制制度建立健全情况，是否符合相关政策规定，重点关注内部控制制度建设和执行的有效性，是否可以做到及时查缺补漏和自我完善，是否能够优化关键内部控制流程，是否建立了强化内部控制执行监督机制。

检查被审计企业内部控制建立、执行情况时，要从仓储、购销、财务、资产等功能板块分别切入、系统分析，既要适当侧重审前准备、审计执行中确定的审计重点内容，又要注意审计的全面性，尽量从内部控制执行有效性审计中获得新的审计线索。

（五）企业财务的真实合法效益情况、资产管理情况、风险管控情况

1. 企业财务的真实合法效益情况

被审计企业财务会计核算是否真实、准确、完整，是否存在财务状况和经营成果不实的问题：

（1）企业采用的会计确认标准或计量方法是否正确，有无随意变更或滥用会计估计、会计政策，故意编造虚假利润等问题；

（2）企业资产、负债、所有者权益的确认和计量是否符合准则规定，有无随意改变确认标准或计量方法，以及虚列、多列、不列或者少列资产、负债、所有者权益等问题；

（3）企业收入、成本费用的确认和计量是否符合准则规定，有无虚列、多列、少列或不列收入及成本费用等问题；

（4）检查账账相符、账证相符、账实相符的问题；

（5）财务报表的合并范围、编制方法是否符合规定，是否存在故意编造虚假财务报表等问题；

（6）在审计的基础上，计算各类财务指标，并对比预算指标，分析财务指标完成情况，变动原因并进行评价，以揭示企业在增收节支、预算管理等方面的问题。

被审计企业资金管理情况：

（1）是否存在违反决策和审批程序或超越权限筹集和使用资金；

（2）是否存在违反规定以个人名义留存资金、收支结算、开立银行账户等；

（3）是否存在设立“小金库”；

（4）是否存在违反规定集资、发行股票或债券、捐赠、担保、委托理财、拆借资金或开立信用证、办理银行票据等；

（5）是否存在虚列支出套取资金，违反规定超发，滥发职工薪酬福利，其他因财务内控缺失或未按照财务内控制度执行，发生资金挪用、侵占、盗取、欺诈等。

被审计企业资产管理情况：

（1）是否建立完善的资产管理制度、相关制定是否得到有效执行，有无重大风险及较大经济损失发生；

（2）是否定期对资产进行全面清查；资产的盘盈、盘亏、毁损是否按规定处理并计入当期损益，有无挂账不摊或多摊、少摊形成潜盈、潜亏；

（3）审计中抽盘实物，检查资产是否真实存在并账实相符，是否存在账外资产或虚列资产，是否存在企业领导人员因私使用、其他单位无偿占用、用于对外投资但不转移产权或实物的问题，是否存在不需用或因毁损、技术淘汰等原因无法继续使用的现象及虚挂账形成潜盈潜亏问题等；

（4）核实任期内资产受让或转让是否按规定进行资产评估，适当检查是否存在利用资产评估消除潜亏或高估资产、低估负债等行为；

（5）确认任职期间企业资产质量的变动情况，查明任期末不良资产构成和金额；核实任期内资产减值准备计提和核销金额、原因，核实是否根据实际情况计提减值准备、是否按规定履行审批、处置和核销程序；

（6）检查资产抵押情况或其他受限制情况。

2. 风险管控情况

是否未按规定履行风险管理制度建设职责，导致风险管理制度缺失或流程存在重大缺陷。

是否存在风险管理制度未执行或执行不力，对企业重大风险未能及时分析、识别、评估、预警、应对和报告。

是否未按规定对企业规章制度、经济合同和重要决策等进行法律审核。

是否未执行国有资产监管有关规定，过度负债导致债务危机，危及企业持续经营。

是否存在恶意逃废金融债务的行为。

是否瞒报、漏报、谎报或迟报重大风险及风险损失事件，指使编制虚假财务报告，企业账实严重不符。

（六）党风廉政建设责任和遵守廉洁从业规定情况

1. 八项规定执行情况

审查被审计领导及所在企业对中央八项规定精神要求的执行情况，重点关注公务用车、通信费、业务招待费、差旅费、出国（出境）费用、培训费、会议费、公务接待费、礼品费等专项费用支出是否违规，加强对职务消费、公务接待的检查。

2. 廉政从业规定执行情况

审查被审计领导及所在企业对《国有企业领导人员廉洁从业若干规定》的遵守情况；该规定列举了违反廉洁从业行为规范的39种行为：滥

用职权、损害国有资产权益的8种行为，利用职权牟取私利以及损害本企业利益的8种行为，可能侵害公共利益、企业利益的8种行为，职务消费不得有的8种行为，加强作风建设、注重自身修养、增强社会责任意识、树立良好的公众形象不得有的7种行为。

3. 根据纪检监察和人事部门线索，需审计查证的事项

4. 根据群众反映和举报，需审计查证的问题

5. 其他违法、违纪问题

（七）以往审计发现问题整改情况

1. 整改工作的组织及机制建立情况

关注被审计企业是否成立整改工作组，是否建立审计整改机制、是否重视审计整改工作。

2. 整改措施制定及落实情况

关注被审计企业对以往审计发现问题是否按照审计报告提出的审计意见和建议，制定切实可行的整改方案、措施并全面落实实施。针对未整改或整改不到位的问题是否有进一步措施，如明确时限、明确主要责任人、明确具体要求。

（八）其他事项

1. 历史遗留问题

任期前遗留的问题及该问题在被审计领导任期内的解决措施及效果，是否存在“新官不理旧账”的情况。

2. 法律风险事件

关注任期内是否存在法律诉讼、对外担保、对外承诺事项（对外承诺包括但不限于投资合同、信贷担保书等），并考虑对企业财务状况的影响。

四、审计责任的认定

对领导干部履行经济责任过程中存在的问题，审计机构应当按照权责一致原则，根据领导干部职责分工，综合考虑相关问题的历史背景、决策过程、性质、后果和领导干部实际所起的作用等情况，界定其应当承担的实际责任或领导责任。

（一）直接责任的认定

企业负责人对履行经济责任过程中的下列行为应当承担直接责任：

（1）直接违反有关党内法规、法律法规、政策规定的；

（2）授意、指使、强令、纵容、包庇下属人员违反有关党内法规、法律法规、政策规定的；

（3）贯彻党和国家经济方针政策、决策部署不坚决不全面不到位，造成公共资金、国有资产、国有资源损失浪费，生态环境破坏，公共利益损害等后果的；

（4）未完成有关法律法规规章、政策措施、目标责任书等规定的领导干部作为第一责任人（负总责）事项，造成公共资金、国有资产、国有资源损失浪费，生态环境破坏，公共利益损害等后果的；

（5）未经民主决策程序或者民主决策时在多数人不同意的情况下，直接决定、批准、组织实施重大经济事项，造成公共资金、国有资产、国有资源损失浪费，生态环境破坏，公共利益损害等后果的；

（6）不履行或者不正确履行职责，对造成的后果起决定性作用的其他行为。

（二）领导责任的认定

企业负责人对履行经济责任过程中的下列行为应当承担领导责任：

（1）民主决策时，在多数人同意的情况下，决定、批准、组织实施重大经济事项，由于决策不当或者决策失误造成公共资金、国有资产、国有资源损失浪费，生态环境破坏，公共利益损害等后果的；

（2）违反部门、单位内部管理规定造成公共资金、国有资产、国有资源损失浪费，生态环境破坏，公共利益损害等后果的；

（3）参与相关决策和工作时，没有发表明确的反对意见，相关决策和工作违反有关党内法规、法律法规、政策规定，或者造成公共资金、国有资产、国有资源损失浪费，生态环境破坏，公共利益损害等后果的；

（4）疏于监管，未及时发现和处理所管辖范围内本级或者下一级地区（部门、单位）违反有关党内法规、法律法规、政策规定的问题，造成公共资金、国有资产、国有资源损失浪费，生态环境破坏，公共利益损害等后果的；

（5）除直接责任外，不履行或不正确履行职责，对造成的后果应当承担责任的其他行为。

（三）其他人员的责任

对被审计领导干部以外的其他责任人员，审计组可以适当方式向有关部门、单位提供相关情况。

第六节 经济责任审计报告

经济责任审计报告是关于企业财务收支及其有关经济活动的真实性、合法性、效益性和企业负责人任期内履行经济责任情况和结果的书面文件。

一、审计报告编制原则

（一）一般原则

审计报告应当客观、完整、清晰、及时，具有建设性，并体现重要性原则。

（二）具体原则

审计报告的编制应实事求是、不偏不倚地反映审计事项。

审计报告应按照规定的格式及内容编制，作到要素齐全、格式规范，不遗漏审计中发现的重大事项。

审计报告应突出重点、简明扼要、易于理解。

审计报告应及时编制，以便适时采取有效纠正措施。

审计报告应针对被审计单位经营活动和内部控制的缺陷提出可行的改进建议，促进组织健康发展。

审计报告形成的审计结论与建议应当充分考虑审计项目的重要性和风险水平。

二、审计报告编制流程

报告阶段的主要流程如图 2 – 4 所示。

（一）整理、分析和复核审计工作底稿

审计人员根据业务分工整理出其形成的全部工作底稿，并由审计组组长组织复核。复核工作可先采取审计人员之间的交叉复核，然后由审计组组长最终复核，并形成复核意见。复核记录要在审计底稿中体现复核人签名与复核日期。

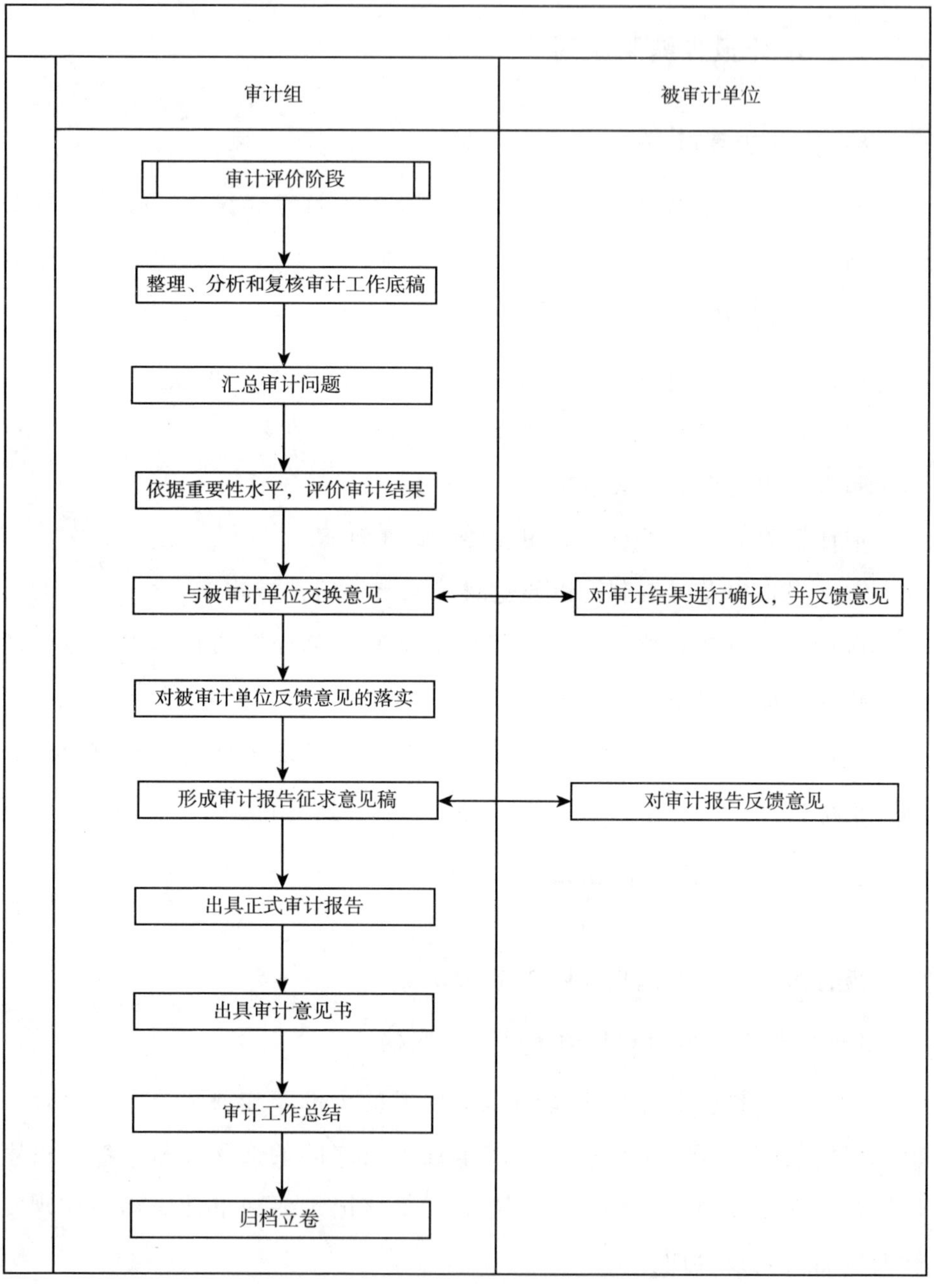

图 2-4　审计报告阶段流程图

（二）汇总审计问题

审阅和分析经复核的各类问题的分项目审计工作底稿，明确问题的主要事实，以及审计组对问题的初步定性和处理意见。

审计组根据问题性质的严重程度和同类问题涉及金额的大小加以归类、排序。

（三）依据重要性水平，评价审计结果

审计组汇总审计资料后，应根据确定的重要性水平对审计结果进行评价，即评价审计发现的各类问题和差异对审计目标的影响程度，作出审计结论。评价审计结果，作出审计结论，需要审计人员大量地运用专业判断。

在评价审计结果时，对单项金额在重要性水平以下，但汇总后的金额超过重要性水平，或综合判断问题性质将对审计结论产生重大影响的，应将该类问题汇总后提出。

（四）针对审计结果，与被审计单位交换意见

审计人员在对被审计事项各个子项目实施审计过程中，就已发现的问题和差异随时与被审计单位交换意见，但一般是初步的、非书面的。为了进一步落实审计发现的问题，在审计报告阶段，审计组应在对审计资料汇总、审计结果评价，并形成初步审计意见后，就审计工作底稿中反映的问题与被审计单位及被审计人交换意见，并督促被审计单位与被审计人提出书面意见，并加盖公章与签字。

特殊事项：如发生被审计企业和被审计人对审计意见分歧较大，不同意签署反馈意见的工作底稿，应由审计组组长组织再次讨论审计意见类型，如审计组确定审计结论在收集证据的支持下正确无误，可由审计组两名以上审计人员签字，并由审计组组长复核后直接作为审计底稿。

（五）对被审计企业反馈意见的落实

审计人员应在获得被审计企业和被审计人对审计结果的反馈意见后，

分析其反馈的内容，是否存在影响审计意见的事项，如存在应进一步落实，并再次形成审计意见。

（六）编制会计报表审前审后对比表

为便于反映审计结果，发表审计意见，作出审计结论，应编制会计报表审前审后对比表。编制会计报表审前审后对比表，是在被审计单位审前会计报表的基础上，经过交换意见的审计调整数，得出审定数。

（七）形成审计报告征求意见稿

在全面汇总审计成果，初步作出审计结论，并确认审计工作程序合法以后，审计人员要围绕既定审计目标的完成情况，撰写审计报告。可以先拟定审计报告的提纲，然后逐项撰写。根据审计项目的大小和复杂程度，审计报告撰写的组织形式也应有所不同。一般的项目只要一人执笔即可，重大的、复杂的项目，可以成立起草小组，根据确定的提纲分头撰写，最后通常由组长总纂。在形成一个整体报告后，再经集体讨论修改。如果认为对审计事项的某些方面还不清楚，审计人员可以扩大审计范围，继续取证，在此基础上形成审计报告征求意见稿。

（八）正式就审计报告征求被审计单位及被审计人意见

审计组应将审计报告征求意见稿送交被审计单位及被审计人征求意见。被审计单位及被审计人应当自接到审计报告征求意见稿之日起在规定或要求的时间内提出书面意见，送交审计组或审计机构。如超过规定或要求的时间被审计单位及被审计人没有提出书面意见的，视同无异议，审计组应当说明原因并报告审计机构。

（九）出具正式审计报告

经交换意见后，审计组应正式出具经济责任审计报告。审计组应当将审计报告、被审计单位及被审计人对审计报告的书面意见及审计组的书面说明或者修改意见，一并报送审计机构。

（十）出具审计意见书

审计机构要根据审计报告及审核意见出具审计意见书，并附上审计报告，送至被审计企业及被审计人。

（十一）审计工作总结

经济责任现场审计工作完成后，审计部门应对审计过程、审计方法、审计组织等方面进行总结，及时积累经验，改进问题，不断提高经济责任审计质量。

（十二）归档立卷

经济责任审计结束后，审计部门应按有关审计档案管理规定，对审计工作底稿及相关材料分类，建立经济责任审计档案并进行保管，同时应建立经济责任审计台账。

三、审计报告内容

实施审计工作的基本情况。包括审计依据、审计范围、审计内容、审计方法等。

被审计的企业负责人及所在企业的基本情况。包括被审计的企业负责人的任职时间、分管工作范围和所在企业的业务范围、组织结构、资本结构、财务状况等。

审计评价。即在审计核查的基础上，结合企业历史沿革、发展战略等，对企业负责人任职期间的经营业绩与经济责任进行综合客观的评价，并明确其应承担的经济责任。

审计中发现的主要问题及处理意见。即审计中发现的应由被审计的企业负责人承担责任的问题及其处理意见。

管理建议。即对被审计的企业负责人所在企业提出的改进财务管理、加强内部控制等方面的建议。

四、经济责任审计档案管理

（一）归档的主要内容及分类

经济责任审计的各个工作环节结束后，审计组需汇总相关文件并归档。应归档的主要内容包括如下文件：

（1）审计工作方案，包括审前调查方案、审前调查报告、审计实施方案等；

（2）审计工作底稿；

（3）定期和不定期的汇报稿，各期工作周报等；

（4）专家评议会资料；

（5）审计报告；

（6）其他，包括项目实施过程中所形成的工作文档，如交换意见阶段有关记录、举报信息和调查记录等，以及事务所审计工作总结。

（二）有关要求

审计组应该按照集团公司的要求做好审计文档的汇总整理工作，文本档案应按《经济责任审计纸质档案移交清单》所列文件顺序汇总整理，并按规定的结构和规范的文件名称建立电子档案。

审计组应于经济责任审计报告及处理意见下发后五个工作日内将文本档案与电子档案移交审计部门保存。审计部门应做好档案的汇总、整理及保存工作。

审计组应高度重视审计档案的建立移交工作，及时建立并移交审计档案并保证审计档案内容的完整。审计档案的质量和归档及时性将作为考评经济责任审计工作质量的内容之一。

第三章

财务审计

第一节　财务审计概述

一、现代财务审计的含义

现代企业财务审计是由国家审计机关、社会审计组织和内部审计机构及其专职审计人员，依照审计准则和相关法律、法规，并采用现代审计技术依法独立地对企业的资产、负债、所有者权益和损益等会计信息的真实性、财务收支业务和相关经济活动的合法性、合理性、效益性，以及对企业经营管理者应承担的经济责任进行审查、监督、鉴证与评价，借以揭示错弊，维护财经法纪，提高企业经济效益并促进宏观调控的审查监督行为。这个概念包含以下几层基本含义：

现代企业财务审计的审计主体不仅是社会审计组织，而且包括国家审计机关和企业内部审计机构，以及这些专门审计组织的专职审计人员。

现代企业财务审计的审计对象不仅是企业的会计信息，按照现代审计发展的要求，其审计对象还应包括企业的财务收支业务、相关经济活动和内部控制制度。

现代企业财务审计，明确地将其范围界定在国有企业及国有控股企业和其他企业的财务审计范畴之中，不是泛指对社会所有财务活动的审计。

现代企业财务审计的职能不仅包括传统财务审计的审查、监督和鉴证，而且包括评价职能，评价职能是现代经济环境对企业财务审计的客观需要。

依法审计是现代企业财务审计的重要特征，“依法”不仅是对审计对象的要求，而且也是对审计组织和审计人员自身的要求。

独立性是审计区别于其他专业监督的根本特征，不能独立行使审计监督，企业财务审计也就无须存在。

审计的最终目的是提高企业经济效益和促进宏观调控服务，企业财务审计也必须服从这一最终目的。

二、财务审计目标与依据

财务审计总目标是揭露和反映企业资产、负债和盈亏的真实情况，查处企业财务收支中各种违法违规问题，维护国家所有者权益，促进廉政建设，提高企业经济效益，防止国有资产流失，为政府加强宏观调控服务。审计依据是国家的法律、法规；国家主要部门或地方各级政府制定的规章制度；单位自己制定的会计控制制度、计划、预算、合同等。

第二节　销售与收款循环审计

一、业务循环性质

企业的收入主要来自出售商品、提供服务等，对于中储粮系统来说，商品销售的内容主要指中央储备粮棉油管理和中央事权粮食政策执行过程等产生的粮棉油销售业务。

一般来讲，销售与收款循环所要涉及的业务主要有：

（一）接受客户订购单

客户提出订货要求是整个销售与收款循环的起点。从法律上讲，这是购买某种货物或接受某种劳务的一项申请。客户的订购单只有在符合企业管理层的授权标准时，才能被接受。

（二）批准赊销信用

对于赊销业务，赊销批准是由信用管理部门根据管理层的赊销政策在每个客户的已授权的信用额度内进行的。

（三）按销售单供货

企业管理层通常要求商品仓库只有在收到经过批准的销售单时才能供货。设立这项程序主要是为了防止仓库在未经授权的情况下擅自发货。

（四）按销售单装运货物、计量

将按经批准的销售单供货与按销售单装运货物职责相分离，有助于避免负责装运货物的职员在未经授权的情况下装运产品。同时由于粮食的特性，装运货物出库前，要进行数量和品质的计量。

（五）向客户开具账单

开具账单是指开具并向客户寄送事先连续编号的销售发票。

（六）记录销售

在手工会计系统中，记录销售的过程包括区分赊销、现销，按销售发票编制转账凭证或现金、银行存款收款凭证，再据以登记销售明细账和应收账款明细账或库存现金、银行存款日记账。

（七）办理和记录现金、银行存款收入

这项功能涉及的是有关货款收回，现金、银行存款增加以及应收账款减少的活动。在办理和记录现金、银行存款收入时，最应关心的是货币资金失窃的可能性。

（八）办理和记录销售退回、销售折扣与折让

客户如果对商品不满意，销售企业一般都会同意接受退货，或给予一定的销售折让；客户如果提前支付货款，销售企业则可能会给予一定的销售折扣。发生此类事项时，必须经授权批准，并应确保与办理此事有关的部门和职员各司其职，分别控制实物流和会计处理。在这方面，严格使用贷项通知单无疑会起到关键作用。

（九）注销坏账

不管赊销部门的工作如何主动，客户因经营不善、宣告破产、死亡等原因而不支付货款的事仍可能发生。销售企业若认为某项货款再也无法收回，就必须注销这笔货款。对这些坏账，正确的处理方法应该是获取货款无法收回的确凿证据，经适当审批后及时作会计调整。

（十）提取坏账准备

坏账准备提取的数额必须能够抵补企业以后无法收回的销货款。

该循环涉及的主要凭证和会计记录有：

（1）客户订购单，即客户提出的书面购货要求；

（2）销售单，是列示客户所订商品的名称、规格、数量以及其他与客户订购单有关信息的凭证，作为销售方内部处理客户订购单的凭据；

（3）发运凭证，即在发运货物时编制的，用以反映发出商品的规格、数量和其他有关内容的凭据；

（4）销售发票；

（5）商品价目表；

（6）贷项通知单；

（7）应收账款账龄分析表；

（8）应收账款明细表；

（9）主营业务收入明细账；

（10）折扣与折让明细表；

（11）汇款通知书；

（12）库存现金日记账和银行存款日记账；

（13）坏账审批表；

（14）客户月末对账单；

（15）转账凭证；

（16）收款凭证。

二、业务循环内部控制和审计目标

（一）销售交易的内部控制

1. 适当的职责分离

适当的职责分离有助于防止各种有意或无意的错误。例如，主营业务收入账如果是由记录应收账款之外的职员独立登记，并由另一位不负责账簿记录的职员定期调节总账和明细账，就构成了一项自动交互牵制；规定负责主营业务收入和应收账款记账的职员不得经手货币资金，也是防止舞弊的一项重要控制。

2. 正确的授权审批

对于授权审批问题，注册会计师应当关注以下四个关键点上的审批程序：其一，在销售发生之前，赊销已经正确审批；其二，非经正当审批，不得发出货物；其三，销售价格、销售条件、运费、折扣等必须经过审批；其四，审批人应当根据销售与收款授权批准制度的规定，在授权范围内审批，不得超越审批权限。

3. 充分的凭证和记录

每个企业交易的产生、处理和记录等制度都有其特点，因此，也许很难评价其各项控制是否足以发挥最大的作用。但是，只有具备充分的记录手续，才有可能实现其他各项控制目标。

4. 凭证的预先编号

对凭证预先进行编号，旨在防止销售以后忘记向客户开具账单或登记入账，也可防止重复开具账单或重复记账。

5. 按月寄出对账单

由不负责现金出纳和销售及应收账款记账的人员按月向客户寄发对账单，能促使客户在发现应付账款余额不正确后及时反馈有关信息，因而这是一项有用的控制。

6. 内部核查程序

由内部审计人员或其他独立人员核查销售交易的处理和记录，是实现内部控制目标所不可缺少的一项控制措施。

（二）收款交易的内部控制

（1）企业应当按照《现金管理暂行条例》《支付结算办法》等规定，及时办理销售收款业务。

（2）企业应将销售收入及时入账，不得账外设账，不得擅自坐支现金。销售人员应当避免接触销售现款。

（3）企业应当建立应收账款账龄分析制度和逾期应收账款催收制度。销售部门应当负责应收账款的催收，财会部门应当督促销售部门加紧催收。对催收无效的逾期应收账款可通过法律程序予以解决。

（4）企业应当按客户设置应收账款台账，及时登记每一客户应收账款余额增减变动情况和信用额度使用情况。

(5) 企业对于可能成为坏账的应收账款应当报告有关决策机构，由其进行审查，确定是否确认为坏账。企业发生的各项坏账，应查明原因，明确责任，并在履行规定的审批程序后作出会计处理。

(6) 企业注销的坏账应当进行备查登记，做到账销案存。已注销的坏账又收回时应当及时入账，防止形成账外资金。

(7) 企业应收票据的取得和贴现必须经由保管票据以外的主管人员的书面批准。

(8) 企业应当定期与往来客户通过函证等方式核对应收账款、应收票据、预收账款等往来款项。如有不符，应查明原因，及时处理。

(三) 销售交易的审计目标

1. 完整性

检查已经发生的销售交易确实已经记录，如已经发生了销售活动，就应该在与销售相关的明细账中记录，如果没有记录，则违反了该目标。

2. 真实性

确认已经发生的交易是真实的，如果没有发生销售交易活动，但却在与销售相关的明细账中记录了一笔销售交易，则违反了该目标。

3. 准确性

确认已记录的销售交易是按照正确的金额反映的。

4. 截止性

确认接近于资产负债表日的销售交易记录于恰当的时间。

5. 分类

确认被审计单位记录的交易经过适当的分类，如不能将现付的销售交易记录为赊销。

三、营业收入的审计

（一）营业收入的审计目标

营业收入项目核算企业在销售产品、提供劳务等主营业务活动中所产生的收入，以及企业确认的除主营业务活动以外的其他经营活动实现的收入，包括出租固定资产、出租无形资产、出租包装物和商品、销售材料等实现的收入。营业收入包括主营业务收入和其他业务收入。其审计目标一般包括：

（1）确定利润表中记录的营业收入是否已发生，且与被审计单位有关。

（2）确定所有应当记录的营业收入是否均已记录。

（3）确定与营业收入有关的金额及其他数据是否已恰当记录，包括对销售退回、销售折扣与折让的处理是否适当。

（4）确定营业收入是否已记录于正确的会计期间。

（5）确定营业收入是否已按照企业会计准则的规定在财务报表中作出恰当的列报。

（二）主营业务收入的审计程序

（1）获取编制主营业务收入明细表，并执行以下工作：

①复核加计是否正确，并与总账数和明细账合计数核对相符；

②检查以非记账本位币结算的主营业务收入的折算汇率及折算是否正确。

（2）实施实质性分析程序。

（3）检查主营业务收入的确认方法是否符合企业会计准则的规定。

（4）核对收入交易的原始凭证与会计分录。

（5）从发运凭证中选取样本，追查至销售发票存根和主营业务收入明细账，以确定是否存在遗漏事项。

(6) 结合对应收账款实施的函证程序，选择主要客户函证本期销售额。

(7) 实施销售截止测试。

(8) 存在销货退回的，检查手续是否符合规定，结合原始销售凭证检查其会计处理是否正确。结合存货项目审计关注其真实性。

(9) 检查销售折扣与折让。

(三) 其他业务收入的审计程序

(1) 获取其他业务收入明细表，复核加计是否正确，并与总账数和明细账合计数核对是否相符，结合主营业务收入科目与营业收入报表数核对是否相符。

(2) 计算本期其他业务收入与其他业务成本的比率，并与上期该比率比较，检查是否有重大波动，并查明原因。

(3) 检查其他业务收入是否真实准确，收入确认原则及会计处理是否符合规定，抽查原始凭证予以核实。

(4) 对异常项目，追查入账依据及有关法律文件是否充分。

(5) 抽查资产负债表日前后一定数量的记账凭证，实施截止测试，确定入账时间是否正确。

(6) 确定其他业务收入在财务报表中的列报是否恰当。

四、应收账款审计

(一) 应收账款的审计目标

(1) 确定资产负债表中记录的应收账款是否存在。

(2) 确定所有应当记录的应收账款是否均已记录。

(3) 确定记录的应收账款是否为被审计单位所拥有或控制。

（4）确定应收账款是否可收回，坏账的计提方法和计提比例是否恰当，计提是否充分。

（5）确定应收账款及其坏账准备期末余额是否正确。

（6）确定应收账款及其坏账准备是否已按照企业会计准则的规定在财务报表中作出恰当列报。

（二）应收账款的实质性程序

（1）取得应收账款明细表。复核加计是否正确，并与总账数和明细账合计数核对是否相符；结合坏账准备科目与报表数核对相符。检查非记账本位币应收账款的折算汇率及折算是否正确。分析有贷方余额的科目，并查明原因。结合其他应收款、预收账款等往来项目的明细余额，调查有无同一客户多处挂账、异常余额或与销售无关的其他款项（例如，代销账户、关联方账户或员工账户）。标识重要的欠款单位，计算其欠款合计数占应收账款余额的比例。

（2）分析与应收账款相关的财务指标。复核应收账款借方累计发生额与主营业务收入关系是否合理，并将当期应收账款借方发生额占销售收入净额的百分比与管理层考核指标和被审计单位相关赊销政策比较，如存在查明原因。同时，计算应收账款周转率、应收账款周转天数等指标，并与被审计单位相关赊销政策、被审计单位以前年度指标、同行业同期相关指标对比分析，检查是否存在重大异常。

（3）检查应收账款账龄分析是否正确。获取应收账款账龄分析表，测试账龄计算的准确性，并将应收账款账龄分析表中的合计数与应收账款总分类账余额相比较，并对重大调节项目进行调查。从账龄分析表中抽取一定数量的项目，追查至相关销售原始凭证，测试账龄划分的准确性。

（4）对应收账款实施函证程序。除非有充分证据表明应收账款对被审计单位财务报表不重要或函证很可能无效，否则，应对应收账款进行函证。如果不对应收账款进行函证，应在工作底稿中说明理由。如果认为函证很可能是无效的，注册会计师应当实施替代审计程序，获取相关、可靠的审计证据。确定函证的范围和对象、函证的方式、函证时间的选择、函证的控制、对不符事项的处理、对未回函项目实施替代程序。

（5）对应收账款余额实施函证以外的细节测试。

（6）检查坏账的冲销和转回。

（7）抽查有无不属于结算业务的债权：抽查应收账款明细账，并追查有关原始凭证，查证被审计单位有无不属于结算业务的债权。

（8）对坏账准备实施实质性程序，如取得坏账准备明细表，复核加计正确，与坏账准备总账数、明细账合计数核对相符；将应收账款坏账准备本期计提数与资产减值损失相应明细项目的发生额核对是否相符；检查应收账款坏账准备计提和核销的批准程序，取得书面报告等证明文件，结合应收账款函证回函结果，评价计提坏账准备所依据的资料、假设及方法。

（9）复核应收账款和相关总分类账、明细分类账和现金日记账，调查异常项目。对大额或异常及关联方应收账款，即使回函相符，仍应抽查其原始凭证。

（10）检查应收账款较少有无异常。

（11）检查应收账款中是否存在债务人破产或者死亡，以其破产财产或者遗产清偿后仍无法收回，或者债务人长期未履行偿债义务的情况，如果是，应提请被审计单位处理。

（12）执行关联方及其交易审计程序等；对关联企业、有密切关系的主要客户的交易事项作专门核查，了解交易事项目的、价格和条件，作比较分析并检查销售合同、销售发票、货运单证等相关文件资料、收款凭证等货款结算单据。向关联方、有密切关系的主要客户或其他注册会计师函询，以确认交易的真实性、合理性。

（13）检查银行存款和债务询证函回函、会议纪要、借款协议和其他文件，确定应收账款是否已被抵押或出售。

（14）确定应收账款的列报是否恰当。

第三节 采购与付款循环审计

一、业务循环性质

（一）采购与付款循环的特点

企业的采购与付款循环主要包括购买商品、劳务和固定资产，以及企业在经营活动中为取得收入而发生的直接或间接支出。对于中储粮系统来说，采购和付款循环主要指中央储备粮棉油管理和中央事权粮食政策执行过程等产生的粮棉油采购业务，采购运输、装卸等劳务。

（二）采购与付款循环涉及的主要凭证和会计记录

采购与付款交易通常要经过请购—订货—验收—付款这样的程序，同销售与收款交易一样，在内部控制比较健全的企业，处理采购与付款交易也需要使用很多凭证与会计记录。典型的采购与付款循环所涉及的主要会计凭证与会计记录主要有：

（1）请购单，是由产品制造、资产使用等部门的有关人员填写，送交采购部门，申请购买商品、劳务或其他资产的书面凭证；

（2）订购单，是由采购部门填写，向另一企业购买订单上所指定的商品、劳务或其他资产的书面凭证；

（3）验收单，是收到商品、资产时所编制的凭证，列示从供应商处收到的商品、资产的种类、数量等内容；

（4）卖方发票，是由供应商开具的，交给买方以载明发运的货物或提供的劳务、应付款金额和付款条件等事项的凭证；

（5）付款凭单，是由采购方企业的应付凭单部门编制的，载明已经收到的商品、资产或接受的劳务、应付款金额和付款日期的凭证。付款凭单是采购方企业内部记录和支付负债的授权证明文件；

（6）转账凭证；

（7）付款凭证；

（8）应付账款明细账；

（9）库存现金日记账和银行存款日记账；

（10）供应商对账单。

二、业务循环内部控制与审计目标

（一）采购交易的内部控制

在正常的审计中，如果忽视了采购与付款循环的控制测试及相应的交易实质性程序，仅仅依赖于对这些具体财务报表项目的余额实施实质性程序，则审计工作不仅费时、费力，而且审计质量也难以保证。所以，被审计单位最好要有一个良好的内部控制，这样既可以降低审计风险又可以提高审计效率。

采购交易的内部控制主要包括：

（1）请购单、订购单、验收单和卖方发票要一应俱全，而且要附在付款凭单后面。采购要经适当级别的批准，同时要及时注销凭证以防止重复使用。要对卖方发票、验收单、订购单和请购单作内部核查。

（2）订购单、验收单、应付凭单均经事先连续编号并已登记入账。对计算准确性进行内部核查，采购价格和折扣的标准要经过批准。收到商品或接受劳务后及时记录采购交易，应付账款明细账的内容要进行内部核查。

（二）采购交易的审计目标

1. 完整性

检查已经发生的采购交易确实已经记录，如已经发生了采购交易，就应该在与采购相关的明细账中记录，如果没有记录，则违反了该目标。

2. 真实性

确认已经发生的交易是真实的，如果没有发生采购交易，但却在与采购相关的明细账中记录了一笔采购交易，则违反了该目标。

3. 准确性

确认已记录的采购交易是按照正确的金额反映的。

4. 截止性

确认接近于资产负债表日的采购交易记录于恰当的时间。

5. 分类

确认被审计单位记录的交易经过适当的分类，如不能将现付的采购交易记录为赊购。

三、应付款项审计

（一）应付款项的审计目标

应付款项的审计目标一般包括确定资产负债表中记录的应付款项是否存在；确定所有应当记录的应付款项是否均已记录；确定资产负债表中记录的应付款项是否为被审计单位应当履行的现时义务；确定应付款

项是否以恰当的金额包括在财务报表中，与之相关的计价调整是否已恰当记录；确定应付款项是否已按照企业会计准则的规定在财务报表中作出恰当列报。

（二）应付款项的实质性程序

（1）获取或编制应付账款明细表。

（2）根据被审计单位的实际情况，选择以下方法对应付账款实施实质性分析程序：

①将期末应付账款余额与期初余额进行比较，分析波动原因。

②对于长期挂账的应付账款，要求被审计单位进行解释，判断原因是否合理。

③计算应付账款与存货的比率，应付账款与流动负债的比率，并与以前年度相关比率对比分析，评价应付账款整体的合理性。

④分析存货和营业成本等项目的增减变动，判断应付账款增减变动的合理性。

（3）函证应付账款。

（4）检查应付账款是否计入了正确的会计期间，是否存在未入账的应付账款。

四、固定资产审计

（一）固定资产的审计目标

确定资产负债表中记录的固定资产是否存在；确定固定资产是否归被审计单位所拥有或控制；确定固定资产增减变动的记录是否完整；确定固定资产的计价是否恰当；确定固定资产的期末余额是否正确；确定固定资产原价、累计折旧和固定资产减值准备是否已按照企业会计准则的规定在财务报表中作出恰当列报。

（二）固定资产——账面余额的实质性程序

（1）获取或编制固定资产和累计折旧分类汇总表，检查固定资产的分类是否正确并与总账数和明细账合计数核对是否相符，结合累计折旧、减值准备科目与报表数核对是否相符。

（2）对固定资产实施实质性分析程序。

①分类计算本期计提折旧额与固定资产原值的比率，并与上期比较；计算固定资产修理及维护费用占固定资产原值的比例，并进行本期各月、本期与以前各期的比较。

②确定可接受的差异额。

③将实际情况与期望值相比较，识别需要进一步调查的差异。

④如果其差额超过可接受的差异额，调查并获取充分的解释和恰当的佐证审计证据，如检查相关的凭证等。

⑤评估实质性分析程序的测试结果。

（3）实地检查重要固定资产，确定其是否存在，关注是否存在已报废但仍未核销的固定资产。

（4）检查固定资产的所有权和控制权。对各类固定资产，应获取、收集不同的证据以确定其是否归被审计单位所有：外购的固定资产要通过审核采购发票、采购合同等予以确定；对于房地产类固定资产，需要查阅有关的合同、产权证明、财产税单、抵押借款的还款凭据、保险单等书面文件；对融资租入的固定资产，应验证有关融资租赁合同，证实其并非经营租赁；对汽车等运输设备，应验证有关运营证件等；对受留置权限制的固定资产，通常还应审核被审计单位的有关负债项目等予以证实。

（5）检查本期固定资产的增加。被审计单位如果不正确核算固定资产的增加，将对资产负债表和利润表产生长期的影响。固定资产的增加有多种途径，审计中应当注意：

①要先询问管理层当年的固定资产的增加情况，并与获取或编制的固定资产明细表进行核对。

②检查本年度增加固定资产的计价是否正确，手续是否齐备，会计处理是否正确。

③检查固定资产是否存在弃置费用，如果存在弃置费用，检查弃置费用的估计方法和弃置费用现值的计算是否合理，会计处理是否正确。

（6）检查本期固定资产的减少，查明业已减少的固定资产是否已做适当的会计处理，防止擅自报废固定资产而未及时通知财务部门做相关的会计处理而最后导致财务报表失真的情况。

（7）检查固定资产的后续支出，确定固定资产有关的后续支出是否满足资产确认条件；如不满足，该支出是否在该后续支出发生时计入当期损益。

（8）检查固定资产的租赁，主要根据租赁合同是经营租赁还是融资租赁，检查其会计处理方法是否按照相关准则的规定。

（9）获取暂时闲置固定资产的相关证明文件，检查其是否按规定计提折旧，相关的会计处理是否正确。

（10）获取已提足折旧但仍继续使用的固定资产的相关证明文件，并作相应记录。

（11）获取持有待定固定资产的相关证明文件，并作相应记录，检查其预计净残值调整是否正确、会计处理是否正确。

（12）检查固定资产保险情况，复核保险范围是否足够。

（13）检查有无关联方的固定资产购售活动，是否经适当授权，交易价格是否公允。

（14）对应计入固定资产的借款费用，应根据企业会计准则的规定，结合长短期借款、应付债券或长期应付款的审计，检查借款费用资本化的计算方法和资本化金额，以及会计处理是否正确。

（15）检查购置固定资产时，是否存在与资本性支出有关的财务承诺。

（16）检查固定资产的抵押担保情况。

（17）确定固定资产是否已按照企业会计准则的规定在财务报表中作出恰当列报。

（三）固定资产——累计折旧的实质性程序

（1）获取或编制累计折旧分类汇总表，复核加计是否正确，并与总账数和明细账合计数核对数是否相符。

（2）检查被审计单位制定的折旧政策和方法是否符合相关会计准则的规定，确定其所采用的折旧方法是否在固定资产预计使用寿命内合理分摊其成本，前后期是否一致，预计使用寿命和预计净残值是否合理。

（3）复核本期折旧费用的计提和分配。

（4）将“累计折旧”账户贷方的本期计提折旧额与相应的成本费用中的折旧费用明细账户的借方相比较，以查明所计提折旧金额是否已全部摊入本期产品成本或费用。

（5）检查累计折旧的减少是否合理、会计处理是否正确。

（6）确定累计折旧的披露是否恰当。

（四）固定资产——固定资产减值准备的实质性程序

固定资产的可收回金额低于账面价值称为固定资产减值。固定资产减值准备的实质性程序主要包括：

（1）获取或编制固定资产减值准备明细表，复核加计是否正确，并与总账数和明细账合计数核对是否相符。

（2）检查被审计单位计提固定资产减值准备的依据是否充分，会计处理是否正确。

（3）检查资产组的认定是否恰当，计提固定资产减值准备的依据是否充分，会计处理是否正确。

（4）计算本期末固定资产减值准备占期末固定资产原值的比率，并与期初该比率进行比较，分析固定资产的质量状况。

（5）检查被审计单位处置固定资产时，原计提的减值准备是否同时结转，会计处理是否正确。

（6）检查是否存在转回固定资产减值准备的情况。按照企业会计准则的规定，固定资产减值损失一经确认，在以后会计期间不得转回。

（7）确定固定资产减值准备的披露是否恰当。

第四节　生产与存货循环审计

一、业务循环性质

（一）生产与存货循环涉及的业务

存货代表了不同企业的类型和交易或生产流程。因为存货的计价和相关销售成本都会对利润表和财务状况产生重大影响。若是以制造企业为例，生产与存货循环主要是由将原材料转化为产成品的有关活动组成。该循环包括制定生产计划，控制、保持存货水平以及与制造过程有关的交易和事项，涉及领料、生产加工、销售产成品等环节。所以，此循环所涉及的主要业务包括：计划和安排生产；发出原材料；生产产品；核算产品成本；储存产成品；发出产成品等。

（二）生产与存货循环涉及的主要凭证和会计记录

生产与存货环节涉及的主要凭证和会计记录有：

（1）生产指令。生产指令是企业下达制造产品等生产任务的书面文件，用以通知供应部门组织材料发放，生产车间组织产品制造，会计部门组织成本计算。

（2）领发料凭证，即企业为了控制材料发出所采用的各种凭证。

（3）产量和工时记录，这是登记工人或生产班组在出勤时间内完成产品数量、质量和生产这些产品所耗费工时数量的原始记录。

（4）工薪汇总表及工薪费用分配表。工薪汇总表是为了反映企业全部工薪的结算情况，并据以进行工薪总分类核算和汇总整个企业工薪费用而编制的，它就是企业进行工薪费用编制的依据。

（5）材料费用分配表。材料费用分配表是用来汇总反映各生产车间各产品所耗费的材料费用的原始记录。

（6）制造费用分配汇总表。制造费用分配汇总表是用来反映各生产车间各产品所应负担的制造费用的原始记录。

（7）成本计算单。成本计算单是用来归集某一成本计算对象所应承担的生产费用，计算该成本计算对象的总成本和单位成本的记录。

（8）存货明细账。存货明细账是用来反映各种存货增减变动情况和期末库存数量及相关成本信息的会计记录。

二、业务循环内部控制与审计目标

总体说来，生产与存货循环内部控制主要包括存货的内部控制和成本会计制度的内部控制两项内容。存货的内部控制主要集中在存货的数量和计价两个因素上，由此要列出存货的监盘计划以确定存货的结存数量，同时也要对存货的计价进行测试以确定被审计单位所记录的存货的单位成本是否正确。

成本会计制度的内部控制比较复杂并且十分关键，主要是：

（1）成本的核算是以经过审核的生产通知单、领发料凭证、产量和工时记录、工薪费用分配表、材料费用分配表、制造费用分配表为依据。

（2）生产通知单、领发料凭证、产量和工时记录、工薪费用分配表、材料费用分配表、制造费用分配表均应事先编号并已经登记入账。

（3）采用适当的成本核算方法，并且前后各期一致；采用适当的成本核算流程和账务处理流程。

（4）存货保管人员与记录人员的职务要相分离。

三、产品成本审计

（一）核算产品成本内部控制的测试

（1）抽取原材料领用凭证，检查是否与生产记录日报表一致，是否经适当审核，如有差异是否及时处理。

（2）抽取核对记录，检查差异是否已得到处理。

（3）抽取生产成本结转凭证检查与支持性文件是否一致并经适当复核。

（二）成本会计制度的控制测试

1. 直接材料成本控制测试

在这里以采用定额单耗的企业为例，可先选择获取某一成本报告期若干种具有代表性的产品成本计算单，并同时获取所选样本的生产指令，根据材料明细账或采购业务测试工作底稿中各该直接材料的单位实际成本，计算直接材料的总消耗量和总成本，与该样本成本计算单中的直接材料成本核对，并注意下列事项：生产指令是否经过授权批准；单位消耗定额和材料成本计价方法是否适当，在当年度有何重大变更。

2. 直接人工成本控制测试

在这里以采用计时工资制的企业为例，首先要获取样本的实际工时统计记录、职员分类表和职员工薪手册及人工费用分配汇总表，作如下检查：成本计算单中直接人工成本与人工费用分配汇总表中该样本的直接人工费用核对是否相符；样本的实际工时统计记录与人工费用分配汇总表中该样本的实际工时统计记录核对是否相符。

3. 制造费用控制测试

获取样本的制造费用分配汇总表、按项目分列的制造费用明细账、与制造费用分配标准有关的统计报告及相关的原始记录，作如下检查：制造费用分配汇总表中样本分担的制造费用与成本计算单中的制造费用核对是否相符；制造费用分配汇总表中的合计数与样本所属成本报告期的制造费用明细账总计数核对是否相符；制造费用分配汇总表选择的分配标准与相关的统计报告或原始记录核对是否相符，并对费用分配标准的合理性作出评估；如果企业采用预计费用分配率分配制造费用，则应针对制造费用分配过多或过少的差额，检查其是否作出了适当的财务处理；如果企业采用标准成本法，则应检查样本中标准制造费用的确定是否合理，计入成本计算单的数额是否正确，制造费用差异的计算与账务处理是否正确，并注意标准制造费用在当年度内有何重大变更。

4. 生产成本在当期完工产品与在产品之间分配的控制测试

检查成本计算单中在产品数量与生产统计报告或在产品盘存表中的数量是否一致；检查在产品约当产量计算或其他分配标准是否合理；计算复核样本的总成本和单位成本，最终对当年采用的成本会计制度作出评价。

四、存货审计

存货是指企业在日常活动中持有以备出售的产成品或商品、处在生产过程中的在产品、在生产过程或提供劳务过程中耗用的材料和物料等。在通常情况下，存货对企业经营特点的反映能力强于其他资产项目，对于中储粮系统来说，存储这一块占了其业务的很大一部分。通常来说，存货的重大错报对于流动资产、营运资本、总资产、销售成本、毛利以及净利润都会产生直接的影响。由于为了销售的方便存货的存放地点较为分散，同时由于存在多种存货计价方法，使得对于存货的盘点变得复杂，也导致对存货的审计变得相对复杂。

（一）存货的审计目标

（1）确定资产负债表中列示的存货是否存在。

（2）确定存货是否为被审计单位所拥有。

（3）确定存货增减变动的记录是否完整。

（4）确定存货的品质状况，存货跌价的计提是否合理。

（5）确定存货的计价方法是否恰当。

（6）确定存货年末余额是否正确。

（7）确定存货在会计报表中的披露是否恰当。

（二）存货的审计程序

（1）核对各存货项目明细账与总账的余额是否相符。

（2）检查资产负债表日存货的实际存在：参与被审计单位存货盘点的事前规划，或向委托人索取存货盘点计划；审计人员亲临现场观察存货盘点，监督盘点计划的执行，并作适当抽点；盘点结束后，索取盘点明细表、汇总表副本进行复核，并选择数额较大、收发频繁的存货项目与永续盘存记录进行核对。

（3）如未参与年末盘点，应在审计外勤工作时对存货进行抽盘：获取并检查被审计单位期末存货盘点计划及存货盘点明细表、汇总表，评价委托人盘点的可信程度；根据被审计单位存货盘点的可信程度选择重点的存货项目进行抽查盘点或全额盘点，并倒推计算出资产负债表日的存货数量。

（4）在监盘或抽盘被审计单位存货时，要注意观察存货的品质状况，要征询技术人员、财务人员、仓库管理人员的意见，以了解和确定存货中属于残次、毁损、滞销积压的存货及对当年损益的影响。

（5）在监盘或抽盘被审计单位存货时，要检查有无代他人保存和来料加工的存货，有无未作账务处理而置于他处的存货，确定这些存货是否正确列示于存货盘点表中。

（6）获取存货盘点盈亏调整和损失处理记录，检查重大存货盘亏和损失的原因有无充分合理的解释，重大存货盘亏和损失的会计处理是否已经授权审批，是否正确及时地入账。

（7）检查被审计单位存货跌价损失准备计提和结转的依据、方法和会计处理是否正确，是否经授权批准，前后期是否一致。

（8）查阅资产负债表日前后若干天的存货增减变动的有关账簿记录和原始凭证，检查有无存货跨期现象。如有存货跨期现象，应作出记录，必要时作适当调整。

（9）根据被审计单位存货计价方法，抽查年末结存量比较大的存货的计价是否正确，若存货以计价成本计价，还应检查“材料成本差异”账户发生额、转销额是否正确，年末余额是否恰当。

（10）抽查材料采购账户，对大额的采购业务，追查自订货至到货验收、入库全过程的合同、凭证、账簿记录，以确定其是否完整、正确，抽查有无购货折让、购货退回、损坏赔偿、调换等事项，抽查若干在途材料项目，追查至相关购货合同及购货发票，并符合采购成本的正确性。

（11）抽查存货发出的原始凭证是否齐全、内容是否完整、计价是否正确。

（12）抽查委托加工材料发出收回的合同、凭证，核对其计费、计价是否正确，会计处理是否及时、正确；有无长期未收回的委托加工材料，必要时对委托加工材料的实际存在进行函证。

（13）抽查大额分期收款发出商品的原始凭证及相关协议、合同，确定其是否按约定时间收回货款，如有逾期和其他异常事项，由被审计单位作出合理解释，必要时进行函证。

（14）低值易耗品与固定资产的划分是否合理，其摊销方法及摊销金额的确定是否正确。

（15）抽查产成品的发出凭证，核对其品种、数量和实际成本与产品销售成本是否相符。

（16）验明存货是否已在资产负债表中作恰当列报。

第五节　人力资源与工薪循环审计

一、业务循环性质

（一）业务循环的特点

人力资源与工薪循环，包括员工的雇佣和离职、工作时间记录、工薪计算与记录、工薪费用的分配、工薪支付以及代扣代缴税金等。在制造业中，员工工薪影响两个重要的交易类型，即工薪的发放和直接工薪费用与间接工薪费用的分配。人力资源与工薪循环的特点主要有：

（1）接受员工提供的劳务与向员工支付报酬都在短期发生；

（2）交易比相关的资产负债表账户余额更为重要；

（3）与工薪相关的内部控制通常是有效的。

对中储粮系统来讲，对各直属库的财务审计主要是关注是否存在超发工资的情况。

（二）人力资源与工薪循环涉及的主要业务及主要凭证和会计记录

人力资源与工薪循环是不同企业之间最可能具有共同性的领域，涉及的主要业务活动通常包括批准招聘、记录工作时间或产量、计算工薪总额和扣除、工薪支付等。典型的人力资源与工薪循环涉及的主要凭证与会计记录有：

1. 人事和雇佣记录

（1）人事记录，包括雇佣日期、工薪率、业绩评价、雇佣关系终止等方面的记录；

（2）扣款核准表，核准工薪预扣款的表格，包括预先扣除个人所得税；

（3）工薪率核准表，核准工薪合同、管理层的授权、董事会对管理层的授权，核准工薪率的一种表格。

2. 工时记录和工薪表

（1）工时卡，记录员工每天上下班时间和工时数的书面凭证；

（2）工时单，记录员工在既定时间内完成工作的书面凭证。通常在员工从事不同岗位的工作，或在员工没有固定部门时使用；

（3）工薪交易文件，由计算机生成的文件，包括一定期间（如一个月）内，通过会计系统处理的所有工薪交易；

（4）应付职工薪酬明细账或清单，由工薪交易文件生成的报告，主要包括每项交易的员工的姓名、日期、支付总额和支付净额、预扣金额、账户类别等信息；

（5）工薪主文档，记录每位员工的每一工薪交易和保留已付员工总额的一种计算机文件。

3. 支付工薪记录

向员工支付劳务的转账资金。转账资金应等于工薪总额减去税金和其他预扣款。

4. 个人所得税纳税申报表

个人所得税纳税申报表，向税务部门申报的纳税表。

二、业务循环内部控制和审计目标

（一）人力资源与工薪循环的内部控制

1. 适当的职责分离

为了防止向员工过量支付工薪，或向不存在的员工虚假支付工薪，责任分离非常重要。人力资源部门应独立于工薪职能，负责确定员工的雇佣、解雇及其支付率和扣减额的变化。

2. 适当的授权

人力资源部门应当对员工的雇佣与解雇负责。支付率和扣减额也应当进行适当授权。每一个员工的工作时间，特别是加班时间都应经过主管人员的授权。所有工时卡都应标明核准情况，例外的加班时间也应当经过核准。

3. 适当的凭证和记录

适当的凭证和记录依赖于工薪系统的特性。例如，工时卡或工时记录只针对计时工薪，但有些员工的工薪是以计件工薪为基础的。

4. 资产和记录的实物控制

应当限制接触未签字的工薪支票。支票应由有关专职人员签字，工薪应当由独立于工薪和考勤职能之外的人员发放。

5. 工作的独立检察

工薪的计算应当独立验证，包括将审批工薪总额与汇总报告进行比较。管理层成员或其他负责人应当复核工薪金额，以避免明显的错报和异常的金额。

（二）人力资源与工薪循环的审计目标

（1）确认工薪业务的存在性和完整性；

（2）确认工薪业务的合规合法性；

（3）确认工资结算的完整性；

（4）确认工资分配的准确性；

（5）确认相关账务处理的准确性。

三、应付职工薪酬的审计

（一）审计目标

应付职工薪酬的审计目标一般包括：确定资产负债表中记录的应付职工薪酬是否存在；确定所有应当记录的应付职工薪酬是否均已记录；确定记录的应付职工薪酬是否为被审计单位所应当履行的现实义务；确定应付职工薪酬是否以恰当的金额包括在财务报表中，与之相关的计价调整是否已恰当记录；确定应付职工薪酬是否已按照企业会计准则的规定在财务报表中作出恰当列报。

（二）应付职工薪酬的实质性程序

应付职工薪酬的实质性程序通常包括：

1. 获取或编制应付职工薪酬明细表

复核加计是否正确，并与报表数、总账数和明细账合计数核对是否相符。

2. 实施实质性分析程序

（1）针对已识别需要运用分析程序的有关项目，并基于对被审计单位及其环境的了解，通过进行以下比较，同时考虑有关数据间关系的影响，以建立有关数据的期望值：

①比较被审计单位员工人数的变动情况，检查被审计单位各部门各月工薪费用的发生额是否有异常波动，若有，则查明波动原因是否合理；

②比较本期与上期工薪费用总额，要求被审计单位解释其增减变动原因，或取得公司管理层关于员工工薪标准的决议；

③结合员工社保缴纳情况，明确被审计单位员工范围，检查是否与关联公司员工工薪混淆列支；

④核对下列相互独立部门的相关数据：工薪部门记录的工薪支出与出纳部门记录的工薪支付数，工薪部门记录的工时与生产部门记录的工时；

⑤比较本期应付职工薪酬余额与上期应付职工薪酬余额，是否有异常变动；

（2）确定可接受的差异额。

（3）将实际的情况与期望值相比较，识别需要进一步调查的差异。

（4）如果其差异额超过可接受的差异额，调查并获取充分的解释和恰当的佐证审计证据（如通过检查相关的凭证）。

（5）评估实质性分析程序的测试结果。

3. 检查工薪、奖金、津贴和补贴

（1）计提是否正确，依据是否充分。

（2）检查分配方法与上年是否一致。除因解除与职工的劳动关系给予的补偿直接计入管理费用外，被审计单位是否根据职工提供服务的受益对象，分别下列情况进行处理：

①应由生产产品、提供劳务负担的职工薪酬，计入产品成本或劳动成本；

②应由在建工程、无形资产负担的职工薪酬，计入建造固定资产或无形资产；

③被审计单位为外商投资企业，按规定从净利润中提取的职工奖励及福利基金，是否以董事会决议为依据，是否相应记入“利润分配——提取的职工奖励及福利基金”科目；

④其他职工薪酬，是否计入当期损益。

（3）检查发放金额是否正确，代扣的款项及其金额是否正确。

（4）检查是否存在属于拖欠性质的职工薪酬，并了解拖欠的原因。

4. 检查社会保险费

检查社会保险费（包括医疗、养老、失业、工伤、生育保险费）、住房公积金、工会经费和职工教育经费等计提（分配）和支付（使用）的会计处理是否正确，依据是否充分。

5. 检查应付职工薪酬的期后付款情况

检查应付职工薪酬的期后付款情况，并关注在资产负债表日至财务报表批准报出日之间，是否有确凿证据表明需要调整资产负债表日原确认的应付职工薪酬事项。

6. 检查应付职工薪酬在财务报表中的列报情况

检查应付职工薪酬是否已按照企业会计准则的规定在财务报表中作出恰当的列报。

第六节　投资与筹资循环审计

一、业务循环性质

（一）筹资与投资循环的特点

投资与筹资循环由筹资活动和投资活动的交易事项构成。投资活动主要由权益性投资交易和债权性投资交易组成。筹资活动主要由借款交易和股东权益交易组成。通常筹资与投资具有如下特点：

（1）对一般工商企业而言，与其他循环相比，企业每年投资与筹资循环涉及的交易数量较少，而每笔交易的金额通常较大。这就决定了对该循环涉及的财务报表项目审计，更可能采用实质性方案。

（2）筹资活动在遵守国家法律、法规和相关契约的规定下进行。

（3）漏记或不恰当地对一笔业务进行会计处理，将会导致重大错误，从而对财务报表的公允反映产生较大的影响。对于从事投机性衍生金融工具交易的企业而言，尤为如此。公允价值的确定和交易记录的完整性等可能存在重大错报风险。

（二）投资与筹资循环涉及的主要凭证和会计记录

1. 投资活动的凭证和会计记录

（1）债券投资凭证；

（2）股票投资凭证；

（3）股票证书；

（4）股利收取凭证；

（5）长期股权投资协议；

（6）投资总分类账；

（7）投资明细分类账。

2. 筹资活动的凭证和会计记录

（1）公司债券，公司依据法定程序发行、约定在一定期限内还本付息的有价证券；

（2）股本凭证，公司签发的证明股东所持股份的凭证；

（3）债券契约；

（4）股东名册；

（5）公司债券存根簿；

（6）承销或包销协议；

（7）借款合同或协议，公司向银行或其他金融机构借入款项时与其签订的合同或协议。

二、业务循环内部控制与审计目标

（一）投资活动的内部控制

一般来讲，投资活动的内部控制主要包括下列内容：

1. 合理的职责分工

合法的投资业务，应在业务的授权、业务的执行、业务的会计记录以及投资资产的保管等方面都有明确的分工，不得由一人同时负责上述任何两项工作。

2. 健全的资产保管制度

企业对投资资产一般有两种保管方式：一种是由独立的专门机构保管，

另一种是由企业自行保管。在后者的情况下，企业必须建立严格的联合控制制度，即要由两名以上人员共同控制，不得一人单独接触债券。

3. 详细的会计核算制度

企业的投资资产无论是自行保管还是由他人保管，都要进行完整的会计记录，并对其增减变动及投资收益进行相关会计核算。

4. 严格的记名登记制度

除无记名证券外，企业在购入股票或债券时应在购入的当日尽快登记于企业名下，切忌登记于经办人员名下，防止发生冒名转移并借其他名义牟取私利的舞弊行为。

5. 完善的定期盘点制度

对于企业所拥有的投资资产，应由内部审计人员或不参与投资业务的其他人员进行定期盘点，检查是否确实存在，并将盘点记录与账面记录相互核对以确认账实的一致性。

（二）筹资活动的内部控制

企业筹资活动的内部会计控制目标是指企业在筹集资金过程中，通过实施全过程的内部会计控制应当达到的要求。这一要求可具体表现为以下六个方面：

1. 符合国家的有关法律法规

筹资活动应严格按照国家的有关法律法规进行，根据要求履行审批手续，向有关机关递交相关文件，并保证文件的真实和有效，筹资业务完成后，应按照有关法律、法规规定的义务进行公告和披露相关信息。

2. 经过授权审批

企业筹集资金通常有两种途径，即通过发行普通股股票进行股权筹资或者通过发行公司债券及向金融机构借款进行债务性筹资。这两种途径各有利弊：股权筹资不必定期支付利息，而股利的支付与否和支付多少则视公司有无赢利和经营需要而定，经营波动给公司带来的财务负担相对较小，但筹资成本高、股权控制分散；债务性筹资速度快、筹资成本低，但筹资风险大，因为企业必须在规定的时间还本付息。因此，企业筹集资金应经董事会授权，有正式的审批程序，以保证企业的筹资方式符合成本效益原则。

3. 降低筹资成本

无论是通过发行债券或股票，还是向金融机构借款等，均要付出相应的筹资成本，良好的内部控制制度应能够保证有效地控制筹资成本。

4. 保证所筹资金的合理使用

企业筹集资金一般都有明确的用途，随意改变资金的使用方向不仅不能实现筹资的目标，而且极易发生资金被挪用的情况，因此，保证所筹资金按规定用途使用是内部会计控制的重要目标。

5. 合理地摊销债券的溢价和折价

由于长期债券溢价和折价的会计处理相对复杂，企业应按照规定保证溢价和折价摊销的正确性。对于按溢价或折价发行债券，应将溢价或折价在债券存续期内采用直线法或实际利率法予以摊销。在账务处理上，每期摊销的溢价或折价是对债券应计利息的扣除或追加。因此，每期利息支出应为“应计利息”与溢价摊销额之差或折价摊销额之和。

6. 正确地计提和适当地支付利息和股利

债权人和股东进行投资的目的之一就是及时、恰当地获取利息和股利。企业只有及时、恰当地支付利息和股利才能取得良好的信誉，保持筹资的优势。企业的内部控制应保证利息的计算正确；大额的利息支出应按照权责发生制的原则，采用计提的方式进行处理，股利的支付既需要满足股东的利益，也要符合企业发展的需要；利息和股利的支付经过适当的授权；已支付的利息或股利确实为债权人或股东所得。

三、长期股权投资审计

长期股权投资核算企业持有的采用权益法或成本法核算的长期股权投资具体包括：

（1）企业持有的能够对被投资单位实施控制的权益性投资，即对子公司的投资。

（2）企业持有的能够与其他合营方一同对被投资单位实施控制的权益性投资，即对合营企业的投资。

（3）企业持有的能够对被投资单位施加重大影响的权益性投资，即对联营企业的投资。

（4）企业对被投资单位不具有控制、共同控制或重大影响，且在活跃市场没有报价、公允价值不能可靠计量的权益性投资。

（一）长期股权投资的审计目标

长期股权投资的审计目标一般包括：确定资产负债表中列示的长期股权投资是否存在；确定所有应当列示的长期股权投资是否均已列示；确定列示的长期股权投资是否由被审计单位拥有或控制；确定长期股权投资是否以恰当的金额包括在财务报表中，与之相关的计价调整是否已恰当记录；确定长期股权投资是否已按照企业会计准则的规定在财务报表中作出恰当列报。

（二）长期股权投资的实质性程序

长期股权投资的实质性程序通常包括：

（1）获取或编制长期股权投资明细表，复核加计正确，并与总账数和明细账合计数核对相符；结合长期股权投资减值准备科目与报表数核对相符。

（2）根据有关合同和文件，确认股权投资的股权比例和持有时间，检查股权投资核算方法是否正确。

（3）对于重大的投资，向被投资单位函证被审计单位的投资额、持股比例及被投资单位股利发放等情况。

（4）对于应采用权益法核算的长期股权投资，获取被投资单位已经注册会计师审计的年度财务报表，如果未经注册会计师审计，则应考虑对被审计单位的财务报表实施适当的审计或审阅程序。

（5）对于采用成本法核算的长期股权投资，检查股利分配的原始凭证及分配决议等资料，确定会计处理是否正确；对被审计单位实施控制而采用成本法核算的长期股权投资，比照权益法编制变动明细表，以备合并报表使用。

（6）对于成本法和权益法相互转换的，检查其投资成本的确定是否正确。

（7）确定长期股权投资的增减变动的记录是否完整。

（8）期末对长期股权投资进行逐项检查，以确定长期股权投资是否已经发生减值。

（9）结合银行借款等的检查，了解长期股权投资是否存在质押、担保情况。如有，则应详细记录，并提请被审计单位进行充分披露。

（10）确定长期股权投资在资产负债表上已恰当列报。

四、短期借款审计

（一）短期借款的审计目标

短期借款的审计目标一般包括：

（1）确定资产负债表中列示的短期借款是否存在。

（2）确定所有应当列示的短期借款是否均已列示。

（3）确定列示的短期借款是否为被审计单位应当履行的现实义务。

(4) 确定短期借款是否以恰当的金额列示在财务报表中，与之相关的计价调整是否已恰当记录。

(5) 确定短期借款是否已按照企业会计准则的规定在财务报表中作出恰当列报。

(二) 短期借款的实质性程序

短期借款的实质性程序通常包括：

(1) 获取或编制短期借款明细表。复核加计正确，并与报表数、总账数和明细账合计数核对是否相符；检查非记账本位币短期借款的折算汇率及折算额是否正确，折算方法是否前后期一致。

(2) 检查被审计单位贷款卡，核实账面记录是否完整。对被审计单位贷款卡上列示的信息与账面记录核对的差异进行分析，并关注贷款卡中列示的被审计单位对外担保的信息。

(3) 对短期借款进行函证。

(4) 检查短期借款的增加。对年度内增加的短期借款，检查借款合同，了解借款数额、借款用途、借款条件、借款日期、还款期限、借款利率，并与相关会计记录相核对。

(5) 检查短期借款的减少。对年度内减少的短期借款，应检查相关记录和原始凭证，核实还款数额，并与相关会计记录相核对。

(6) 复核短期借款利息。根据短期借款的利率和期限，检查被审计单位短期借款的利息计算是否正确，如有未计利息和多计利息，应作出记录，必要时提请进行调整。

(7) 检查被审计单位用于短期借款的抵押资产的所有权是否属于被审计单位，其价值和实际状况是否与担保契约中的规定相一致。

(8) 检查被审计单位与贷款人之间所发生的债务重组。检查债务重组协议，确定其真实性、合法性，并检查债务重组的会计处理是否正确。

第七节 货币资金审计

一、业务循环性质

货币资金是指在公司经营过程中处于货币形态的那部分资金，主要来源于资本的投入和营业收入，主要用于资产的取得和费用的结付。按其存放地点和用途不同可分为库存现金、银行存款和其他货币资金。另外，大多数挪用公款、贪污等违法乱纪的行为都与货币资金的管理不善有关，又因其具有高度的流动性和控制风险，货币资金应作为审查的重点。

二、货币资金内部控制与审计目标

（一）货币资金内部控制的主要内容及其控制方法

1. 货币资金完整性控制

货币资金完整性控制是指特定会计期间发生的货币资金收支业务是否均已按规定计入有关账户。其控制方法一般有以下几种：

（1）发票、收据控制。发票、收据控制是利用发票、收据编号的连续性，核对收到的货币资金与发票、收据金额是否一致，以确保收到的货币资金全部入账的一种完整性控制手段。企业违规开具“大头小尾”“小头大尾”发票，自制收据，收据不连号或无号，或以白条代替收据等。因此，对于发票、收据必须加强其印、收、发、存的管理，建账核算。

(2) 银行对账单控制。银行对账单控制是利用银行对账清单与企业银行存款日记账进行核对，发现未达账项，分析其原因，发现其是否存在错弊。

(3) 物料平衡控制。低值易耗物料、毁损资产的处置收益控制。

(4) 业务量控制。业务量控制是根据某项业务量的大小，来复核其货币资金完整性。

(5) 往来账核对控制。往来账核对控制是通过定期与对方核对往来账余额，及时发现挪用、贪污企业货币资金等违法行为。

2. 货币资金安全性控制

货币资金安全性控制的范围包括：现金、银行存款、其他货币资金，由于应收、应付票据的变现能力较强，故也将其纳入货币资金控制范围内。货币资金安全性控制方法一般有以下几种：

(1) 账实盘点控制。账实盘点控制是通过定期或不定期对货币资金进行盘点，以确保企业资产安全的一种常见的控制方法。

(2) 库存限额控制。库存限额控制是利用核定企业每日货币资金余额，超过库存限额的货币资金送存银行，从而降低货币资金安全性控制风险。

(3) 实物隔离控制。实物隔离控制是采取妥善措施确保除实物保管之外的人员不得接触实物的控制方法。

(4) 岗位分离控制。岗位分离控制是将不相容岗位分别由不同的人负责，以达到相互牵制、相互监督的作用的一种控制方法。

3. 货币资金合法性、合规性控制

货币资金合法性控制针对的是货币资金收入与支付。合法性控制一般都采用加大监督检查力度的方法，加强复核，加大内部审计监督力度；通过公布举报电话、网站，从公众中取得不合法收、付的线索。另外，可以对货币资金的支付实行严格的授权审批制度，重点控制大笔金额货币资金支付。合规性控制主要关注销售、采购商品的结算方式是否符合集团公司的管理要求。

（二）货币资金的审计目标

（1）确定资产负债表记录的货币资金是否存在、余额是否正确；

（2）确定货币资金的收支记录是否完整；

（3）确定货币资金的使用是否合法、合规。

三、库存现金与银行存款审计程序

由于货币资金的重要性以及其特殊性质，除将日记账、总账、报表等信息进行核对外还应实施以下程序对其进行审计：

（1）浏览现金日记账确定是否存在坐支现金情况，现金支出的范围是否规定。

（2）抽取大额、异常的货币支出进行检查，支出的授权审批手续是否完备，支付所附票据的合法性，确定现金支付的真实性。

（3）检查各期间现金余额，是否符合现金限额管理办法要求。

（4）检查期后现金收支，关注现金记账是否及时，是否跨期。

（5）取得全部发票、收据存根联，关注其连续编号情况，将收入与日记账进行核对，检查记录是否完整。

（6）检查实物管理部门的各种物资处置情况，关注处置收入入账的完整性。

（7）应进行现金盘点，首先观察现金存放情况，关注现金管理的安全性。现金盘点应在事先不通知被审计单位相关人员的情况下突击进行，当现金存放在单位不同地点的保险柜时，应安排几个盘点小组同时对单位每一存放处的保险柜现金展开盘点，或将每一存放处保险柜先做封存，然后逐一盘点，另外特别提醒：多出来的款项、存单、有价证券或其他证件，应进行追查，查找原因，不能听任出纳随便解释，轻易放过。

(8) 在现金盘点中，注意盘点现金支票和转账支票存根、作废存根和空白支票，并做详细记录与现金、银行存款审计结合起来，由于现行的转账支票看不见对方户名和账号，检查是否存在把作废的转账支票存根附在记账凭证后作为附件，实际转出的与转账支票存根上注明的转入单位不一致，通过出具虚假的报销发票和合同，将资金转出。

(9) 了解被审计单位银行账户开设的全面情况。审计时应取得被审计单位的银行账户开设情况一览表，有助于审计人员了解开设银行账户的部门、开户时间、销户时间、开户银行、用途等信息，检查其账户管理情况。

(10) 关注其他货币资金性质，是否存在证券账户等，是否从事股票、委托理财等高风险投资情况，检查定期存单是否存在抵押、担保等情况。

(11) 对银行存款进行函证，函证不仅可以证实银行存款的真实性，而且可以了解到一些其他信息，如企业存款的性质，是否有未入账的借款等。

(12) 检查银行对账单，首先对银行对账单真伪进行辨别，是否存在虚假、涂改情况，将对账单与银行日记账核对，是否存在不一致情况，有无资金收付不记账，检查是否为出借银行账户或者是转移资金。

(13) 关注相近时间，一笔大额资金转入，随后分若干笔转出或提现的交易，检查企业是否出借银行账户或者转移资金。

(14) 检查银行余额调节表，将其与银行日记账核对，检查有无长期未达账项，确定是否存在隐瞒收入、挪用资金等问题。

(15) 检查银行支付的大额费用报销凭证，如大额办公用品支出、劳保用品支出，检查业务发生的真实性。

（16）结合具体业务，检查是否通过签订虚假合同、虚构业务套取企业资金。是否存在资金账外循环，入账不完整的情况。

（17）检查采购付款情况，确定是否使用个人账户从事公司业务，如将集团公司款项打入个人账户用于采购、销售结算等。

（18）检查被审计单位下设的有银行账户的分支机构及职能部门，如外派机构、工会、食堂、下属三产单位等，检查这些账户使用是否规范。

（19）检查集团公司内部单位或与外部单位之间大额资金往来，关注资金划转的审批情况，是否存在违规资金拆借。

第四章

投资项目审计

第一节　投资项目审计概述

一、投资项目审计的概念

投资项目审计是指由审计机构及审计人员，依据国家在一定时期颁发的方针政策、法律法规和相关的技术经济标准，运用审计方法对投资项目建设全过程的技术经济活动，以及与之相联系的各项工作进行的服务和监督活动。

（一）审计主体

主要包括国家审计机关、企事业单位内审部门、中介审计单位。

（二）审计客体

主要是指投资项目的所有参建单位及其进行的相关建设活动和经济活动。

（三）审计范围

主要包括基本建设项目和技术改造项目两大主要部分。

（四）审计依据

1. 国家方针政策

国家在一定时期颁发的与国民经济发展有关的宏观调控政策、产业政策和一定时期的发展规划。

2. 相关法律、法规

如《中华人民共和国建筑法》《中华人民共和国审计法》《中华人民共和国招标投标法》《中华人民共和国合同法》、中国内部审计协会《内部审计实务指南第1号——建设项目内部审计》等。

3. 相关的技术经济指标

具体是指造价审计中所依循的概算定额、概算指标、预算定额以及建设项目效益审计时所依据的有关技术经济分析参数指标等。如《工程量清单计价办法》、各地各专业施工定额、基价表等。

4. 企业内部投资管理规章制度

（五）审计的目标

通过审计，直接或间接的督促建设单位规范内部管理，保障项目建设的合法、合规性，以及项目投资、质量、工期、安全文明施工等目标的实现。

二、投资项目审计的内容

（一）从项目建设程序上看

投资项目审计包括基本建设程序审计、在建期审计和竣工后审计三大主要部分。

1. 基本建设程序审计

是指对建设项目开工前的主要建设程序手续进行审计，包括投资决策程序及手续审计、勘察设计审计等多项内容。

2. 在建期审计

投资项目在建期审计的主要内容有：

（1）准备阶段资金运用情况；

（2）概算调整情况；

（3）经济合同实施情况；

（4）概算执行情况审计，并分析重大差异原因；

（5）内部控制制度；

（6）建设资金来源、到位与使用情况；

（7）建设成本及其他财务收支核算；

（8）设备、材料采购及管理情况；

（9）税、费计缴情况；

（10）环境保护法规、政策执行情况；

（11）勘察设计管理情况；

（12）工程质量、进度、造价管理等；

（13）监理执行情况等。

3. 投资项目竣工后审计

从理论上说，投资项目竣工后审计应包括竣工验收阶段和后期工作的所有内容。具体表现为审计竣工验收程序是否合规，验收报告内容是否真实，验收标准是否适用；竣工决算与总结算是否真实、准确，计算方法和表达方式是否恰当；总投资是否符合批准的投资计划要求，是否超过了建设项目预算标准；建设项目实际实现的投资效益是否达到了投资决策所预定的目标等内容。

但在我国的审计实务中，投资项目竣工后审计重点围绕竣工决算进行展开。接受竣工决算审计的建设项目必须具备两个条件：第一，已经完成初步验收；第二，已经编制出竣工决算。

（二）从投资项目审计内容的专业特征上看

投资项目审计包括工程造价审计、财务收支审计、建设管理审计与投资效益审计等多项内容。

（三）《内部审计实务指南第1号——建设项目内部审计》规定

投资项目内部审计内容主要包括对建设项目投资立项、设计（勘察）管理、招标投标、合同管理、设备和材料采购、工程管理、工程造价、竣工验收、财务管理等过程的审计和评价。

三、投资项目审计的特点

与其他专业审计相比，建设项目审计有其自身固有的特点，主要表现在：

（一）审计过程的阶段性

建设项目活动具有投资消耗大、建设周期长的特点，建设过程为前期、中期、后期，对建设项目的审计阶段也分为事前、事中、事后进行。

（二）审计方法的灵活性

固定资产投资是现代科学技术成果的综合反映，建设项目大多是各种技术的复合体，这要求对建设项目进行审计时，采用可行性研究与评估、工程勘测及设计、施工组织管理、工程概（预）算审核等经济技术方法，以便实施更有效的监督。

（三）审计内容的复杂性

建设项目审计的内容极其复杂，不仅要审计投资计划是否符合国家的投资政策及企业内部规定，还要审计资金来源是否正当合理、使用是否规范；不仅要审计造价控制情况，还要评价投资效果、效率和效益；不仅要审计基本建设程序执行情况，还要监督建设项目的质量、工期等。

四、投资项目审计的类型

（一）从审计介入的时点来说，可以分为全过程跟踪审计和事后审计

全过程跟踪审计是指随着工程建设的实施，审计人员采取常驻现场或阶段性审计的方式，对建设项目开展事前、事中、事后（相对施工阶段）的跟踪审计，在过程中发现建设项目存在的问题，及时提出审计意见和建议，督促建设单位加强管理，最终达到规范建设程序、规范投资管理、保证工程进度、提高投资效益的目的。全过程跟踪审计能够及时发现并及时纠正建设项目存在的问题，可有效减少违法、违规事件的发生，降低建设项目失控的风险。

事后审计主要是指在工程竣工完成后开展的工程结算审计与工程决算审计。工程结算审计是指按照国家法律法规，依据招标投标文件、合同和施工过程中的相关资料，在对应工程建设施工完成并验收合格后，对承包商或供应商申报的工程结算书进行审查与复核，作为建设单位支付最终价款的依据。工程决算审计是指根据国家法律法规，对基本建设程序、概算执行、招投标、资金来源与使用、财务管理及会计核算、交付使用资产及收尾工程、竣工财务决算报表等真实性、合法性、有效性进行审核鉴证，并为正确评价经济效益、最终核定固定资产价值提供依据。

全过程跟踪审计包含了工程结算审计与工程决算审计。

（二）从审计关注的内容来说，可以简单划分为合规性审计和管理效益审计

合规性审计主要关注于建设项目是否执行国家法律法规和企业内部相关规定。

管理效益审计又称为绩效审计、管理审计或效益审计。项目建设是一种投资行为，目的在于获得相关的效益，包括经济效益和社会效益等。

就投资项目而言，仅建设程序符合相关法律法规、规章制度是远远不够的，更重要的是投资项目是否有效实现了所需要的各项使用功能、工程投资是否得以有效控制、工程进度是否满足预期要求、工程质量是否达到了国家的相关验收标准。管理效益审计就是针对投资项目管理情况、效益实现情况开展的审计。管理效益审计是更高层次的审计，其内容不仅涵盖了传统财务收支审计和合法合规审计的范畴，而且涉及建设管理、工程质量、材料采购、招标投标、合同管理等效益事项。

此外，按审计主体分类，还可以分为国家审计、内部审计、社会审计三种审计模式。国家审计是指国家或政府设立的审计机构对建设项目组织实施的审计监督活动，主要特点是法定性和强制性；内部审计是指企事业单位内部审计机构组织审计人员，依照国家法律、法规、政策以及企业内部规章制度，对建设项目的真实性、合法性和有效性进行审计；社会审计也称民间审计，是指由依法成立的会计师事务所或造价咨询公司接受委托人的委托，根据承办业务签订的合同或协议，对建设项目进行独立审查和鉴证，并出具审计报告。

第二节　基本建设程序审计

一、投资决策审计

（一）投资决策审计概述

投资项目前期投资决策包括项目建议书和可行性研究两个阶段。项目可行性研究报告的审批标志着建设项目的确立，上述过程俗称为立项。

项目的可行性研究直接影响项目的决策质量。

（二）投资决策审计的重点

1. 审计投资决策的程序的合规性

首先审计投资决策程序是否完整，是否做到了前后呼应；其次审计建设项目投资决策程序是否符合项目的建设要求，是否与项目的建设程序相一致。在建期或竣工后对建设项目投资决策进行审计时，则应注意决策方案是否得到了严格的执行，建设质量和建设项目的综合效益是否达到了前期决策中所预期的目标和标准。

当前，投资决策程序的合规性审计是我国审计部门比较重视的审计内容之一，在审计实务中，主要是通过查文件、看批文等具体工作得以体现。

2. 审计可行性研究报告的编制与审批单位的资质和级别的合规性

可行性研究报告的编制与审批严格按照规定执行。审计时，如若发现建设项目可行性研究报告的编批单位不符合规定的资格或标准，则应要求建设单位重新报批，否则不得进行后续工作。

3. 审计可行性研究报告内容的完整性和编制深度的到位程度

主要审查可行性研究报告是否具备规定内容；审查可行性研究报告的内容中是否说明建设项目的目的；是否说明建设项目在工艺技术可行性、经济合理性及决定项目规模、原材料供应、市场销售条件、技术装备水平、成本收益等方面的经济目标；是否说明建设地点及当地的自然条件和社会条件、环保约束条件，并进行选址比较；是否说明建设项目何时开始投资、何时建成投产、何时收回投资；是否说明项目建设的资金筹措方式等；审查市场调查及市场预测中数据获取方式的适当性及合理性。

4. 审计投资决策文件本身的科学性和合理性，财务评价是否可行

在审计实务中主要审查项目投资、投产后的成本和利润、借款的偿还

能力、投资回收期等的计算方法是否科学适当；审查计算结果是否正确、所用指标是否合理；审查投资方案、投资规模、生产规模、布局选址、技术、设备、环保等方面的资料来源；审查原材料、燃料、动力供应和交通及公用配套设施是否满足项目要求；审查是否在多方案比较选择的基础上进行决策；审查拟建项目与类似已建成项目的有关技术经济指标和投资预算的对比情况；审查工程设计是否符合国家环境保护的法律法规的有关政策，需要配套的环境治理项目是否编制并与建设项目同步进行等。

二、基本建设程序审计

（一）基本建设程序审计概述

开工前期准备工作是投资项目实施阶段的重要工作内容，充分的前期准备工作能够为投资项目的顺利进行奠定良好的基础。开工前期的主要工作包括进行施工现场的三通一平、施工图纸准备、施工承包商和设备材料商的确定以及按照国家及地方的要求必须履行的报建及审批手续等基本建设程序。

（二）基本建设程序审计的重点

“三通一平”是指通水、通电、通路和平整场地，标准高一点的项目可能还要完成“五通一平”或“七通一平”。审计重点关注与“三通一平”有关的工作和费用计算的真实性、合法合规性和效益性。

基本建设程序是指建设项目从决策、设计、施工到竣工验收全过程中，各项工作必须遵循的先后次序，是国家对建设项目的重要管理控制流程制度。对前期基本建设程序审计时，应主要采取审阅法、调查问卷法。主要审查前期工作程序是否与项目基本建设程序相一致。重点关注是否存在先开工，后补手续的情况，如对项目立项执行程序进行符合性测试，审核相关技术资料，检查其执行程序和真实性。

（1）对项目选址申请及审批的审计重点包括：审查是否按照要求上报相关行政规划主管部门审批并获取了审批文件；审查选址报批资料是否齐全、符合要求（包括环境影响评价报告、项目选址依据等）；审查选址意见书的审批程序的合法性和选址意见的准确性。

（2）对建设项目用地审批的审计重点是审查建设用地是否按照规定的审批权限获取相应土地行政主管部门的审批文件。对建设用地征收、征用、划拨手续审批的审计重点包括：审查建设用地征收、征用、拆迁手续是否办理了审批，是否取得了建设用地批准书；审查是否按相应的审批权限进行审批；审核征地拆迁管理是否符合有关规定；检查征地或拆迁补偿费是否符合有关规定，有关评估、计价是否合规、合理。有无擅自扩大拆迁范围、提高标准或者降低标准等问题。

（3）对工程规划审批的审计重点关注是否通过当地土地和城市规划行政主管部门的许可及核发了许可证等文件，是否取得施工许可证。

（4）其他相关行政审批的审计重点包括：审查对于新建高层建筑、大型公共建筑或锅炉房、隧道等易燃易爆危险工程，是否取得了消防安全部门签署的意见；审查对于有污染的工程，是否取得环境保护部门的意见和环境质量影响鉴定书；审查对于新建配电房、变电站工程，是否获取了供电部门签署的同意文件；审查涉及有文物古迹、园林绿化和河道保护工程，是否经过了文物、园林、河道管理等部门签署意见；审查涉及有航空、高压线走廊、无线电收发、人防工程，是否征得航空、电力、电信、人防等部门的同意；审查涉及有卫生防疫问题，是否已经过卫生防疫部门的签署意见。

（5）对初步设计审批的审计重点包括：审查建设单位是否按照规定报有权部门审批并获取了审批文件；审查是否按相应的审批权限进行审批。

（6）对施工图审批的审计重点包括：审查在施工图设计审查之前是否进行了相应的勘察设计；审查是否按照经批准的初步设计文件进行施工图设计；审查施工图是否达到规定的设计深度标准要求。

（7）检查各种规费是否按规定及时缴纳；减、缓、免手续是否完善，是否符合有关规定。

三、勘察设计管理审计

（一）勘察设计管理审计的概述

勘察设计质量的好坏不仅决定建设项目的使用功能，而且还将从根本上影响建设项目的经济性。在国外，审计部门特别重视对设计工作的审计，通过对该部分内容的审计，督促设计部门在进行项目设计时能够更多地考虑设计方案的综合性。但在我国，由于多方面的原因，到目前为止还未能深入开展勘察设计质量审计。

（二）勘察设计管理审计的重点

1. 审计勘察设计单位的资质和级别

在我国，选择勘察设计单位有三种主要方式：招标投标、上级主管部门指定和建设单位委托。符合《必须招标的工程项目规定》规定的范围和标准的工程建设项目，必须进行相应的设计招投标。无论以哪一种方式选择设计单位，都应首先考虑设计单位的资质和级别，在审计设计工作情况时，必须先按照相关规定，对设计单位的资质和级别进行审计鉴证。

设计单位在接受设计任务时，应出示等级证书，只能在规定的范围内承担设计任务。审计人员在进行这一部分内容的审计时，应首先审计设计单位的确定方式是否符合有关要求，重点明确在选择设计单位的过程中，是否有人为干扰因素存在，有无“领导项目”“人情项目”情况出现，有无行贿受贿、拿回扣等行为发生；其次审计设计单位的资质与级别是否符合项目建设规模的要求，有无名不符实、越级设计行为发生。

2. 审计设计文件是否完整，设计程序是否合规

完整的设计文件包括两大部分内容：

（1）图纸；

（2）设计概算。审计时注意是否存在“三边”（边勘察、边设计、边施工）项目。

3. 审计设计收费是否合规、合理

将合同与国家颁发的设计收费文件及市场价格信息相比较，确定建设单位支付的设计费是否过高。另外，注意设计单位完成的设计图纸是否完整，如果只是局部设计，则要按比例降低设计费用。同时，注意是否有重复设计，如果有，重复设计的部分应按设计收费文件规定的系数比例计算。勘察、设计收费不能超过有关标准或中标价，设计单位如没有编制施工图预算，在合同价款中应扣除施工图预算编制费。

4. 审计设计文件是否经过有关部门批准

查找批文，对照建设主管部门的规定，确认设计文件的审批是否合理，如果没有相应的主管部门的批文，则设计程序视为不规范。

5. 审计设计变更是否适当

首先，通过现场核实的方式确定通知单上注明变更的内容是否真实；其次，审计变更通知单上的签字手续是否齐全；最后，审计设计变更的程序是否规范。

6. 审查初步设计方案是否科学合理

审查初步设计规模是否与可行性研究报告、设计任务书一致，有无夹带项目、超规模、超面积、超标准等问题；审查设计深度能否满足技术、经济等各方面的要求；审查初步设计文件的内容，包括工艺、设备

的选择是否先进、合理、经济，建筑物的设计是否符合安全、适用、美观的原则等；审查设计质量，设计文件所依据的标准规范是否符合国家规定；基础资料是否可靠；图纸、文字资料的各级技术校对、审核是否符合要求；审查初步设计审批权限是否有超越权限审批。

7. 审计施工图设计阶段完成的设计图纸是否完整

完整的设计图纸包括建筑施工图、结构施工图和设备施工图，如果图纸不全就施工，审计人员应该予以指出。

8. 审计设计质量保证体系是否完整

主要核对与图纸、概算等设计文件有关的审批手续是否齐全。特别要关注如下问题：

（1）施工图预算是否控制在批准概算数内；

（2）主要工程量计取与初步设计内容是否基本一致；

（3）定额子目选用是否正确，对工料分析表和单位造价进行比较分析；

（4）采用的原始数据来源正规，数据及计算是否正确。

第三节　招投标与合同审计

一、招投标审计

（一）建设项目招标投标概述

建设项目招标是指建设单位就拟建的工程发布公告，吸引建设项目的承包单位参加竞争，具有合法资格和能力的投标人根据招标要求，在规定的时间内向招标单位提出报价，通过法定程序从中选择条件优越者来完成工程建设任务的经济活动。

按招标方式可以分为公开招标和邀请招标。公开招标是指由招标人依据《中华人民共和国招标投标法》和《必须招标的工程项目规定》等有关规定，通过有关部门制定的报纸、招标网等公开的媒介发布招标公告，使所有符合条件的潜在投标人可以有平等的机会参加投标竞争，招标人从中择优确定中标人的招标方式。邀请招标是一种有限竞争招标，招标人向 3 家以上潜在投标人发出投标邀请书，由被邀请的潜在投标人参加投标竞争，招标人从中择优确定中标人的招标方式。被邀请的潜在投标人一般在经验、技术、资金、信誉等方面均较为可靠，一般能够保证工程建设的进度和质量要求。此外，由于参加投标的承包商数量少，所以招标的时间会缩短，招标费用也较少。

（二）招标投标审计的重点

招标投标审计是指对项目建设过程中各项招投标工作质量及绩效进行的审查和评价。招标投标管理审计与合同管理审计联系较为紧密。因此，对于招标投标的审计可与合同管理审计一并进行。审查重点内容如下：

1. 审计建设项目招标投标程序合法性、合规性

审查建设项目是否属于《招标投标法》规定必须进行招标的项目，并且进一步审计建设单位是否按规定的公开招标或邀请招标的方式进行招标；审查是否存在人为肢解工程项目、规避招投标等违规操作风险；审查招投标的程序和方式是否符合有关法规和制度的规定，采用邀请招投标方式时，是否有三个以上投标人参加投标；审查标段的划分是否适当，是否符合专业要求和施工界面衔接需要，是否存在标段划分过细，增加工程成本和管理成本的问题；审查是否公开发布招标公告、招标公

告中的信息是否全面、准确；审查是否存在因有意违反招投标程序的时间规定而导致的串标风险。

2. 招标文件的审计

对招标文件的审核应关注以下几个方面。

（1）审查招标文件的内容是否合法、合规，是否全面、准确地表述招标项目的实际状况，是否全面、准确的表述招标人的实质性要求。着重关注以下内容：工程概况内容应包括招标人名称、设计、咨询、监理（已选定）单位的名称等；投标人资格条件应包括资质类别及等级；计划开、竣工日期及工期要求是否明确或符合建设项目实际要求；质量标准与质量奖项（如果有）分别说明；招标文件答疑及补充文件及时备案且发出时间是否满足法定时限；开标、截标的时间及地点是否明确；计量依据和计价原则的合规性；投标文件封装要求或标准应当简洁、具体和详细，不易引起歧义，有可操作性；投标文件的格式的约定，技术标“暗标”的规定；废标条件是否明确，废标权力人是否明确：业主或专家委员会；投标担保的方式、额度、递交时间、没收条件及退还时间；投标文件的有效期。

（2）审查评标标准，应关注以下事项：评标办法中应明确评标专家的组成、标准及比例；计算错误的修正及认定；在评审过程中的废标条件；经济标的分值权重是否合理；采用资格后审的项目，在评标办法中应含有资格审查的内容；实行资格预审的项目，资格预审时已经评审过的各项标准和条件，一般不应再出现在评标办法的评审标准和条件中；采用合理低价中标的项目，合理低价的认定办法。

（3）采取工程量清单报价方式招标时，审查其招标控制价是否按《建设工程工程量清单计价规范》的规定填制；

（4）审查施工现场的实际状况是否符合招标文件的规定。

3. 开标、评标、定标过程的审计

开标是否按规定进行，审阅开标会议的公证书和现场记录，投标人是否最大限度地满足招标文件中规定的各项综合评价标准，投标价格是否合理，中标价是否异常接近标底，是否有可能发生泄漏标底的情况；中标人签订的合同是否有悖于招标文件的实质性内容。

4. 审计中标单位资质的真实性、合法性

结合招标文件重点对中标单位是否是法人或依法组建的经济组织；资质是否符合招标文件的要求；进一步审计中标单位的技术力量和财务状况，是否是投标单位中最佳单位。

5. 中标后的跟踪审计

中标后要对工程质量、工程进度、采购物资、设备型号、质量等进行跟踪审计，看是否按合同执行，并达到招标文件提出的要求。

二、合同管理审计

（一）合同管理审计概述

对于以招标方式选择承包人的工程来说，承包合同就是招标的成果，审计人员在合同审核中应关注拟签订合同条款与招标文件合同条款的一致性，招标过程中发现和处理的一系列问题（如投标报价的瑕疵）是否已经在拟签订合同条款中体现，招标合同条款中未明确的事项，是否进一步明确。对于非招标采购合同，审计人员的在合同审核中除关注合同条款的合理合规性外，还应该关注拟定承包人的法定资格、信誉及履约能力。

（二）工程合同管理审计的重点

1. 合同管理制度的审计

审查是否设置专职或兼职合同管理人员是否具备合同管理资格；审

查是否建立了适当的合同管理制度；审查合同管理机构是否建立健全防范重大设计变更、不可抗力、政策变动等的风险管理体系。

2. 合同通用内容的审计

审查合同当事人的主体资质、合同内容是否符合相关法律和法规的要求；审查合同双方是否具有资金、技术及管理等方面履行合同的能力；审查合同的内容是否与招标文件的要求相符；审查合同条款是否全面、合理，有无遗漏关键性内容，有无不合理的限制性条件，法律手续是否完备；审查合同是否存在损害国家、集体或第三者利益等导致合同无效的风险；审查合同是否有过错方承担缔约过失责任的规定；审查合同是否有按优先解释顺序执行合同的规定。

3. 各类专项合同的审计

勘察设计合同应审查合同是否明确规定建设项目的名称、规模、投资额、建设地点；审查合同是否明确规定勘察设计的基础资料、设计文件及其提供期限；审查合同是否明确规定勘察设计的工作范围、进度、质量和勘察设计文件份数；审查合同是否明确规定协作条款和违约责任条款。

施工合同应审查合同是否明确规定工程范围；审查合同是否明确规定工期，以及总工期及各单项工程的工期能否保证项目工期目标的实现；审查合同的工程质量标准是否符合有关规定；审查合同工程造价计算原则、计费标准及其确定办法是否合理；审查合同是否明确规定设备和材料供应的责任及其质量标准、检验方法；审查所规定的付款和结算方式是否合适；审查隐蔽工程的工程量的确认程序及有关内部控制是否健全，有无防范价格风险的措施；审查中间验收的内部控制是否健全，交工验收是否以有关规定、施工图纸、施工说明和施工技术文件为依据；审查质量保证期是否符合有关建设工程质量管理的规定，是否有履约保函。

委托监理合同应审查监理公司的监理资质与建设项目的建设规模是

否相符；审查合同是否明确所监理的建设项目的名称、规模、投资额、建设地点；审查监理的业务范围和责任是否明确；审查所提供的工程资料及时间要求是否明确；审查监理报酬的计算方法和支付方式是否符合有关规定；审查合同有无规定对违约责任的追究条款。

合同变更应审查合同变更程序执行的有效性及索赔处理的真实性、合理性；审查合同变更的原因以及变更对成本、工期及其他合同条款的影响的处理是否合理；审查合同变更后的文件处理工作，有无影响合同继续生效的漏洞。

合同履行情况应审查是否全面、真实地履行合同；审查合同履行中的差异及产生差异的原因；审查有无违约行为及其处理结果是否符合有关规定。

终止合同需审查终止合同的报收和验收情况；审查最终合同费用及其支付情况；审查索赔与反索赔的合规性和合理性；严格审查合同资料的归档和保管，包括在合同签订、履行分析、跟踪监督以及合同变更、索赔等一系列资料的收集和保管是否完整。

第四节　设备和材料采购审计

一、设备和材料采购审计概述

设备材料采购审计，主要指对建设项目甲供材料设备采购环节（包括招投标、合同签订）、验收（合同履行）、出入库管理的审计。设备和材料采购审计的目标主要包括：审查和评价采购环节的内部控制及风险管理的适当性、合法性和有效性；采购资料依据的充分性与可靠性；采购环节各项经营管理活动的真实性、合法性和有效性等。

二、设备及材料采购审计的重点

设备和材料采购环节的审计又分为设备和材料采购计划审计、设备和材料验收、入库、保管及维护制度的审计、各项采购费用及会计核算的审计。

（1）设备和材料采购计划的审计主要审查是否编制了采购计划，编制采购计划的依据是否合规、有效，设备、材料供应计划中所编列的各种设备、工具、器具、材料的种类、规格、型号和数量等是否与批准的基本建设计划、设计文件相符，有无编列设计文件和基本建设计划以外的工程物资；审查所拟定的采购地点是否合理；审查采购程序是否规范，是否按照批准文件规定的采购方式进行采购，采购的过程是否按照国家和集团公司的相关规定进行；抽查工程订货单，查看其订货是否与年度计划相一致，有无多购、少购、重购、漏购以及有计划外的工程物资购买合同；审查采购是否按照公平竞争、择优择廉的原则来确定供应方；审查合同签订是否有效，供货商是否为中标单位，合同签订的流转程序是否执行到位符合规定；审查合同内容是否得到全面、严格的履行，合同变更是否合理、有效。

设备和材料验收、入库、保管及维护制度的审计则要审查是否有健全的验收、入库和保管制度；审查购进设备和材料是否按合同签订的质量进行验收；审查验收记录的真实性、完整性和有效性；审查建设单位是否在合同规定期限内对质量低劣、不合规格的设备材料办理退货、索赔及罚款手续；审查验收合格的设备和材料是否全部入库，有无少收、漏收、错收以及涂改凭证等问题；审查设备和材料的存放、保管工作是否规范，安全保卫工作是否得力，保管措施是否有效，是否对采购物资进行分类、分区并编号有序排放，防潮、防火等措施是否到位，物资是否定期进行盘点、核对。

各项采购费用及会计核算的审计主要审查货款的支付是否按照合同的有关条款执行，付款程序是否合理，是否执行到位；审查代理采购中代理费用的计取方法是否合理；审查有无任意提高采购费用和开支标准的问题；审查会计核算资料是否真实可靠，是否根据审核无误的原始凭证和记账凭证及时登记账本记录；审查会计科目设置是否合规及其是否满足管理需要；审查采购成本计算是否准确、合理；审查预付款的支付与冲减是否合理、有效，是否经授权人审批；预付款处理是否合规。

（2）设备和材料领用的审计主要审查设备和材料领用的内部控制是否健全；审查领用手续是否完备；审查设备和材料的质量、数量、规格型号是否正确，有无擅自挪用、以次充好等问题。

（3）其他相关业务的审计则要审查是否有设备和材料的出售；审查建设项目剩余或不适用的设备和材料以及废料的销售情况；审查库存物质的盘盈盘亏，是否账账、账实相符；审查大型设备的包装物的处理，是否存在将设备包装物自行处理纳入“小金库”的现象。

第五节　工程造价审计

一、工程造价管理概述

工程造价是指建设项目总投资，是指建设项目从开始筹建到正式竣工验收全过程中实际发生的所有的建设费用，包括建筑工程费、设备安装工程费、设备购置费、工具器具费及生产家具购置费、其他工程费用，以及建设单位在建设期所发生的贷款利息等。

在建设项目的建设过程中，工程造价通过投资估算、设计概算、施工图预算、工程结算和竣工决算等文件加以确定。按照我国多年建设项目的建设与管理规律要求，已经形成了通过估算控制概算，通过概算控制预算，通过预算控制合同价，通过合同价控制结算价，通过结算价控制总投资的思路，形成了一个完整的造价控制计价体系。如图 4－1 所示。

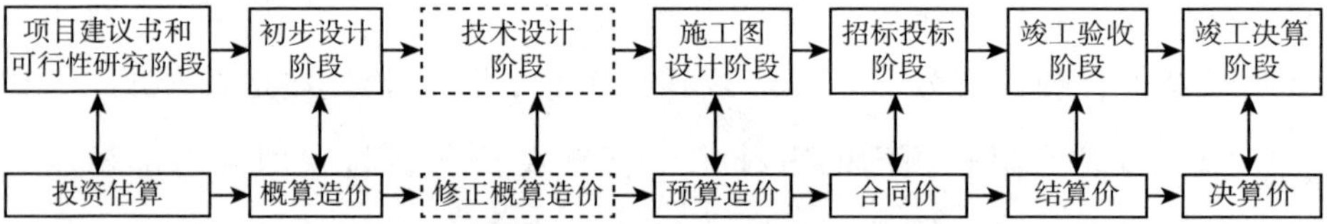

图 4－1 工程造价管理

注：竖向的双向箭头表示对应关系，横向的单向箭头表示多次计价流程及逐步深化过程。

工程造价管理是项目管理的核心内容，建设单位应该量入为出，在满足设计使用功能的前提下将工程投资控制在批复的设计概算之内，并尽可能提高投资效益。工程造价管理的目标是按照经济规律的要求，根据社会主义市场经济的发展形势，利用科学管理方法和先进管理手段，合理地确定和有效地控制工程造价，以提高投资效益和建筑安装企业经营效果。

二、工程造价的构成与确定

（一）建设投资的构成

建设投资是建设项目总投资的主要构成。根据国家发改委和建设部发布的《建设项目经济评价方法与参数（第三版）》（发改投资〔2006〕1325 号）的规定，建设投资包括工程费用、工程建设其他费用和预备费三部分。工程费用是指直接构成固定资产实体的各种费用，可以分为建筑安装工程费和设备及工器具购置费；工程建设其他费用是指根据国家有关规定应在投资中支付，并列入建设项目总造价或单项工程造价的费用；预备费是为了保证工程项目的顺利实施，避免在难以预料的情况下造成投资不足而预先安排的一笔费用。建设项目总投资的具体构成内容如图 4-2 所示。

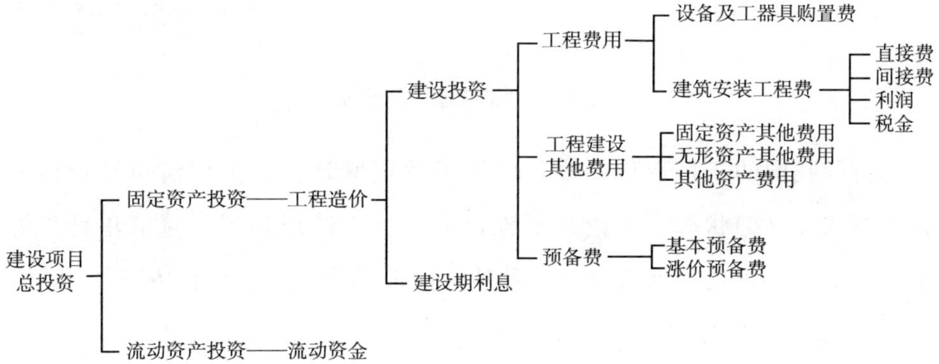

图 4-2 建设投资的构成

根据建设部《关于印发〈建筑安装工程费用项目组成〉的通知》（建标〔2003〕206 号），我国现行建筑安装工程费用项目主要由四部分组成：直接费、间接费、利润和税金。其具体构成如图 4-3 所示。

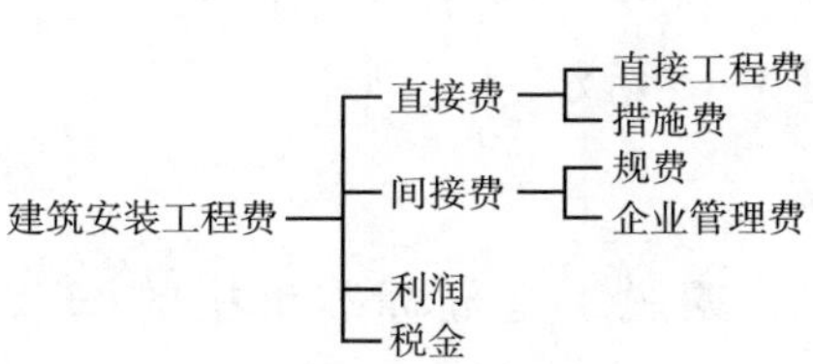

图 4-3 建筑安装工程费用

（二）工程造价的组成及主要的计价模式

一个建设项目是一个过程综合体，它可以分解为许多有内在联系的过程。工程造价的组合过程是：分部分项工程→单位工程造价→单项工程造价→建设项目总造价，如图 4 – 4 所示。

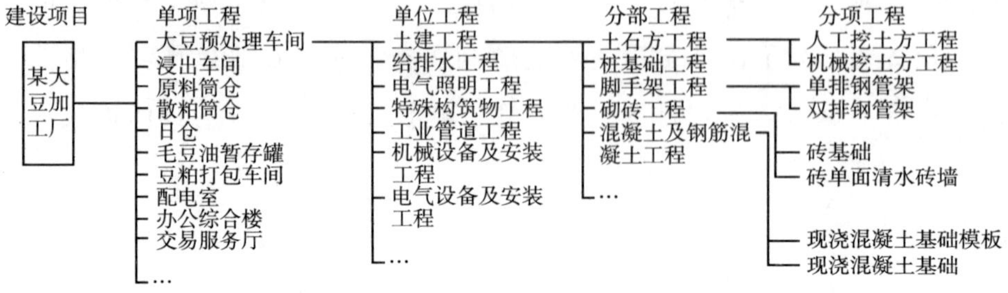

图 4 – 4　工程造价的组成

目前我国的工程造价的计价处于工程定额计价、工程清单计价两种计价模式并存的状态。无论是工程定额计价方法还是工程量清单计价方法，它们的工程造价计价都是一种从下而上的分部组合计价方法。

1. 定额计价模式

在定额计价模式下，限定不同级别的施工企业在计取造价时必须执行同一种标准的“定额直接费”或“定额人工费”，工程造价根据地方概（预）算定额、费用定额、当地文件规定和地方信息价格计算，并作为法定性的依据强制执行，作为工程招标编制标底和投标报价的依据。目前工程概算、工程预算的编制与审核，仍较多采用定额计价的方式。建设项目总概算如图 4 – 5 所示。

2. 清单计价模式

清单计价的出现，摆脱了定额标准价格的概念，实现了量价分离、企业自主报价、市场有序竞争形成价格。工程量清单计价的基本方法与程序为：在统一的工程量清单项目设置的基础上，制定工程量清单计量规则，根据具体工程的施工图纸计算出各个清单项目的工程量，再根据各种渠道所获得的工程造价信息和经验数据计算得到工程造价。这一基本的计算过程如图 4 – 6 所示。

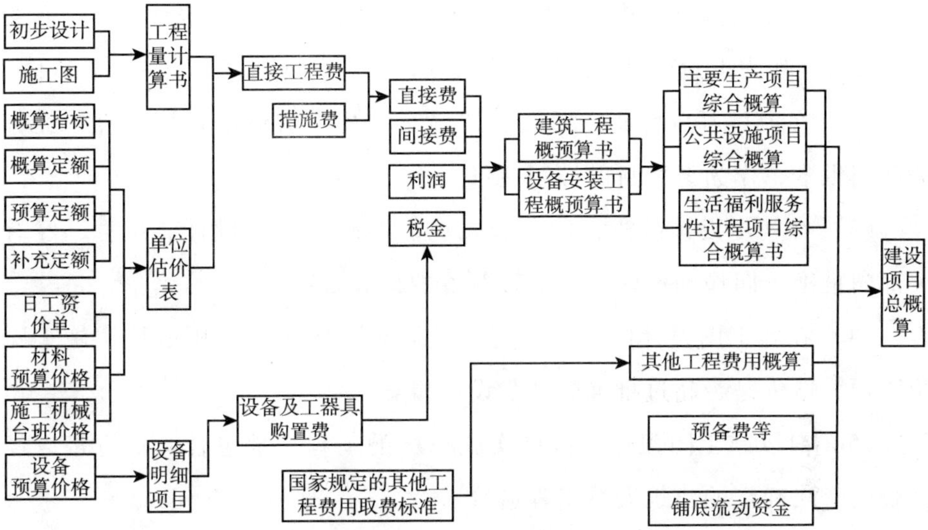

图 4－5　建设项目总概算

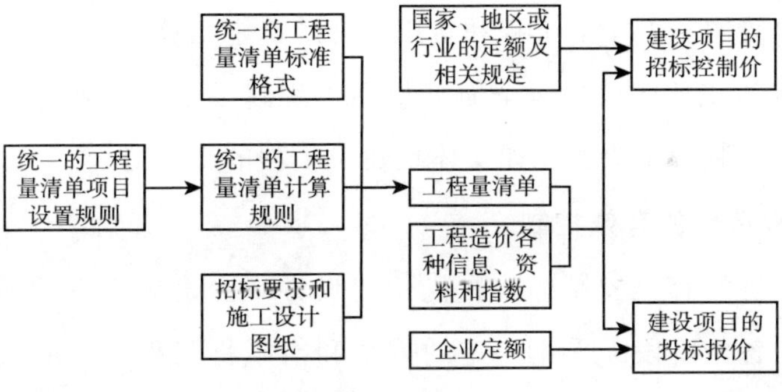

图 4－6　清单计价

（三）工程造价管理的基本内容

工程造价管理的基本内容就是合理地确定和有效地控制工程造价。

1. 工程造价的合理确定

工程造价的合理确定，是在建设程序的各个阶段，合理地确定投资估算、概算造价、预算造价、承包合同价、结算价、竣工决算价。

（1）在项目建议书阶段，按照有关规定编制的初步投资估算，经有关部门批准，作为拟建项目列入国家中长期计划和开展前期工作的控制造价。

（2）在项目可行性研究阶段，按照有关规定编制的投资估算，经有关部门批准，作为该项目的控制造价。

（3）在初步设计阶段，按照有关规定编制的初步设计总概算，经有关部门批准，即作为拟建项目工程造价的最高限额。

（4）在施工图设计阶段，按规定编制施工图预算，用以核实施工图阶段预算造价是否超过批准的初步设计概算。

（5）对以施工图预算为基础实施招标的工程，承包合同价也是以经济合同形式确定的建筑安装工程造价。

（6）在工程实施阶段要按照承包方实际完成的工程量，以合同价为基础，同时考虑因物价变动所引起的造价变更，以及设计中难以预计的而在实施阶段实际发生的工程和费用，合理确定结算价。

（7）在竣工验收阶段，全面汇集在工程建设过程中业主实际花费的全部费用，编制竣工决算，如实体现建设工程的实际造价。

2. 工程造价的有效控制

工程造价的有效控制，是在优化建设方案、设计方案的基础上，在建设程序的各个阶段，采用一定的方法和措施将工程造价的发生控制在合理的范围和核定的造价限额以内。具体来说，就是要用投资估算价控制设计方案的选择和初步设计概算造价；用概算造价控制技术设计和修正概算造价；用概算造价或修正概算造价控制施工图设计和预算造价，以求合理地使用人力、物力和财力，取得较好的投资效益。

三、工程造价管理审计的重点

设计概算的审计重点包括：检查工程造价管理部门向设计单位提供

的计价依据的合规性；检查建设项目管理部门组织的初步设计及概算审查情况；检查概算具体内容；检查总概算中各项综合指标和单项指标与同类工程技术经济指标对比是否合理。

施工图预算的审计包括检查施工图预算的量、价、费计算是否正确，计算依据是否合理。施工图预算审计包括直接费用审计、间接费用审计、计划利润和税金审计等内容。直接费用审计的重点包括：（1）工程量计算审计。采用工程量清单报价的，要检查其符合性。在设计变更，发生新增工程量时，应检查工程造价管理部门与工程管理部门的确认情况。（2）单价套用审计。检查是否套用规定的预算定额、有无高套和重套现象；检查定额换算的合法性和准确性；检查新技术、新材料、新工艺出现后的材料和设备价格的调整情况，检查市场价的采用情况。其他直接费用审计包括检查预算定额、取费基数、费率计取是否正确。间接费用审计包括检查各项取费基数、取费标准的计取套用的正确性。计划利润和税金的审计侧重于计取的合理性。

合同价的审计即检查合同价的合法性与合理性，包括固定总价合同的审计、可调合同价的审计、成本加酬金合同的审计。检查合同价的开口范围是否合适，若实际发生开口部分，应检查其真实性和计取的正确性。

工程量清单计价的审计包括：检查实行清单计价工程的合规性；检查招标过程中，对招标人或其委托的中介机构编制的工程实体消耗和措施消耗的工程量清单的准确性、完整性；检查工程量清单计价是否符合国家清单计价规范要求的“四统一”，即统一项目编码、统一项目名称、统一计量单位和统一工程量计算规则；检查由投标人编制的工程量清单报价目文件是否响应招标文件；检查标底的编制是否符合国家清单计价规范。

工程结算的审计包括：审查是否存在多计工程造价；审查建设单位是否存在工程造价不严；审查编制依据是否符合时效性、合法性；审查结算方式是否符合合同约定，是否以补充协议形式改变了招标实质性的内容；审查工程内容是否完成合同要求并验收合格；审查甲供材料控制、计价及扣回是否符合合同及有关规定。

对设计变更或变更令及索赔批复的审计包括：审查是否有通过设计变更扩大建设规模，增加建设内容或提高建设标准的现象；审批权限是否符合国家、集团公司及建设单位的有关规定；审查是否存在拆分现象，化整为零来规避审批；审查变更事物处理的时效性，处理时间是否存在矛盾、不符合逻辑、具有超前或滞后的现象；审查变更及索赔事物的事实是否符合逻辑，理由、依据是否充分；审查重大变更是否进行了经济、技术论证；审查变更令及索赔所附资料是否完整，存在欠缺或不完善现象；审查变更令及索赔审批会签是否符合相关规定；审查变更令及索赔的申报审批是否具有时效性；审查是否存在施工单位擅自变更设计，直接导致建设单位经济损失的情形；审查变更及索赔的内容是否与保险公司的赔偿重复；审查是否存在索赔事项未及时向保险公司提出索赔并申报资料的情形。

对设计变更及索赔金额的审计包括：是否符合合同及有关法规条款的规定；审查变更及索赔工程量，是否完全扣减了因变更减少的数量或变更前的工程量；审查变更令是否存在重复的现象；审查套用单价是否与合同约定一致，或计算原则是否相同；审查计算是否存在笔误现象；对设计变更或变更令及索赔要进行现场勘查，审查变更及索赔图示尺寸与现场丈量结果是否存在出入，多报变更；审查是否存在已批复的变更令目前未施工，但已进行了计量与支付的现象（但不属于虚假变更）；审查变更及索赔是否有借变更或索赔名义获取国家利益的现象。

预付工程备料款的审计包括：审查合同约定的预付工程备料款是否符合合同的相关规定；审查备料款的扣回是否符合合同约定。

工程进度款的审计包括：审查工程款支付是否与形象进度相符；审查计量与计价方式是否符合合同约定；审查工程内容是否完成合同要求并验收合格；审查合同价款的调整是否符合规定范围；审查应抵扣工程款款项是否已按照合同约定扣回（包括预付备料款、甲供材料、质保金、代缴的税金、代缴的施工水电费、代缴的劳保费等）。

第六节　财务管理审计

一、建设项目财务管理审计概述

建设项目财务管理审计是对建设项目财务管理内部控制的完整性、合理性和有效性以及资金筹措、资金使用和账务处理的真实性和合规性进行的监督和评价。

根据审计介入的时点不同，建设项目财务管理审计一般分为项目前期的财务管理制度建立情况审计、项目实施期间的跟踪财务管理审计以及项目竣工后的财务决算审计。

由于工程竣工财务决算审计的审计内容最广泛、审计方法最全面，因此本节介绍时以工程竣工财务决算审计的内容为对象依次展开，包括财务管理制度审计，资金来源、使用与结存情况审计，报表审计，概（预）算执行情况审计以及资产交付使用情况审计。

建设项目的竣工财务决算报告是建设单位按财政部和行业主管部门

的有关规定文件编制的，它是反映建设项目实际造价和投资效果的文件，是竣工验收报告的重要组成部分。它是考核竣工项目设计概算执行情况，核定竣工项目新增固定资产和流动资产价值，是确定和移交使用资产的依据。竣工财务决算审计是建设项目审计的重要环节，通过对建设项目竣工财务决算审计，促进提高竣工财务决算的质量，提高建设管理水平，及时发现建设项目建设过程中存在的问题，正确评价投资效益。

竣工财务决算审计是综合性审计项目，既涉及对财务信息的真实性、合规性作出评价，又涉及对工程、设备管理、概算投资以及结算进行监督和分析。一方面对审计人员驾驭财务和工程两个专业知识的能力提出更高的要求；另一方面做好两个专业的有效分工和配合、协调显得尤为重要。因此，审计项目实施前要对人员结构、专业要求进行认真、细致的分析，有效调配审计资源，合理进行分工合作，为实现竣工财务决算审计奠定基础。

二、建设项目财务管理制度审计

建设项目财务管理制度审计是对建设单位财务管理制度设计上的完整性、合理性以及运行上的有效性进行审查和评价。

建设项目财务管理制度审计的重点主要有以下几个方面：

（1）核对组成体系图与实际情况是否一致，根据组成体系图和岗位职责说明书评价建设单位财务岗位设置是否完整、是否合理，根据财务任职人员名单和岗位职责说明书访谈部分员工，了解员工是否知悉其岗位职责和掌握与其岗位相适应的专业技能。

（2）审查各项财务制度是否完整、是否合理，有无相互冲突的地方，针对各项财务管理制度抽取合适的样本，审查样本是否按照制度执行，据此评价各项财务管理制度是否得到有效执行。

（3）审查会计核算办法是否符合企业会计准则、集团公司和行业的相关规定，针对重点的核算环节（如物资核算、工程成本核算）抽取合适的样本，审查是否按照会计核算办法进行会计核算。

综合以上审查和分析结果，综合评价财务管理制度设计上是否完整、是否合理，运行上是否有效，是否存在缺陷或漏洞。

三、建设项目资金来源、使用与结存情况审计

（一）建设项目资金来源

建设项目资金来源情况审计是根据项目批准文件审查项目建设资金来源渠道、方式、时间以及金额的真实性、合规性和合理性，通过编制资金来源结构表，分析资金来源是否与计划相符，结构是否合理，筹资方式是否合法性，审查筹资数额的合理性，分析所筹资金的偿还能力。

建设项目资金来源审计的重点包括以下几个方面：

（1）对于资本金：抽查相关会计记录，审查实际收到项目资本金是否与批准文件要求相符，是否达到项目最低资本金要求；若项目资本金未经验资，应详细审查其形成与增减变动的有关账项、凭证，以确定各项目的真实性、正确性（金额及外汇换算方面）；结合与股东的往来账项，考察资本保全状况，审查是否存在股东抽回或变相抽回资本金的情况。

（2）对于上级拨入资金：抽查相关会计记录，审查实际收到上级拨入资金是否与批准文件要求相符，如有必要，向拨款方进行函证。

（3）对于长、短期借款：审查贷款合同，抽查相关会计记录，审查实际收到短期借款是否与贷款合同相符，如有必要，向贷款银行进行函证。

（4）对于应付票据：审查与银行签订的应付票据协议，抽查相关会

计记录，审查实际应付票据是否与协议相符，如有必要，向银行进行函证。

（二）建设项目资金使用情况

建设资金使用情况就是指建设资金由来源形态转化为占用形态：货币资金——储备资金、结算资金——在建资金——建成资金——交付使用资产。建设项目资金使用情况审计是审查建设单位使用建设资金的合法性、合规性、合理性。

建设项目资金使用情况审计的重点包括以下几个方面：

（1）审查是否按照概（预）算口径设置会计科目。

（2）编制在建工程明细表（到最低级科目），计算其结构比例，根据投资总额的一定比率确定需要执行下列进一步审核程序（实质性测试）的明细科目。

（3）对于建筑安装工程：抽查部分会计凭证，重点关注是否存在设计概算外其他工程项目的支出；是否将生产领用的备件、材料列入建设成本；据以付款的原始凭证是否按规定进行了审批，是否合法、齐全；是否按合同规定支付预付工程款、备料款、进度款；支付工程结算款时，是否按合同规定扣除了预付工程款、备料款和质量保证期间的保证金；抽查建筑安装工程结算，重点是超概算金额较大的单位工程；审查合同，核对合同金额与实际结算金额，对差异较大的查明差异产生原因。

（4）对于在安装设备（以及其他物资）：审查记入成本的设备（以及其他物资）的验收单、入库单、出库单是否完备，入库单、出库单是否连续编号；抽查部分会计凭证，重点关注是否将设计概算外的其他工程或生产领用的仪器、仪表等列入本科目；是否在本科目中列入了不需要安装的设备、为生产准备的工具器具、购入的无形资产及其他不属于本科目工程支出的费用，多计提的采购保管费是否冲减设备成本；审查合同，核对合同金额与实际结算金额，对差异较大的查明差异产生原因。

（5）对于其他费用：抽查部分会计凭证，重点关注管理费、征地费、可行性研究费、临时设施费、公证费、监理费等各项费用支出是否存在扩大开支范围、提高开支标准以及将建设资金用于集资或提供赞助而列入其他支出的问题；投资借款利息资本化计算的正确性，有无将应由生产承担的财务费用列入工程成本的问题；是否设置了“在建工程其他支出备查簿”，登记按照建设项目概算内容购置的不需要安装设备、现成房屋、无形资产以及发生的递延费用等，登记内容是否完整、准确，有无弄虚作假、随意扩大开支范围及舞弊迹象；审查合同，核对合同金额与实际结算金额，对差异较大的查明差异产生原因。

（三）建设项目资金结存

建设项目资金结存情况审计是审查建设单位某一期间内货币资金、物资和往来款发生的真实性和合规性以及某一时点账面结存货币资金、物资、往来款的真实性和完整性。

建设项目资金结存情况审计的重点包括以下几个方面：

（1）对于货币资金：对大额货币资金收支事项进行抽查，主要审查货币资金收支是否经过适当授权审批，重点关注与工程建设有关的资金收支，审查是否有挪用建设资金情况；核实货币资金余额，分别盘点现金、审查银行对账单和余额调节表以及核实其他货币资金情况，查明有无小金库。

（2）对于库存物资：对大额库存物资出入库进行抽查，重点关注“专用材料”“专用设备”明细科目中的材料和设备是否与设计文件相符，是否与采购合同一致，有无盲目采购的情况；“预付大型设备款”明细科目所预付的款项是否按照合同支付，有无违规多付的情况；据以付款的原始凭证是否按规定进行了审批，是否合法、齐全；支付物资结算款时是否按合同规定扣除了质量保证期间的保证金；审核库存材料单价，查明有无故意提高或压低库存物资单价等问题；工程完工后剩余工程物资的处置、盘盈、盘亏、报废、毁损等是否作出了正确的账务处理；关注与工程建设有关的物资出入库，审查是否有挪用建设资金情况；核实库存物资余额，审查库存物资盘点表，以查明有无损坏、积压、隐瞒、转移、挪用物资等问题。

（3）对于往来款：对大额债权债务发生额进行抽查，重点关注各项债权债务的真实性，有无转移、挪用建设资金和债权、债务清理不及时等问题，呆账、坏账的处理情况等；必要时，对债权债务进行函证。

（4）竣工结余资金的处理合法性、合规性：①审查竣工结余资金的处理是否在国家规定期限内处理完毕，一般应在半年内处理完毕；②审查处理物资的作价是否合理，有关人员有无私分物资和营私舞弊的行为；③审查需要报废的物资损失和坏账损失的审批手续是否齐备，是否经过有关部门的批准；④审查竣工结余资金是否按原来资金来源渠道分别进行处理。

四、竣工决算报表审计

竣工决算报表审计是在账务审计的基础上审查竣工财务决算报表编制依据是否充分，方法是否正确，内容是否完整，数据是否真实，是否符合《基建财务管理规定》和所属行业、主管部门规定；竣工财务决算说明书是否真实、准确及完整，核实尾工工程的未完工程量和完成尾工工程所需要的投资，查明是否留足投资和有无新增工程内容等问题。

竣工决算报表审计的重点包括：审查决算报表及说明书相关内容是否完整，报表格式是否正确，表格间勾稽关系是否正确，编制依据是否齐全；核对决算报表各表数据与相关会计科目余额是否一致；审查待摊费用的分摊是否正确、合理；核实预留未完工程的依据是否充分、完备，预留未完工程的依据包括合同、预算书、报价单、价格咨询报告、概算书、集团公司或主管单位或政府主管部门的批复文件等。

五、建设项目概（预）算执行情况审计

建设项目概（预）算执行情况审计是审查项目概算执行情况，审查项目建设是否按批准的初步设计进行，概算外增加项目和概算内甩项项目是否有相关手续，分析概算执行差异原因，对建设单位的投资管理水平进行评价。

建设项目概（预）算执行情况审计的重点包括：

（1）编制概算执行情况一览表。

（2）结合建设单位关于概（预）算执行差异原因的说明，核实建设项目超概算的金额，分析原因，并审查有无概算外项目和提高建设标准、扩大建设规模的情况；审查弥补资金缺口的来源，有无挤占、挪用其他基建资金和专项资金的情况。

（3）审阅概（预）算外增加项目和概（预）算内甩项项目的相关批文，核实概算调整的真实性和合法性，包括概算调整的原因、各项调整系数、设计变更和估算增加费用等。

六、建设项目资产交付使用情况审计

建设项目资产交付使用情况审计是审查交付使用财产是否真实、完整，是否符合交付条件，移交手续是否齐全、合规，核实在建工程投资完成额，查明未能全部建成、及时交付使用的原因。

建设项目资产交付使用情况审计的重点包括：

（1）审阅工程质量验收报告，审查验收报告是否符合国家、集团公

司的一般规定，手续是否完备；若未经过质量验收，提请建设单位提供说明文件，并考虑工程项目是否具备进行竣工决算的条件。

（2）审查移交资产相关的产权证明文件是否完整，是否与国家的一般规定相符，权属关系是否清晰；若应办理权证的资产未办理相关的产权证明文件，提请建设单位提供说明文件，并考虑是否需要在报告中披露或向委托方披露。

（3）对移交资产进行核实，编制交付资产现场勘察表，或者进行抽盘；审查工器具、备用件、办公及生活家具的移交手续是否合规，对移交手续不合规的要根据具体情况进行抽查，重点查明有无虚交或账外资材等问题。

第七节　建设项目管理审计

建设项目管理审计是指对建设单位与建设项目有关的管理制度和工程管理工作所进行的审计，是一种旨在增加建设项目组织价值和改善工程管理的独立、客观的确认和咨询活动。它通过系统化、规范化的方法来评价和改善建设项目风险管理、内部控制及治理程序的效果，以帮助实现项目建设目标。

一、建设项目内部控制审计

（一）建设项目内部控制审计概述

建设项目内部控制是指项目建设单位的工程管理控制系统，包括为保证建设项目的顺利实施所采取的一系列必要的管理措施。建设项目内部控制审计是对建设项目内部控制的健全性、可靠性、有效性和效率性进行的审计监督。其主要目的是促进建设项目管理机构建立健全内部控制制度，确保建设项目计量支付、工程实体质量的可靠性，工程管理的有效性和建设过程的合法合规性。

（二）建设项目内部控制审计的重点

1. 对建设项目控制环境的审计

（1）项目建设的复杂程度：建设项目资金来源和性质、投融资模式、建设方式、承发包模式、参建单位、建设工期、工程前期准备的充分程度、设计的完善程度等。

（2）管理权限的集中程度：是否经过科学的决策程序，招投标、物资供应、现场管理、计量支付、工程变更审批等职能是否由专门部门承担；重大事项是否经过适当的决策程序并形成文件。

（3）建设项目管理行为守则的健全性和有效性。

（4）建设项目高层管理者对逾越既定控制程序的态度。

（5）项目组织文化的内容及组织成员对此的理解与认同。

（6）项目管理结构的健全性和有效性。

（7）各职能部门人员的知识与技能。

（8）建设项目管理组织结构和职责划分的合理性。

（9）重要岗位人员的权责相称程度及其胜任能力。

（10）员工聘用程序及培训制度。

（11）员工业绩考核与激励机制。

2. 对建设项目风险管理的审计

风险管理应用于建设项目管理有其十分特殊的原因，具体表现为：第一，项目本身具有单件性的特点，因而决定其不确定性的因素大量存在，而人们预先意识到这种不确定性的能力是十分有限的；第二，建设项目的施工条件复杂，也存在大量的、人们难以预测的不确定性，如地基条件的改变，气候的变化及许多不可抗力的影响等；第三，项目具有建设的长期性，且涉及单位众多，也就不可避免地遇到许多如政治、人文、物价等因素的干扰和影响，导致建设过程的不确定性。这些因素的存在，导致了建设项目风险管理的必然。

风险管理的目标就在于预防损失和弥补损失。项目风险管理的目标从属于项目的总目标，通过对项目风险的识别，将其定量化，进行分析和评价，选择风险管理措施，以避免项目风险的发生，或在其发生之后，使损失量降到最低限度。

3. 对建设项目控制活动的审计

建设项目控制活动主要包括资金筹措、土地获取、计划、承包商的选定（通过招标投标及其他方式选择设计、监理、施工、造价咨询单位等）、物资采购与甲方供应材料管理、工程现场质量与进度管理、计量支付、工程签证核准、工程变更等内容。对这些不同性质的工程管理内容，应当由建设单位相应的管理部门和管理人员负责操作。对于这些部门和人员进行的建设项目控制活动应当有如下要求：所有相关工程管理活动应有适当的授权；不相容职务应当分离，建立内部牵制及不相容制度；有效控制凭证和记录的真实性；有关建设项目经济技术资料、样品等实物在很大程度上成为商业或技术机密，应进行接近限制；独立的业务审核。

4. 对建设项目信息与沟通的审计

建设项目的信息和沟通是对建设项目的信息进行收集、整理、储存、传递与应用的总称。建设项目信息和沟通有着非常重要的作用。有效的信息和沟通应当达到如下要求：

（1）使上层决策者能及时准确地获得决策所需的信息，能够有效、快速决策。

（2）实现建设项目组织成员之间信息资源的共享，消除信息孤岛现象，防止信息的堵塞，达到高度协调一致。

（3）能有效地控制和指挥建设项目的实施。

（4）让外界和上层组织了解建设项目实施状况，更有效地获得各方面对项目实施的支持。

建设项目信息和沟通审计的目的是评价建设项目管理组织获取及处理信息的能力。审计重点为以下内容：

（1）获取与建设项目有关的各种信息的能力。

（2）信息处理的及时性和适当性。

（3）信息传递渠道的便捷与畅通。

（4）管理信息系统的安全可靠性。

二、工程质量审计

（一）工程质量管理审计概述

质量控制是项目建设的关键，是评价建设单位管理水平的一个重要方面。工程质量的问题责任不在审计人员，但这不等于说审计人员可以放弃对工程质量问题的关注，甚至对工程质量问题熟视无睹、视而不见。现阶段审计工作在实现监督职能的同时，要发挥审计的评价、鉴证、控制职能。因此，施工质量管理同样要纳入审计的范畴。工程施工质量管理是系统工作，涉及建设程序的遵循、设计阶段质量控制、招标投标、材料设备采购等多个环节，本部分所述主要针对施工阶段工程质量管理应审计内容。

（二）工程施工质量管理审计的重点

工程施工质量管理审计的重点内容包括：审查施工单位是否有相应的规章制度；审查质量的施工责任制是否落实；审查是否按照质量管理

体系的要求实施工程建设，关键工序作业人员是否持证上岗；审查建设单位在领取施工许可证或开工报告前，是否按照国家有关规定办理了工程质量监督手续；质量监督机构是否按规定对工程实体质量进行了抽查、核查；审查建设单位是否组织设计交底和图纸会审工作，对会审所提出的问题是否严格进行落实；审查工程实施是否存在前期工作深度不够、勘测不翔实、设计变更多等问题；审查施工单位是否严格按照工程设计图纸和施工技术标准施工，是否擅自修改工程设计，是否偷工减料，工程质量是否符合规范及设计要求；审查材料是否有检测报告，检测频率是否符合要求；对不合格品的控制是否有效；审查是否存在瞒报工程质量事故或在事故处理上有弄虚作假的情况；审查是否对不合格工程和工程质量事故的原因进行分析，其责任划分是否明确、适当，是否进行返工或加固修补；审查中标人的往来账目或通过核实现场施工人员的身份，分析、判断中标人是否存在转包、分包及再分包的行为；审查工程资料是否与工程同步，资料的管理是否规范。

三、工程进度审计

（一）工程进度审计概述

工程进度管理是项目管理的重要内容，工程进度的执行情况也是反映建设单位、监理单位、施工承包商等单位的管理水平高低的一个重要指标。工程进度审计主要审查两方面的内容：一是进度计划的制定和落实情况；二是各参建单位的进度控制体系的设立和执行情况。对工程进度审计的目的是督促各参加单位加强进度方面的管理与控制，完成项目既定的进度控制目标。

（二）工程进度审计的重点

对工程进度的审计可划分为两个阶段：开工前工程进度审计和施工

阶段进度审计。

在开工前工程进度审计中，要审查建设单位是否制定进度控制制度，是否编制项目总体进度计划并根据项目的进展情况进行更新；审查对项目总体进度计划的执行情况及影响工程进度的主要原因，是否为保证工程进度采取了可行的措施；审查施工许可证、建设及临时占用许可证的办理是否及时，是否影响工程按时开工；审查现场的原建筑物拆除、场地平整、文物保护、相邻建筑物保护、降水措施及道路疏通是否影响工程的正常开工。

在施工阶段进度审计中，要审查监理单位是否建立了职权一致、分工明确的监理进度控制体系；审查监理单位制订的进度控制体系是否满足项目进度控制的总体要求；是否适合建设工程项目的实际条件和施工现场的实际情况；人力安排是否得当；审查工程的开工、竣工时间是否与施工合同约定相一致；鉴证隐蔽工程，审查隐蔽工程施工是否按设计方案、施工方案进行、是否存在“偷工减料”的情况，隐蔽工程施工记录、验收资料等是否完整、真实、合法；审查施工单位劳动力、材料、构配件、机械设备的供应计划是否能够保证工程进度计划的实际需要；供应数量是否均衡；审查不同专业工种的进度计划是否协调一致，与建设单位的资金计划、场地条件、甲供材料的供应能力是否衔接；审查是否按照规定对月完成投资情况进行统计、分析与对比，是否分析进度滞后的原因，采取有效的措施。

四、监理执行情况审计

（一）监理执行情况审计概述

目前，我国的监理业务主要体现在项目的施工阶段。建设工程监理工作的主要内容可概括为“三控制、两管理、一协调”，即控制工程的建设投资、建设工期和工程质量；进行工程建设合同管理和信息管理；协调各参建单位之间的关系。

监理执行情况审计是对建设项目监理工作的一种监督，包括审查建设项目实行监理制的合法性、合规性，评价建设项目监理管理体系的执行情况并出具审计鉴证意见。对监理执行情况审计有利于建设项目监理工作的监督管理，加强建设项目监理工作的依法实施；是促进建设项目管理和规避监理风险的重要手段。督促监理工作到位，加强建设工程投资决策科学化水平，规范工程建设参与各方的建设行为，促使承建单位保证建设工程质量和使用安全，实现建设项目投资效益最大化的目的。

（二）监理制执行情况审计的重点

对监理执行情况进行审计的重点内容包括：审查建设单位对项目是否按照规定实行了监理制；审查监理单位是否具有相应的资质；审查监理招标、投标工作是否规范、公平、公正；审查监理收费是否合理；审查监理规划内容是否齐全，措施是否到位，人员是否得力；审查监理人员投入是否到位；审查监理工作月报和日志记录是否详细；抽查监理抽检部分的监理旁站记录、进场材料抽样检验记录、分部分项工程验收记录，判断监理工作是否执行到位；抽查监理人员在监理工作中是否超越权限。

五、竣工验收审计

（一）工程竣工验收审计概述

竣工验收审计是指对建设项目的验收、试运行情况及合同履行情况进行的审查和评价活动，促进各参建单位加强对各个建设环节的管理，积极总结建设项目建设经验，促使建设项目建成投产交付使用后，取得预想的宏观效益，及时移交固定资产。一般重点审计建设项目的验收程序及试运行的实施情况；合同的执行情况如何；是否保证建设项目按照设计要求的各项技术经济指标正常投入运行等。但是为了更加满足审计项目的所需，在审计过程中，应根据不同项目的审计目的、不同的行业特点来追溯审计的主要内容。

（二）工程竣工验收审计的重点

竣工验收审计的重点内容包括审查建设项目施工单位完成设计图纸和合同约定的内容后，是否自行组织验收合格，并提交竣工报告；审查建设单位竣工验收小组的人员组成、专业结构和分工是否符合规定；审查承包商是否按照规定提供完整有效的施工技术资料；对于委托工程监理的建设项目，应审查监理机构对工程质量进行监理的有关资料；审查施工单位是否签署了质量保修证书；审查建设项目有无建设单位、施工单位、监理单位、勘查单位、设计单位共同签字确认的工程质量合格的竣工验收备案表；审查建设项目是否经城市规划行政主管部门和土地房产管理部门的验收，并获取认可文件（包括对是否符合规划审批要求或超占用地红线等验收）；审查经建设行政主管部门及其委托的工程质量监督机构和有关部门责令整改的问题是否已全部整改完毕；审查建设项目验收过程是否符合现行规范，包括环境验收规范、防火验收规范等；审查对隐蔽工程和特殊环节的验收是否按规定作了严格的检验；审查建设项目验收的手续和资料是否齐全有效；审查保修费用是否按合同和有关规定合理确定和控制；审查验收过程有无弄虚作假行为；审查竣工资料的收集整理情况，城市档案管理机构的归档情况。

第五章

经济效益审计

第一节　经济效益审计概述

一、经济效益与经济效益审计

（一）经济效益

经济效益是指经营和管理活动的经济性、效率性和效果性，反映经济活动中投入与产出之间的对比关系，以最小的投入获得最大限度的产出。

通常把经济性、效率性和效果性称为“3E”，即 Economy、Efficiency、Effectiveness。

（二）经济效益审计

经济效益审计是围绕“3E”而进行的审计，即经济性（Economy）、效率性（Efficiency）和效果性（Effectiveness）。对集团公司来说，经济效益审计是指集团公司内部审计机构通过收集、分析审计证据，评价被审计单位经营和管理活动的经济性、效率性和效果性，并提出改进意见和建议，促进被审计单位提高经济效益、履行受托经济责任的监督和评价活动。

1. 经济性（Economy）

经济性是指一定量的产出与投入的比较，主要反映经济资源的节约和利用程度。即

经济性＝一定量的产出/投入变量

实际工作中的产品单位成本降低率、材料、工时、能源单耗降低率等是反映经济性的指标。

2. 效率性（Efficiency）

效率性是指投入量变动与产出量变动之比，反映投入转化为产出的效率，反映经济活动合理、有效的程度。即

效率性＝产出变量/投入变量

实际工作中的销售利润率、总资产报酬率等是反映效率性的指标。

3. 效果性（Effectiveness）

效果性是指在投入保持不变的情况下，产出与产出的比较，反映产出达到预期目标的程度。即

效果性＝产出变量/一定量的投入

实际工作中的销售增长率、产值增长率等是反映效果性的指标。

二、经济效益审计的目标

（一）总体目标

经济效益审计的总体目标是审查被审计单位经营和管理活动的经济性、效率性和效果性。

（二）具体目标

经济效益审计的具体目标是在审查被审计单位经营和管理事项时依据总目标制定的。不同的管理事项，其具体审计目标一般是不同的。

审计目标不能随意确定，一定时间和空间范围内的经济效益审计目标，主要取决于审计授权人和委托人对审计结果的需求、审计的业务内容、授权内容及审计主体的能力等。

三、经济效益审计的职能

集团公司经济效益审计的基本职能一般包括经济监督和经济评价。

（一）经济监督

经济监督是指集团公司内部审计机构通过对被审计单位经营和管理活动进行审核与检查，对照有关法规、规定和标准，判断被审计单位经营和管理活动的真实性、合法性和有效性，对违规与无效的行为予以防范和揭露，并提出纠正或处罚措施，督促被审计单位的经营和管理活动正常运行。

（二）经济评价

经济评价是指在检查监督的基础上，对被审计单位的财务收支及有关经营与管理活动，对照有关法规、规定和标准进行判断，并提出评价意见和建议。

四、经济效益审计的特征

（一）经济效益审计的基本特征

1. 独立性与客观性

与其他类别审计一样，经济效益审计应当由相对独立的审计机构和人员实施。审计人员在审计中应保持实质上的独立，不应卷入或承担被审计单位、部门或经济活动的经营管理责任；能够独立实施审计程序，收集、分析和评价审计证据，并坚持客观、公正的原则，保证审计报告的真实性和客观性。

2. 积极性

经济效益审计以促进未来经济效益的提高，降低风险为目的；以评价和服务为其主要职能，监督为次要职能；其审计报告以指出被审计单位问题和潜力所在，提出改善和提高的途径和措施为主要内容。

3. 以真实性、合法性为基础

经济效益审计的前提包括：反映被审计单位财务收支及经营管理活动的会计资料、情况报告等记录载体必须是真实的；被评价的被审计单位财务收支及经营管理活动本身应当是合法的。

（二）经济效益审计与财务审计的比较（如表 5－1 所示）

表 5－1　　经济效益审计与财务审计的比较

审计类别	经济效益审计	财务审计
审计主体	政府审计、内部审计为主，独立性、权威性较弱	政府审计、社会审计为主，独立性、权威性较强
审计客体	包括会计、统计和管理等信息的经营管理过程和结果	以会计资料为载体的经济活动结果
审计目的	以评价经济性、效率性和效果性为主	查错防弊，以审查合法性、公允性为主
审计标准	财务会计和经营管理等各项法律法规	财务会计法律法规
审计职能	以经济评价为主	以经济监督、经济鉴证为主
审计方法	一般技术方法和相关学科现代技术方法	一般技术方法

（三）经济效益审计与经济责任审计的关系

经济责任审计具有经济监督、鉴证和评价的职能，相对于经济效益审计，更偏向于检查监督经济责任的履行情况和财经法规的遵循情况。

经济责任审计结果是作为国有企业领导人员的调任、免职、辞职、解聘、退休等提出审查处理意见时的参考依据。经济效益审计结果一般主要作为企业管理当局进行考评和决策的参考依据。

五、经济效益审计的作用

（一）促进受托责任的完整履行

通过经济效益审计，可以了解企业在经营和管理活动中的经济性、效率性和效果性，了解企业资源利用的效益情况，评价企业管理者的受托责任履行情况，促进管理者提高管理水平。

（二）促进企业加强经营管理，降低风险，增强竞争力

通过经济效益审计，可以发现企业在经营管理活动中存在的问题和不足，提供审计意见和建议，帮助企业提高经济效益，实现战略和经营目标。

（三）促进审计功能拓展，拓宽审计业务范围

通过经济效益审计，可以促进审计功能向经济评价延伸，使审计不再局限于经济监督和经济鉴证，也拓宽了审计业务范围。

第二节　经济效益审计的内容及分类

一、经济效益审计的内容

经济效益审计的目的在于促进企业加强经营管理，提高经济效益，其审计工作的主要内容如下：

（1）审查企业经济效益的真实性、合法性和完整性。

（2）全面考核企业经济效益的实现情况，分析形成经济效益的原因以及影响经济效益的有利因素和不利因素。

（3）评价企业经济效益的优劣，分别确认企业生产经营各环节经济效益的大小，以及综合经济效益的优势。

（4）在分析经济效益的基础上，提出进一步加强经营管理和提高经济效益的建议和措施。

二、经济效益审计的分类

（一）按审计对象层次分类

1. 宏观经济效益审计

宏观经济效益审计是指对国民经济经济总量及有关全局的重大经济活动的经济性、效率性和效果性所进行的审查、评价活动。宏观经济效益审计的主要形式是政府审计。

2. 微观经济效益审计

微观经济效益审计主要包括企业经济效益审计和项目经济效益审计。

（1）企业经济效益审计。不同类型的企业并不存在通用的提高经济效益的途径和模式，但其经济效益审计具有一定的共性，即大体上可以分为两个层次：第一种审计以谋求最大限度地利用现有资源，最充分地挖掘人力、物力和财务资源的潜力为目的；第二种审计以谋求改善被审计单位管理素质，提高管理水平和管理效率，降低经营风险为目的。前者称为经营审计，后者称为管理审计。

经营审计主要评价审计对象是否努力改善和充分利用现有的物质条件和技术条件，评价生产力各要素利用的具体方式和手段的合理性和有效性。管理审计主要评价管理组织、管理机构的合理性、健全性，内部控制制度的健全性、有效性，决策、计划、领导、控制等管理职能的效率性等。

（2）项目经济效益审计。项目是指一次性的经营活动，是指常规的经营管理业务以外的不经常发生的经济活动。项目经济效益审计的目的侧重于可行性和运营风险的评价，如固定资产投资项目和对外投资项目的可行性、决策合理性和项目运营风险的审计等。

（二）按审计范围分类

1. 全面经济效益审计

全面经济效益审计是指以审计对象经济效益的实现全过程和全部影响为审计范围的经济效益审计。这种审计适用于长期亏损、面临破产的企业，以及以扭亏为盈和任期责任为目的的经济效益审计。

2. 局部经济效益审计

局部经济效益审计是指以审计对象的部分经营管理活动或经济效益的部分影响因素为审计范围的经济效益审计。例如，单位成本效益的审查分析，流动资金周转和利用效益的审查等。局部经济效益审计一般适用于日常发生的、周而复始的经营和管理活动，解决整个过程中的某些环节的经济效益或风险问题。

局部经济效益审计和项目经济效益审计是目前我国内部审计开展经济效益审计采用最多的方式。

（三）按审计实施时间分类

1. 事前经济效益审计

事前经济效益审计是在经济业务发生前进行的审计，一般包括计划、预算、基本建设和更新改造项目可行性研究、成本预测等内容。通过事前审计可以防患于未然，对于可能出现的问题和不利因素，能在事前及时纠正和剔除，避免因预测不准或计划不周而造成的经济损失或经济效益不高。

2. 事中经济效益审计

事中经济效益审计是在经济业务开展过程中进行的审计。审计时把经济业务的实施情况与实施前的预测、预算、计划和标准等进行分析比较，从中找出差距和存在的问题，及时采取有效措施加以纠正，并根据实际情况的变化，调整和修改计划、预算，使之更加符合客观实际，更加合理。

3. 事后经济效益审计

事后经济效益审计是在经济业务结后进行的审计。通过对已完成的经济活动事项的审查，对经营成果的优劣、生产经营活动是否合理和经济有效的分析和评价，发现经济效益不高的原因和发掘进一步提高经济效益的途径。

第三节　经济效益审计的程序和方法

经济效益审计程序是指审计人员从经济效益审计项目的立项开始到结束整个审计工作的过程和步骤。经济效益审计的基本程序一般包括：审计项目的选择和确定、审前准备阶段、审计实施阶段、审计报告阶段和后续审计阶段。

一、审计项目的选择和确定

（一）审计立项的原则

1. 重要性原则

确定的被审计单位或被审计项目在可选择的被审计对象中应具备重

要性。如对企业整体经济效益产生影响的程度，重点经营和管理项目，焦点领域和项目等。

2. 可行性原则

选定的审计项目应是在现有审计条件下，内部审计机构所能实现审计目标的。即根据审计主体和客体的条件、内部和外部的环境，评估审计风险的大小，考虑审计本身成本效益情况，判断是否能够实现审计目的。

审计主体的条件主要是指能够用于该审计项目的审计资源，以及审计主体自身的能力结构，能否保证该审计项目的完成，达到审计目的的程度有多大。

审计客体的条件主要是指被审计单位的治理结构、内部控制制度、管理人员素质、被审计单位所处行业情况等是否适合审计，被审计单位或被审计项目是否具有一定的改进空间，是否能够通过审计实现经济效益的提高。

3. 周期性原则

应定期地、有计划地选择被审计单位或被审计项目，而不是主观地随意确定。同时，应考虑被审计单位或被审计项目以前是否接受过审计以及审计结果情况。

（二）经济效益审计项目的选择

1. 确定可选择的经济效益审计项目总体范围

内部审计机构应当根据审计立项原则，结合企业当前形势与任务，开展广泛调查研究，确定需要进行经济效益审计的部门或领域，规划好经济效益审计总体范围，以便从中选择被审计单位或被审计项目。

2. 收集被审计单位或被审计项目的相关信息

相关信息一般可通过被审计单位的年度报告、业务计划、资源数据、会计账簿、单位网页等多种渠道获取。通过相关信息的收集，内部审计机构可以了解被审计单位的内部和外部情况，初步评估审计风险和项目的可审性，预测经济效益审计的预期效果。

3. 确定备选项目的优先顺序

对每个备选项目，综合收集的信息，在可能的情况下，可采用专家意见法、因素分析法、模糊评价法等进行量化分析、打分和排序。

4. 选定被审计单位或被审计项目

经过上述步骤后，基本就可以确定经济效益审计的被审计单位或被审计项目了。企业内部经济效益审计的项目一般包括以下内容：

（1）经营业务经济效益；

（2）人力资源利用经济效益；

（3）设备利用经济效益；

（4）新产品开发经济效益；

（5）资本运营经济效益。

二、审前准备阶段

审前准备工作一般包括审前调查、审计人员配备、制订审计总体方案和具体审计计划、送达审计通知书等。

（一）审前调查

审前调查是在具体制订审计方案前深入被审计单位现场，了解其内部管理、内部控制情况，评估被审计单位的各种风险，以确定审计目标、范围和重点，为制订具体审计计划做好准备工作。审前调查的内容主要包括：

1. 被审计单位基本情况和历史沿革

包括业务范围、基本职责、财务隶属关系、组织机构、职工规模和结构、主要业务指标、财务状况和经营成果、历史沿革等。

2. 被审计单位的内部控制

通过了解被审计单位的内部控制情况，可以识别内部控制的薄弱环节，以便制订审计方案时作为审计的重点领域来参考。

3. 评估审计风险

主要考虑审计对象的选择是否恰当，审计证据的收集和鉴定的难易程度，被审计单位的财务状况和财务压力，被审计单位以前的审计结果和管理层的历史诚信状况。

（二）审计人员配备

审计项目确定后，内部审计机构应当按照审计项目的具体要求，选择具备胜任能力的审计人员，组成审计项目组。由于经济效益审计的内容涉及经营管理活动的各个方面，需要各专业领域的审计人员，因此在配备审计人员时，需要考虑审计人员的知识结构，既要有精通财务会计业务的审计人员，也要配备有企业管理和工程技术知识背景的专业人才，才能保证审计质量和审计建议的适当性，降低审计风险。同时，还应考虑审计组成员的工作连续性和审计独立性。

（三）制订审计总体方案

在充分细致的审前调查基础上，根据经济效益审计目标，制订出科学有效可行的审计方案，并与被审计单位管理层沟通协调。审计总体方案的主要内容一般包括：

（1）被审计单位的基本情况；

（2）经济效益审计的依据和目标；

（3）经济效益审计的范围和重点领域及总体审计策略；

（4）经济效益审计证据的类型和收集方法；

（5）经济效益审计的评价标准；

（6）经济效益审计的人员配备和时间安排；

（7）经济效益审计的费用预算；

（8）审计重要性的确定及审计风险的评估；

（9）其他需注意的工作和问题。

（四）具体审计计划

具体审计计划的主要内容一般包括：经济效益审计计划名称、被审计单位名称或被审计项目名称、经济效益审计的目标、经济效益审计程序、执行人和执行日期、经济效益审计工作底稿的索引号、其他有关事项。

审计总体方案和具体审计计划可分别制订，也可根据需要合并制订，计划的详略情况视审计目标和被审计对象的复杂程度而定，并应因时制宜地修订。

（五）送达审计通知书

审计通知书是审计人员在实施经济效益审计之前与被审计单位沟通的媒介，预先通知被审计单位做好必要的准备工作，以便提供配合支持使得审计工作顺利进行。

三、审计实施阶段

审计实施工作一般包括详细调查了解、内部控制测试、收集审计证据、编制审计底稿等。

（一）详细调查了解

在实施阶段，审计人员应对被审计单位的具体情况作进一步的详细调查了解。一般主要采取访谈的方式详细调查了解被审计单位的背景情况、经营管理情况、经营管理的组织、经营管理特点、内部控制制度的设计与运行状况等。

（二）内部控制测试

根据需要，审计人员可以对被审计单位的内部控制情况等进行抽样测试。测试的方法主要有：

（1）询问法，即通过与相关岗位人员的访谈沟通，了解其实际执行程序是否符合制度规定；

（2）观察法，即到审计现场观察业务执行过程，验证实际操作过程是否与规定程序一致；

（3）检查法，即通过检查部分凭证资料验证实施过程是否符合制度规定的程序；

（4）穿行测试法，即审计人员按业务程序操作一遍，测试实施过程是否符合规定的要求。

（三）收集审计证据

收集审计证据是实施经济效益审计的关键环节，审计人员应当围绕审计目标，收集充分、适当的审计证据。

1. 审计证据的类型

审计证据的类型通常有：实物证据、书面证据、口头证据和环境证据等。

2. 审计证据的收集方法

审计证据的收集方法很多，可以某种方法单独使用，也可以几种方法混合使用。经济效益审计证据的收集与其他类别审计采用的方法基本一致，主要包括审阅、访谈、函证、观察、监盘等。

3. 审计证据的分析

审计人员一般运用定性分析和定量分析相结合的方法，对审计证据的适当性和充分性进行分析。定性分析方法主要包括内容分析法、程序分析法、案例分析法等；定量分析方法主要包括比较分析法、比率分析法、趋势分析法、因素分析法、回归分析法、量本利分析法等。

（四）编制审计底稿

审计证据整理完毕，审计人员应当编写审计底稿，详细记录审计工作的过程和审计结果，并以此为依据讨论酝酿审计意见，可以邀请有关评价专家对被审计单位的绩效情况进行定性评议，然后综合形成审计结论。

四、审计报告阶段

（一）经济效益审计报告的特点

1. 审计结论的非强制性

经济效益审计一般不需要作审计处理决定，审计人员通常表达审计评价的结论，提出可供选择的建议或方案，供有关的审计信息使用者采纳，而并不强制被审计单位处理和审计信息使用者接受。

2. 侧重于建设性

经济效益审计报告通常包括现状、标准、评价和建议，审计人员在评价被审计单位绩效时，更注重于提出促进改善经营管理、提高绩效建议，着眼于未来的经营和管理活动，使审计报告更具有建设性，突出发挥经济效益审计的评价功能。

3. 一般采用详式报告的形式

经济效益审计报告需要用比较详细的文字来描述被审计单位业务活动的现状、评价的标准、存在的问题以及改进的建议，故大多采用详式形式进行表达。

4. 非规范性格式

与财务审计报告相比，经济效益审计报告目前尚未形成一套规范的格式，不同的审计项目，写法和内容各不相同。

（二）经济效益审计报告的一般要求

（1）审计检查完成后，应该提交有署名的书面报告。需要立即引起注意的情况可以用中期报告来通报；而总结报告主要突出审计结果。

（2）在发出最终书面报告以前，审计人员必须在适当的管理层次中征求对审计结论和审计建议的意见。

（3）审计报告必须客观、清晰、简明、富有建设性并讲究时效。

（4）应该说明经济效益审计的目的、范围和审计结论，并适当地表明审计人员的意见，其中也包括背景资料。

（5）报告应该包括可能采取的改进建议或纠正行动。

（6）被审计单位对审计结论和建议的看法，可以包括在审计报告中。

（7）最终审计报告发出前，审计部门负责人或被指定人员应检查和批准报告，并决定报告的发送对象。

（三）经济效益审计报告的基本模式和内容

1. 审计报告的基本模式

不同类型的经济效益审计，其审计报告的模式是不同的，但主要特征是相似的。

（1）封面。主要包括报告标题、被审计单位的名称和地址、审计日期和期间、审计机构或审计组名称。

（2）正文。

①被审计事项的背景。被审计事项的背景主要指被审计事项或单位的基本情况，包括：被审计单位的管理体制、财务隶属关系、财务收支状况、项目资金来源和使用情况、被审计项目目前状况等。

②审计范围和目标。

③审计评价标准和审计方法。

④审计发现的经验或问题。此部分是经济效益审计报告篇幅最长的

部分，主要包括以下内容：

现状。现状是指审计发现问题发生的具体环境，包括经营程序的实际执行（或不执行），各项资产的实际存在条件和实际的数量记录。

标准或期望。标准是被审计者应遵守的政策、法律法规、程序等，而期望是指被审计单位内部或外部对单位业务或经济效益所制定或下达的计划、预算和任务指标。经济效益审计中的标准和期望，作为审计评价的标准，应由审计人员和被审计单位管理人员协商确定。

影响。影响是指由于所发现问题的存在，将会给被审计单位其外部关系者带来的后果，这种信息可以帮助审计人员和报告的读者判断其审计所发现问题的重要性。

原因。此部分不仅仅对存在的问题，也应发现被审计单位在经营和管理方面的经验，便于全面地评价被审计单位的经济效益。

⑤审计评价意见或结论。此部分是针对审计目标，以审计发现的情况为基础，依据评价标准，概括地发表审计意见或结论。

⑥建议。审计人员在提供建议时，应避免使用独断或含蓄的语言，通常审计人员选择被审计者比较容易接受的、与特殊控制目标相关的内容提出建议。建议不应太多，但应该有针对性和可操作性。审计建议应考虑的因素主要有：

审计建议能否解决问题，能否降低风险。

被审计人是否有执行该建议的能力，是否具备必需的专门人员和技术。

是否适合被审计单位的经营活动。

成本效益是否合理。

解决长期问题还是短期问题，是否是权宜之计。

⑦图表与附录。如果有图表等内容应与相关的文字叙述放在一起，

若有关信息的长度有碍于报告其他部分的可读性，则可将其放在附录中。图表和附录应有清楚的标识，若这些信息需要深入的研究才能弄懂，则应提供一定的解释和说明。

2. 审计报告的基本内容

审计报告的基本内容主要包括以下要点：

（1）被审计的单位或项目；

（2）立项的背景和依据；

（3）审计目标、范围和要求；

（4）采用的审计标准和程序；

（5）审计查实的主要事实、所发现的问题及证据；

（6）审计结论与建议；

（7）被审计单位对主要结论的反馈；

（8）附件和审计证据。

五、后续经济效益审计

（一）后续经济效益审计的目的

1. 确认已经采取的纠正行动和正在达到要求的结果

（1）确认被审计单位管理当局针对审计报告所提出的问题和审计建议，是否采取了纠正行动和措施；

（2）如果采纳了所提的建议，其效果是否与预期相符合；

（3）由于采纳审计建议而产生风险的责任归于审计主体。

2. 确认高级管理层已经承担了对报告中的审计结果不采取行动而产生的风险

（1）经济效益审计报告中的审计结果，包括审计结论和审计建议，并不强制被审计单位执行；

（2）如果被审计单位决定对审计结果不采取纠正行动，由此产生风险的责任属于被审计单位，而不属于审计主体。

3. 对经济效益审计质量进行检查和评价

通过后续经济效益审计，不仅可以监督检查被审计单位对于审计建议的执行情况，还可以评价经济效益审计项目自身的质量，明确审计机关和审计人员的审计责任，有利于提高审计机关的工作水平。

（二）后续经济效益审计的基本步骤

1. 后续经济效益审计的程序和实质性特征

（1）要求被审计单位对审计报告中的审计结果作出书面回复，并对书面回复进行审阅。审阅时应注意下列情况的审计发现事项：不予回复的事项；回复不充分的事项；被审计单位有异议或误解的事项；回复中已说明将不采取任何纠正措施的事项。

（2）与被审计单位管理当局探讨回复中不清楚或未作回复的事项，同时澄清有异议或有误解的审计事项或建议，可以通过面谈或电话询问的方式来解决问题和误会。包括：向负责采取纠正行动的适当层次管理人员解释审计报告中的问题和建议；收集在审计报告发出后的适当时期内的最新资料和信息，对审计报告中的审计结果进行重新评价。

（3）对审计报告中的重大问题及其纠正建议的采纳情况进行现场审计，现场审计的方法包括现场访问、直接观察、测试和检查纠正措施的有关文件等，审计人员应当将审查工作过程形成审计底稿并归档。在决定现场审计程序时，应考虑以下因素：

该事项在审计报告中的重要性。

按照审计报告提出的要求，采取该项审计建议产生的影响程度和所需要的费用。

审计建议实施失败可能产生的风险。

审计建议实施的复杂程度。

所涉及的时间限制。

（4）评估采纳审计建议所达到的效果，主要是根据改善后的情况或被审计管理当局已经采取或将要采取的措施，对所涉及业务活动的控制风险进行重新评估。

（5）报告后续审计的结果。报告的主要内容如下；

就被审计单位是否采纳审计报告结果，采取纠正行动及其效果以及审计主体的风险责任进行确认。

就被审计单位管理当局未采纳或决定不采纳审计报告结果，不采取纠正行动所承担的风险责任进行确认。

就审计报告结果的执行情况与回复中的说明是否一致进行确认。

2. 节约后续审计所消耗的时间和审计资源

（1）在审计实施阶段，尽可能同时对更多的事项实施后续审计，应当鼓励被审计单位在审计结束前实施简便易行的纠正措施；

（2）审计员与被审计单位管理当局定期联系，了解最新的改进措施执行情况及效果；

（3）将注意力集中在最严重的或潜在的问题，对一般事项的后续审计可仅限于询问或简短的讨论；

（4）对值得注意的具体问题进行后续审计测试，不十分重要的问题，可以只审阅与纠正措施有关的文件记录。

六、经济效益审计的方法

按审计目的和用途来分，经济效益审计方法基本可分为两类：收集和分析审计证据的方法和用于经济效益评价的技术方法。

（一）收集和分析审计证据方法

1. 审阅法

审阅法是指审计人员通过审查检阅被审计单位各项记录数据和文件资料来获取审计证据，并对照经济效益评价标准判断得出审计结论的一种方法。审计人员需要审阅的文件资料一般包括：与审计项目相关领域的知识文件、法律法规、行业资料、合约合同、会议记录、会计账簿、财务报告等。

2. 询问与调查法

询问和调查主要是通过向有关人员分别提问并获得答复而收集证据。询问和调查的对象包括被审计单位的管理当局、项目负责人、内部审计人员及与被审计对象相关的其他人员。

3. 现场观察法

现场观察法是指审计人员实地察看被审计单位的经营场所、实物资产和有关业务活动及其内部控制的执行情况等，以获取证据的方法。现场观察法经常和询问法、调查法结合使用。

4. 座谈会法

座谈会是将一组人放在一起讨论，一个人的评论会启动参会者的一连串反应。在召开座谈会之前，可以事先将有关讨论调查的主题提交给项目单位，以便他们有时间适当做些准备，并选择相关人员参加座谈。

5. 案例研究法

在经济效益审计中，选择若干客体进行案例研究是非常必要的，它可以用来证实已存在的问题，并对问题进行深入细致的因果分析，同时可以佐证通过其他方法得出的结论。

（二）经济效益评价的主要技术方法

经济效益评价的技术方法包括定性评价方法和定量评价方法。

1. 比较分析法

比较分析法是通过同质指标的对比，确定经济效益状况，提示差距，发现问题的一种方法。比较分析法可分为绝对数指标比较法和相对数指标比较法。相对数指标比较法又可分为相关比率法和结构比率法。

2. 趋势分析法

趋势分析法是以客观现象所呈现出来的数量特征为标准，判断被研究对象是否符合正常发展趋势的要求，探求其偏离正常发展趋势的原因并对未来的发展趋势进行预测的一种统计分析方法。趋势分析一般可分为定比发展趋势分析和环比趋势发展分析。

3. 因素分析法

因素分析法是用来查明和测定构成某一指标的几个相互联系的影响因素对综合指标影响程度的一种方法。当总指标可以分解为两个以上连乘或连除的因素时，可以采用此法。

4. 盈亏平衡分析法

盈亏平衡分析法又称量本利分析法，是根据产量、成本、利润三者之间的相互关系，通过确定盈亏临界点，研究有关因素变动对盈亏临界点的影响，用各项边际指标进行对比分析，预测利润，控制成本的一种数学分析方法。

5. 线性规划法

线性规划法是专门用来对具有线性联系的问题进行求解的一种数学

方法，主要研究资源的最优分配方案问题，主要应用于以下两种情况：一是在人力、物力、财力一定的情况下，如何合理地利用资源，才能取得最大经济效益；二是对于已经确定的任务，怎样才能以最少的人力、物力、财务来完成。

6. 网络计划法

网络计划法是以网络图反映，表达计划安排，据以选择最优工作方案，组织协调和控制项目的进度和费用，使其达到预定目标，获得更佳经济效益的一种优化决策方法。

7. 价值工程法

价值工程法以功能分析为核心，使产品或作业达到适当的价值，即用最低的成本来实现（或创造）它具备的必要功能的一种方法。

8. 其他方法

在经济效益审计中其他常用的技术方法还包括经济增加值（EVA）评估法、平衡计分卡法、层次分析法（AHP）、数据包络分析法（DEA）等。

第四节　经济效益审计的评价

一、经济效益审计评价标准的特点与确定原则

（一）经济效益审计评价标准的内涵及特点

1. 经济效益审计评价标准的含义

经济效益审计评价标准是指审计人员依据审计证据用以判断、评价

被审计对象本身绩效情况优劣与否的尺度与准绳，如评价被审计单位的经济性、效率性、效果性方面的定性要求与定量指标等。

2. 经济效益审计评价标准的特征

（1）层次性。经济效益审计评价标准的层次性取决于经济活动范围的层次性，不同层次的经济活动其经济效益评价的标准也应不同。

（2）可控性。经济效益审计仅针对被审计经济活动可以控制的因素或指标进行评价，对控制不了的因素无法评价。

（3）动态性。经济效益审计的评价标准是随时间、环境条件以及被审计单位经营管理水平的变化而变化的。

（4）指导性。经济效益审计评价标准可以作为指导审计信息使用者进行决策的参考依据。

（二）经济效益审计评价标准的确定原则

1. 全面性与完整性原则

全面性与完整性原则要求评价指标体系既要有财务指标，也要有非财务指标，以最大限度地覆盖被审计单位的经营和管理的所有方面和环节。

2. 定量与定性相结合的原则

在进行经济效益审计时，既要运用量化指标，又要运用定性指标，灵活地将两者结合起来，必须明确定性分析是定量分析的基础，定量分析是定性分析的具体化。

3. 科学性与重要性原则

评价标准的设计既要考虑标准自身的科学性，又要结合被审计单位实际，遵循重要性原则，明确评价重点。

4. 责任性与可控性原则

经济效益审计评价标准应准确考评被审计单位及内部各单位和个人必须履行的经济责任，即所衡量、评价的经济活动及其结果应是被审计单位的职责范围，是其应当全部或部分负责，是可以控制和调节的，是其通过主观努力可以改变的结果和过程。

5. 一致性与可比性原则

一致性是指评价标准应与国家法律法规、政策、公认技术标准和行业标准一致。可比性是指评价标准应具有普遍的统计意义，包括横向可比和纵向可比。横向可比是指与同类组织或同系统或项目经济效益审计中所使用的评价指标一致；纵向可比是指在相同审计目标和对象情况下，前后所使用的评价指标应一致。

二、经济效益审计评价标准的内容

（一）经济效益审计评价标准的内容体系

（1）国家的法律、法规、方针、政策；

（2）部门和单位的各种计划、预算、指标、定额；

（3）历史先进水平、行业先进水平、国际先进水平；

（4）公认的或科学测定的经济技术数据。

（二）经济效益审计评价指标体系

2006 年 9 月，国资委根据《中央企业综合绩效评价管理暂行办法》（国资委令第 14 号），颁布了《中央企业综合绩效评价实施细则》，将企业综合绩效评价指标界定为 22 个财务绩效定量评价指标和 8 个管理绩效定性评价指标，其评价指标及权重如表 5 - 2 所示。

表 5 - 2　　企业综合绩效评价指标

<table>
<tr><td colspan="2">评价内容与权重</td><td colspan="4">财务绩效（70%）</td><td colspan="2">管理绩效（30%）</td></tr>
<tr><td>评价内容</td><td>权数</td><td>基本指标</td><td>权数</td><td>修正指标</td><td>权数</td><td>评议指标</td><td>权数</td></tr>
<tr><td>盈利能力状况</td><td>34</td><td>净资产收益率
总资产报酬率</td><td>20
14</td><td>销售（营业）利润率
盈余现金保障倍数
成本费用利润率
资本收益率</td><td>10
9
8
7</td><td rowspan="4">战略管理
发展创新
经营决策
风险控制
基础管理
人力资源
行业影响
社会贡献</td><td rowspan="4">18
15
16
13
14
8
8
8</td></tr>
<tr><td>资产质量状况</td><td>22</td><td>总资产周转率
应收账款周转率</td><td>10
12</td><td>不良资产比率
流动资产周转率
资产现金回收率</td><td>9
7
6</td></tr>
<tr><td>债务风险状况</td><td>22</td><td>资产负债率
已获利息倍数</td><td>12
10</td><td>速动比率
现金流动负债比率
带息负债比率
或有负债比率</td><td>6
6
5
5</td></tr>
<tr><td>经营增长状况</td><td>22</td><td>销售（营业）增长率
资本保值增值率</td><td>12
10</td><td>销售（营业）利润增长率
总资产增长率
技术投入比率</td><td>10
7
5</td></tr>
</table>

企业财务绩效定量评价指标计算公式：

1. 盈利能力指标

（1）基本指标。

净资产收益率 = 净利润/平均净资产 ×100%

平均净资产 =（年初所有者权益 + 年末所有者权益）/2

总资产报酬率 =（利润总额 + 利息支出）/平均资产总额 ×100%

平均资产总额 =（年初资产总额 + 年末资产总额）/2

（2）修正指标。

销售（营业）利润率 = 主营业务利润/主营业务收入净额 ×100%

盈余现金保障倍数 = 经营现金净流量/（净利润 + 少数股东损益）

成本费用利润率 = 利润总额/成本费用总额 ×100%

成本费用总额 = 主营业务成本 + 主营业务税金及附加 + 经营费用（营业费用）+ 管理费用 + 财务费用

(3) 资本收益率（又称资本利润率）= 净利润/平均资本 ×100%

平均资本 = [（年初实收资本 + 年初资本公积）+（年末实收资本 + 年末资本公积）]/2

2. 资产质量状况

(1) 基本指标。

总资产周转率（次）= 主营业务收入净额/平均资产总额

应收账款周转率（次）= 主营业务收入净额/应收账款平均余额

应收账款平均余额 =（年初应收账款余额 + 年末应收账款余额）/2

应收账款余额 = 应收账款净额 + 应收账款坏账准备

(2) 修正指标。

不良资产比率 =（资产减值准备余额 + 应提未提和应摊未摊的潜亏挂账 + 未处理资产损失）/（资产总额 + 资产减值准备余额）×100%

资产现金回收率 = 经营现金净流量/平均资产总额 ×100%

流动资产周转率（次）= 主营业务收入净额/平均流动资产总额

平均流动资产总额 =（年初流动资产总额 + 年末流动资产总额）/2

3. 债务风险状况

(1) 基本指标。

资产负债率 = 负债总额/资产总额 ×100%

已获利息倍数 =（利润总额 + 利息支出）/利息支出

(2) 修正指标。

速动比率 = 速动资产/流动负债 ×100%

速动资产 = 流动资产 − 存货

现金流动负债比率 = 经营活动现金净流量/流动负债 ×100%

带息负债比率 =（短期借款 +1 年内到期的长期负债 + 长期借款 + 应付债券 + 应付利息）/负债总额 ×100%

或有负债比率＝或有负债余额/(所有者权益＋少数股东权益)×100%

或有负债余额＝已贴现承兑汇票＋担保余额＋贴现与担保外的被诉事项金额＋其他或有负债

4. 经营增长状况

（1）基本指标。

销售（营业）增长率＝(本年主营业务收入总额－上年主营业务收入总额)/上年主营业务收入总额×100%

资本保值增值率＝扣除客观增减因素的年末国有资本及权益/年初国有资本及权益×100%

（2）修正指标。

销售（营业）利润增长率＝(本年主营业务利润总额－上年主营业务利润总额)/上年主营业务利润总额×100%

总资产增长率＝(年末资产总额－年初资产总额)/年初资产总额×100%

技术投入比率＝本年科技支出合计/主营业务收入净额×100%

第五节 经营业务效益审计

一、经营业务效益审计的目的

经营业务效益审计是指对被审计单位经营活动的经济性、效率性和效果性的审查，借以检查和证明被审计单位经营责任的履行情况，以促进其改善经营，提高经济效益。经营业务效益审计的具体审计目标如下：

（1）确定被审计单位经营战略是否科学、合理、正确；

(2) 确定被审计单位经营范围是否合规，有无超范围经营的情况；
(3) 确定被审计单位主要经营业务情况，经营业务的发展前途如何；
(4) 确定被审计单位经营目标的完成情况；
(5) 确定被审计单位经营过程的经济性、效率性和效果性；
(6) 确定被审计单位各种资源的开发利用情况。

二、经营业务效益审计的程序

经营业务效益审计的具体审计程序如下：
(1) 收集被审计单位与经营业务效益审计有关的资料；
(2) 审查确认被审计单位经营战略是否正确，是否执行；
(3) 调查了解被审计单位经营范围和主要经营业务；
(4) 审查分析被审计单位具体经营计划的制定及完成情况；
(5) 审查被审计单位经营成果情况，并编制分析表；
(6) 审查评价被审计单位经营目标完成情况，编制比较分析表；
(7) 审查主要经营业务活动的合理性、有效性；
(8) 审查其他经营业务活动。

第六节 资本营运效益审计

一、概念

(一) 资本营运的概念

资本营运就是企业或政府为了达到某种目的，以企业的整体法人资产或部分法人财产为对象，所开展的经营活动。

（1）资本营运的主体有两种，即企业或政府。一般来说，只涉及企业内部各种资产变化的营运活动，其主体是企业；涉及两个或两个以上的企业资产变化，或者涉及企业整体资产的变化，其资本营运的主体可能是企业自身，也可能是政府。

（2）资本营运一般都有特定的目的，概括地说，它的目的有但不限于以下几种：

①调整企业的资产结构，优化企业经济资源配置；

②优化社会生产力布局，促进社会经济资源的合理流动；

③提高企业经济效益或国有资产的整体营运效益；

④实现企业制度的改革，转换企业经营机制；

⑤实现企业或地区、部门的经营战略。

（3）资本营运的对象是企业的部分资产或企业的整体资产，部分资产如企业的某些机器设备或某些对外投资项目等，整体资产的经营主要指在承包、兼并等形式所进行的企业整体产权交易。

（二）资本营运的种类和方式

资本营运的种类和方式有以下四种：

1. 资产重组

资产重组是指企业出于特殊目的和企业发展战略需要，将企业的资产进行合理划分，采取分立、合并等方式，对企业资产和组织重新组合和设置。它涉及企业的产权、债权、资本、资产和组织机构的重组。狭义的资产重组，包括改制企业的资产和负债的划分及重组。实际上，债权债务的划分也是资产重组的重要内容。

2. 企业债务重组

债务重组是当债务企业陷入财务困境而丧失偿债能力，由债权方修改债务条件作出让步的做法。应该说，在市场经济条件下，债务重组是债务、债权双方对自身利益权衡的一种结果。就我国目前的规定来看，债务重组一般有以下几种方式：

（1）以资产进行不等额的偿债。这种方式可以是以现金资产偿债，所谓不等额就是一部分债务用现金偿还，另一部分债务被豁免；也允许用非现金资产偿债，如以存货、固定资产或有价证券等进行偿债，而且也不等额。

（2）以债务转为资本。指债务方企业，将对债权方的债务转做接受债权方的投资，其账面上的结果是负债减少而所有者权益即资本增加，可以简称为增资减债；作为债权方企业如银行等，是放弃对债务企业的债权而享有债务企业的股权，可以简称为债转股。

（3）修改其他债务条件。除了以上两种修改债务条件外，还可以用延期偿债、免除利息、降低利率和削减本金等方式来实现对债务方的让步。

3. 企业兼并

企业兼并是指在市场机制作用下，企业通过产权交易获得其他企业的产权，使其他企业的法人资格丧失，并获得它们控制权的行为。

4. 企业破产

企业破产是指债务人因经营管理不善造成严重亏损而不能清偿到期债务，法院以其全部财产依法抵偿所欠债务，债务人的经济实体就此消失。

二、应获取的相关资料

（1）非经营性资产的资料；

（2）经营性固定资产的资料；

(3) 经营性无形资产的资料;

(4) 经营性长期股权投资的资料;

(5) 公司生产经营体系的资料;

(6) 企业或企业集团的发展战略目标的资料;

(7) 企业的规范管理和运作的资料;

(8) 同业竞争的资料;

(9) 关联方交易的资料;

(10) 生产经营能力的资料;

(11) 财务效益的资料;

(12) 管理素质的资料;

(13) 行业前景的资料;

(14) 企业债务的成因的资料;

(15) 有效资产对应的负债的资料;

(16) 重组后制度创新的资料;

(17) 企业兼并原因和动机的资料;

(18) 企业兼并能力的资料;

(19) 企业兼并对象的资料;

(20) 企业兼并决策方案的资料;

(21) 破产整顿方案的资料;

(22) 破产责任的资料。

三、审计内容

(一) 资产重组

1. 非经营性资产处理的审计评价

由于历史原因，拟改组企业的资产结构中，非经营性资产占有相当的比例。非经营性资产比例过高，往往会影响改制后企业的资本收益率，降低公司的市场吸引力。因此，在改制重组中一般会对非经营性资产进行妥善处理。

对非经营性资产处置的审计标准包括：

（1）效益性原则；

（2）消除或减少企业办社会原则；

（3）保持企业稳定原则。

2. 经营性固定资产重组的审计评价

经营性固定资产是企业固定资产的主体，所以它的重组是企业资产重组的关键。一般在下列情况下可以考虑剥离经营性固定资产：长期未产生效益或效益低下的固定资产、基于未参加改制企业（控股公司或总厂）的发展战略需要剥离的经营性固定资产、为生产管理服务的行政管理用固定资产。

对经营性固定资产处理的审计标准包括：

（1）改制后公司生产经营体系的完整性；

（2）是否会引起同业竞争或增加关联方交易；

（3）改制后企业经济效益的提高，尤其是有关效益指标数值的提高以增强公司的市场吸引力；

（4）是否有利于企业或企业集团的发展战略目标的实现；

（5）是否有利于达到预期的筹措资本金的规模效果；

（6）是否有利于改制后公司或企业的规范管理和运作等。

3. 经营性无形资产重组的审计评价

无形资产是得到法律保护和承认的，不具有实物形态的，受益期在一年以上的权利的成本或估价。在企业改制的资产重组中，经常会涉及专利权、商标权和土地使用权的处理问题，但一般与专有技术和商誉不存在关系。

对经营性无形资产处理的审计标准包括：

（1）是否有利于改制后企业建立完整的生产经营能力；

（2）是否有利于提高企业的经济效益；

（3）避免造成新的同业竞争和关联方交易；

（4）无形资产作为一项重要的经济资源能够得到充分合理的使用，而不至于闲置浪费。

4. 经营性长期股权投资重组的审计评价

对经营性长期股权投资处理的审计标准包括：

（1）持股比例比较高的全资子公司、控股子公司，可能构成同业竞争或重大关联方交易的被投资企业，以及经济效益比较好的被投资企业，应该考虑划入改制以后的公司企业参加重组；

（2）持股比例不高的被投资企业、经济效益较差的或与改制后公司企业没有直接业务联系的企业可以不参加重组，留在原企业即控股公司持有。

（二）企业债务重组

1. 评估重组对象选择的合理性

我国的市场经济还不成熟，债务重组经常是按照某个地区或试点城市，由地方政府来组织开展。这种情况下重组带有政府行为的性质，对政府行为的审计当然应该由国家审计机关来实施。对重组对象的选择，实际上就是对所管辖地区的国有企业进行排队和分类，由政府对各类不同的企业改革、发展的方向进行分类指导。

审计机关对重组对象的选择合理性进行审计评价时，首先应该以财务效益、管理素质和行业前景对管辖范围内的国有企业进行分类排队：

（1）财务效益标准的制定，一般可以财务报表的真实性为前提，进行指标测算，按照测算的结果数值进行排队分类，同时也应关注报表附注，尤其是资产负债表日后事项和或有事项等因素。

（2）管理素质主要是指管理人员的素质和管理制度（内部控制）的健全有效程度。

（3）行业发展前景主要包括是否符合国家产业政策，同业竞争的激烈程度，资金周转速度和经济形势变化对行业的影响等。

（4）三个标准都好，说明符合股份制改制的条件，应通过改制向现代企业制度过渡，不需要对其进行债务重组；三个标准都不好，说明这类企业不可能通过债务重组步入良性循环，也不值得花费代价进行债转股，最合理的办法是通过被出售、兼并或破产等资产重组方式，实现国有资本的退出；管理素质不错，行业前景也不错，财务效益不好是历史性或体制方面的原因所致，这类企业只要通过外部的重组让步，就有能力步入良性循环，所以应选择为债务重组的对象。

（5）内部审计人员可以按照以上的三个标准和排队的结果，来评价地方政府或有关部门选择债务重组对象的合理性，或为政府和有关部门选择重组对象提供参考依据。

2. 对企业债务的成因进行分析

企业债务在账面上可能反映在许多项目上，内部审计人员应该对每一个债务账项余额的形成原因进行分析。总体上看，企业的债务形成原因可以分为三类：

（1）由于经营管理上的主观原因所引起的债务。如经营管理不善，重大决策失误等造成债务无力偿还。

（2）历史原因造成的过度债务。例如，过去长期以来固定资产折旧率偏低，更新改造缺乏资金来源，不得不依靠银行贷款等债务来从事固定资产的更新改造；又如，历史上的拨改贷政策，国有企业设立当时国家注入资本金就不足，长期依靠政府拨款维持生产经营，“拨改贷”政策要求企业改为依靠银行贷款来维持生产经营，形成无法偿还的过度债务。

（3）体制原因造成的过度债务。例如，企业负担政府职能和社会职能，使得企业的管理成本过高，严重影响企业的经济效益和积累偿债能力；又如，我国企业近年来所承担的改革成本，1994 年的流转税制改革，客观上有一部分企业的税负是上升了，导致欠国家税务机关的负债无力偿还等。

债务重组作为一种改革机制来看，不应该是替企业承担经营管理不善的责任，而应该是帮助企业摆脱客观原因如历史和体制原因所造成的包袱，这样才能够真正有利于企业今后经济效益的提高。所以，债务重组的范围应该是上述的第二和第三种过度债务，而不应该包括第一种，哪怕是过度的债务。按照这一标准，内部审计人员在对被审计企业债务成因进行分析的基础上，对重组方案上的重组范围合理性进行评价，并作出评价的意见。

3. 关于债务重组的程度，一般应该遵循两个原则

（1）重组后应保持正常的资产负债比率。需要重组的债务企业在重组以前一般资产负债率都偏高，在正常的区间 50%—70% 以上，也就是所谓的财务困境。经过重组以后，资产负债率应该有所下降，较合理的程度应保持在正常的水平即 50% 左右。重组过度，使资产负债率下降得过低，可能会影响企业的资产规模和获利能力，对提高经济效益是不利的。

（2）剩余负债应具备一定的偿债能力。具备一定的偿债能力不仅反映在资产负债率上，而且更加反映在流动比率和营运资金上，也就是一年以内需要偿还的流动负债，应该有足以用作偿还手段的流动资产作保证。

内部审计人员可以根据重组方案测算重组以后的企业负债水平，按照以上两个原则为标准进行评价。

4. 与有效资产对应的负债应该是债转股的重点对象

经过债务重组，一部分负债以非现金资产偿还或转为资本，另一部分负债仍然保留。应该注意，作为资金来源，转为资本和留作负债的稳定性是不同的。资本是自有资金来源，其稳定性肯定大于作为借入资金来源的负债。重组以后的企业需要步入良性循环，需要发展生产经营活动，依靠的是能够有效发挥作用的资产，因此这部分资产所对应的负债应该通过债转股转为资本，使它们的资金来源趋于稳定。而其他非有效资产所对应的负债，可以先保留不重组，以后通过对它们的处置，收回资金予以偿还。

内部审计人员可以根据资产负债表：首先，对各项资产的有效发挥作用的程度进行分析排队；其次，对有效性比较高的资产分析其相对应的资金来源项目，尤其是负债项目；最后，根据以上分析的结果，评价重组方案中的重组范围合理性。

5. 重组后制度创新的审查

债务企业在重组后的制度创新，是其步入良性循环，最终实现重组目的的关键，同时也是债务重组运行机制中风险最大的环节，国家审计机关和部门、企业内部审计都应该对制度创新风险加以控制和审查。

（1）重组后企业股权结构的审查评价。股权多元化是制度创新、实现现代企业制度的前提，所以在设计重组方案和作出重组决策的过程中，就应该考虑重组后企业股权是否能够实现多元化的效果，审计机关在审查地方政府的重组方案时，以及部门内部审计在审查企业债务重组协议或决策时，都应该关注重组后企业的股权结构。

（2）对重组后企业的领导人员加强经济责任的评价。从经济责任的主体来看，可以分为两类：一类是董事会、总经理的经营责任，另一类是监事会、职代会的监督责任。从我国目前的情况看，董事会（董事长）、总经理的经营责任主要通过企业领导人员的任期经济责任审计加以审查，而监事会和职代会的监督责任审查，基本上处于缺位状态。为了使重组以后的企业能够顺利地步入良性循环，应该对企业领导人员的经营责任和监督责任全面地进行审计监督与评价。

（3）被重组企业的内部审计应该加强重组后企业的经营、管理、决策、技术升级和内部控制的审计评价。

（4）重组后的国有商业银行应该加强对信贷风险管理的内部审计，减少或避免不良资产的重新出现。

（5）加强对债转股协议和债务重组协议的审查，注意银行承担重组损失的数额，协议中是否规定资产管理公司对债务企业的约束条款，资产管理公司对重组后企业的持股比例的合理性等。同时，也应审查资产管理公司对重组后债务企业的股东权利的行使履行情况，通过审查，加强债务企业所受的股权约束。

（三）企业兼并

1. 企业兼并原因和动机的审查

所谓兼并原因和动机，是指兼并方实施兼并的出发点或兼并后期望达到的目的。对兼并原因进行审计的目的，是维护兼并有关各方的合法权益，充分发挥兼并应有的效用，防止地方保护主义的干扰；加强宏观调控，提高国有资产的使用效益，防止不正常的兼并行为；审查承担债务、出资购买或吸收股份等兼并方式是否适合企业本身的实际情况等。对兼并原因或动机审查，应以经济效益实现程度为标准。具体包括：

（1）以行政划转方式的兼并，审查是否符合物质利益最大化原则，即兼并是否有利于提高兼并双方的总体实力。实际人员可以测算兼并前后相关企业的资产存量、人力资源和固定资产等生产要素的数量和质量、生产能力和销售市场的占有能力等指标，通过比较获取结论。

（2）以追求经营协同效应而进行的兼并，应该重点审查是否能够获取企业的规模经济效益和企业规模效应实现的具体表现。

（3）以追求财务协同效应进行的兼并，应该重点审查被兼并方的亏损在纳税上给兼并方带来的优惠；兼并方从国家政策中获得的减息、免息优惠；兼并的预期效应对股票市值的影响等。

（4）以追求企业发展而实施的兼并，应该重点审查：兼并是否有效地降低了进入新行业的成本；兼并是否大幅度减少了企业发展的风险；兼并后是否能够有效获取原有企业的经营管理经验；兼并能否帮助企业进入新的市场；是否在技术、市场、专利、产品、管理和企业文化等方面实现共享；能否获得科学技术方面的竞争优胜等。

2. 企业兼并能力的审查

企业如果要顺利实施对另一个企业的兼并，并达到预期的效果，必须具备一定的前提和条件，这就是所谓的兼并能力。对企业的兼并能力开展审计是保证兼并目标得以实现的重要手段。从这一审计目的出发，企业兼并能力的审计应该包括以下方面：

（1）兼并企业出资购买被兼并企业，承担被兼并企业债务的能力审查。内部审计人员一方面要测算购买出资、承担债务所需要的资金数额，另一方面也要根据兼并企业的财务资料核实其是否有足够的资金来源。

（2）兼并企业经营优势的审查。内部审计人员应检查兼并企业现有的生产经营方向是否符合国家产业政策，现有的产品和劳务的市场供求关系和资金的周转状况，现有的生产技术和管理方法的先进性，以及现有的经济效益和未来发展的前景等，能否显示兼并企业的经营优势地位。

（3）兼并企业对被兼并企业的吸收消化能力的审查。包括生产能力的吸收，即兼并方能否有效利用兼并双方的生产要素，达到规模经济效应的要求；销售能力，即兼并方是否有足够的销售能力以充分发挥被兼并企业的生产技术优势，达到扩大市场份额的效应；管理能力，即兼并方能否对扩大规模后的企业或集团实施有效的管理等。

3. 企业兼并对象选择审计的标准

（1）兼并对象的企业应具备以下特征：

经营亏损的企业，如果被兼并的企业在近期发生经营亏损，则在兼并后可以冲抵兼并企业的部分利润，减少兼并企业的所得税；

“以长补短”，即被兼并企业与兼并企业之间能够发生协同作用；

市盈率较低的公司，每股市价与每股盈利之间的比例为市盈率，如果兼并方公司拟在股票市场上公开收购被兼并公司的股份，则市盈率是衡量兼并收购效果的重要指标，在绝大多数情况下，市盈率低意味着兼并效果较好；有盈利潜力的企业，即由于管理不善或其他可控因素造成利润偏低的企业往往成为被兼并的对象，因为通过加强管理，利润可以有很大的改善余地。

（2）审查兼并对象的选择应考虑的因素：

①行业和经营活动的类型。被兼并企业所在行业和经营活动的类型，会对兼并目标的实现产生重大的影响，在与兼并企业管理当局讨论兼并目标的基础上，内部审计人员应该找出考虑的重点。例如，如果兼并目标是为了扩大市场份额，则被兼并企业必须与兼并企业的业务类型相关；如果目标仅限于一般意义上的规模扩张，则也可以考虑兼并其他业务领域的企业；如果兼并的目标是追求协同效应，则应该主要考虑被兼并企业与兼并企业之间的互补性，兼并方若在生产能力上有强大优势，则应选择销售能力比较强的企业作为兼并对象。

②财务因素。影响兼并对象选择的财务因素，除了被兼并企业本身

的财务状况和经营成果外，还要考虑兼并价格、兼并融资方式的选择等。

③被兼并企业的规模。出于规模经济效应的要求，通常对被兼并企业的规模有一定要求。对被兼并企业规模进行审计时，应选择适当的衡量指标，如对于流通企业，使用销售额比资产总额更能够反映其规模大小。

4. 企业兼并对象选择审计的内容

企业兼并对象选择审计的工作内容十分广泛，从核查所得到的财务数据、参观企业的设施、与管理人员讨论有关的问题到对被兼并企业内外条件的详细调查等，核查和调查的详细程度取决于兼并企业管理层对信息的需要程度、潜在的被兼并企业的规模和重要程度、已审计的内部财务信息的可靠性以及固有风险的大小等。一般来说，审查的内容包括但不限于：

（1）企业的历史和背景，包括有关经理人员、董事、主要大股东和外部顾问的信息，以及企业的最新发展、未来计划和存在的主要问题等。

（2）产业分析包括该企业在行业中的竞争地位和本身拥有的实力，来自行业内外的竞争和相对市场占有率，过去、现在和将来预计的行业销售和利润状况，影响行业发展和盈利的主要外部因素等。

（3）被兼并企业的营运状况，包括现有客户的状况、产品成本和质量、生产技术和市场营销能力等。营运状况的审查应该根据不同的兼并目标而确定不同的重点，如兼并目标是利用兼并对象现有的生产设备，则应重点审查拟兼并企业的生产设备先进耐用性和保养状况，兼并现有设备和另外购置同类设备在经济上和时间上的比较等。

（4）拟兼并企业的财务状况，其目标主要是剥去经过粉饰的财务报表外衣，准确判断拟兼并企业的财务状况和经营成果，为兼并决策提供有用的信息，包括兼并价格的商定、确定兼并后的管理策略等。

（5）拟兼并企业的税收。内部审计人员通过对拟兼并企业的纳税申报表和税收稽查报告的审阅，了解拟兼并企业的纳税义务内容：拟兼并企业是否已经按照目前的税法交纳了所得税；在兼并过程中可能产生的未知和预期的调整是否作了充分的考虑。

（6）法律方面的审查，包括拟兼并企业的组织章程、招股说明书中的条款、股东大会和董事会的会议记录，企业主要财产的产权证明以及企业的对外书面合同，如商标、专利权的使用许可合同、借贷合同等。

（7）人力资源和劳资关系，包括检查拟兼并企业的管理人员素质、工会和劳工协议、退休金和福利分红计划等，评估它们对兼并以后的经营管理产生的影响。

（8）市场经营的审查。内部审计人员应取得各种产品及营销因素方面的信息并加以分析，包括销售量和产品积压、新产品开发、政府销售额、主要顾客和营销组织、广告和促销方法及费用、主要竞争对手、产品寿命周期和技术水平、定价策略和竞争策略等。

（9）生产过程和设施的审查，包括主要产品的制造过程、主要原材料采购、各生产设备的名称、分布、所有权归属、账面价值、生产能力和使用情况等。

（10）研究与开发，重点审查拟兼并企业过去、当前和将来的研究开发项目，这种项目已发生取得或估计发生取得的费用和利益，费用的会计处理以及研究开发的人员和设备情况。

（11）管理控制系统的审查。在完成兼并以后，兼并企业可能在很大程度上需要依靠被兼并企业原有的管理系统，包括生产指挥系统、会计控制系统和内部控制系统等。

（12）其他审计内容，包括政府和公益部门，如环境保护部门、职业安全部门的有关规定和标准遵守情况的报告等。

5. 企业兼并决策方案的审计

对于兼并企业来说，兼并活动是一项重大的投资或融资活动，涉及的金额大、时间跨度长，因此风险也很大。兼并决策方案的审计，就是对兼并决策的可行性、科学性进行评价，以降低兼并决策的风险。兼并方案的可行性研究和决策过程一般用的是净现值法（NPV），因此，决策方案的审计也围绕着净现值法的有关环节和要素来进行。净现值法的基本原理是：

净现值（NPV）= 兼并后现金净流量现值 - 兼并初始现金流量

净现值 >0，决策方案财务方面可行。

因此，评价净现值指标测算的正确性，是审查决策方案的关键。而净现值指标的正确性，又取决于四个因素，构成四个审计要点：

（1）兼并初始现金流量的审查。兼并初始现金流量包括兼并企业向被兼并企业原所有者支付的购买价款和兼并过程中发生的兼并费用。审计时，应注意初始现金流量所包括的项目是否完整，计算方法与所用兼并的方式是否相适应等。

（2）兼并后现金净流量的审查。兼并后现金净流量主要与营业活动有关，由营业活动现金流入量和营业活动现金流出量构成，所以应审查：营业现金流入量的计算是否以兼并后的销售量或销售额的预测为基础，兼并后的销售预测是否可靠，以及现金流入与销售预测之比例是否合理等；营业现金流出量中的成本费用预测的可靠性，兼并后带来的减息、减免税优惠可视作流出量的抵减项目。

（3）对预测期长短的审查。预测期长短的确定，影响兼并后现金净流量折算现值的结果，一般在兼并中按 5—10 年计算，但从理论上看，现金流量的预测期只应持续到支持预期销售增长的追加投资的预期报酬率，等于该投资的资金成本率为止。具体应与兼并目的有关，如果兼并目的与产品经营有关，则应考虑产品的寿命周期；如果兼并目的与设备或无形资产有关，则应考虑设备的经济使用年限和无形资产的摊销年限等。

（4）对折现率的审查。将兼并后现金净流量折算为现值的折现率，与两个因素有关：兼并投资的资金成本；被兼并企业的风险大小。如果被兼并企业的风险被认为与兼并企业的风险相当，那么适当的折现率就是兼并方的资金成本。

（四）企业破产

1. 破产整顿方案的可行性审计

在破产法定程序的第二阶段，企业和解协议（草案）经债权人会议讨论通过，法院认可后，企业便进入整顿时期，应立即着手拟定整顿方案。整顿方案的制定，实际上是企业处于危难时期的紧急预测和决策。整顿方案应该以和解协议草案为主要目标，对上述预测和决策进行集中的反映，其主要内容应该包括：企业亏损总额和不能偿还的到期债务数额；产生亏损的原因及根除的措施和期限；不能清偿到期债务的原因及解决的办法和期限；设备更新计划及资金来源；解决产品滞销问题的办法及资金来源；提高设备利用率、节约原材料和动力消耗、提高产品质量的措施及资金来源；调动企业资金，保障资金顺利周转的措施；提高企业经营管理水平的措施；企业整顿期限，根据上述整顿措施编制预计会计报表和债务清偿明细表等。

破产整顿方案草案可行性审计的具体内容：

（1）检查整顿方案与和解协议的一致性。整顿方案的目标必须是实现和解协议的承诺，两者具有内在的一致性。审计时应该注意：资产负债和累计亏损数额的一致性；企业在和解中得到的减免照顾数额在整顿方案中是否恰当反映；和解中的偿债承诺与整顿方案中的预计偿债期限和数额是否一致等。

（2）验证整顿措施的针对性和可行性。将整顿方案中拟采取的措施与企业认定的亏损原因加以对照，分析整顿措施的针对性；逐项研究拟采取的各项整顿措施的可行性和合理性，分别予以维护或建议调整。

（3）验证重大环境条件的符合性和稳定性。注意会计政策因素和其他环境因素对整顿方案的影响，检查是否考虑周到。

2. 破产责任审计

在我国，破产责任是指破产国有企业法定代表人或上级主管部门领导人，因主导思想错误、决策错误，造成行动上的重大失误，导致企业破产所应承担的经济责任、行政责任和法律责任。破产责任审计就是审计机关或内部审计依法查明破产原因，评价和确定破产责任的一种经济责任审计。破产责任审计涉及对破产企业的经济效益变化、经营管理责任的履行情况的审计，审计目的是明确责任当事人的相关责任。

破产责任审计的内容一般包括两个方面：

（1）由于各种经济事项而造成财产损失。包括投资损失、事故损失、受骗损失、自然灾害损失和产品削价损失等，这类损失只要出现一两次，企业就会陷入财务困境，难以自拔。

（2）企业经营亏损导致财务状况恶化，无法持续经营。亏损的原因主要是经营决策失误、管理无方、内部控制薄弱或外部经济环境不利变化等。

内部审计人员从以上两方面收集证据，测算造成经济损失的数额和对企业破产的影响，判断有关当事人在以上问题中应承担的责任。

四、审计方法

资本运营效益审计方法包括：分析法、检查法、询问法、复算法、复核法、抽样法、观察法、源头审计法、全面审计法、简单审计法、重点审计法。

第六章

内部控制评价

第一节　内部控制评价概述

一、内部控制

（一）内部控制的定义

内部控制（internal control）一词，最早出现在1936年美国会计师协会（美国注册会计师协会的前身）发布的《注册会计师对财务报表的审查》中，指为保护现金和其他资产，检查簿计事务的准确性，而在公司内部采取的手段和方法。

美国审计权威机构COSO（1994）的定义是：内部控制是由企业董事会、经理阶层以及其他员工实施的，为财务报告的可靠性、经营活动的效率和效果、相关法律法规的遵循性等目标的实现而提供合理保证的过程。

在我国，财政部、审计署等五部门于2008年发布的《企业内部控制基本规范》对内部控制作出最新解释。所谓内部控制，是由企业董事会、监事会、经理层和全体员工实施的、旨在实现控制目标的过程。内部控制的目标是合理保证企业经营管理合法合规、资产安全、财务报告及相关信息真实完整，提高经营效率和效果，促进企业实现发展战略。

内部控制的这一定义向我们揭示了以下六点：其一，内部控制具有一定的目的性；其二，内部控制是为了达到某个或某些目的而进行的过程，且是一种动态的过程，是使企业的经营依循既定的目标前进的过程。它本身是一种手段而非一种目的；其三，内部控制不是某个事件或某种状况，内部控制与企业经营活动相互交织，为企业基本的经营活动而存在；其四，内部控制深受企业内部和外部环境的影响；其五，内部控制是全员参与的。企业中的每一个员工既是控制的主体又是控制的客体，既对其所负责的作业实施控制，又受到他人的控制和监督；其六，所有的内部控制都是针对“人”而设立和实施的，企业内部会因此形成一种控制精神和控制观念，直接影响企业的控制效率和效果。

（二）内部控制的发展阶段

内部控制是社会经济发展到一定阶段的产物，是随着单位对内强化管理，对外满足社会需要而不断丰富和发展起来的。美国作为世界上经济最发达的国家，其内部控制发展具有代表意义，内部控制理论的发展经过了以下四个历程：

1. 内部牵制阶段

一般认为，20 世纪 40 年代以前是内部牵制阶段。内部控制源于内部牵制。古代的内部牵制实践是我们现代意义上的内部控制的源头。“内部牵制”制度的出现最早可追溯到数千年之前。20 世纪初，西方资本主义迅猛发展，股份有限公司的规模迅速扩大，生产资料所有权与经营权逐渐分离，美国一些企业逐渐摸索出一些组织、调节、制约、检查企业生产经营活动的方法，逐步建立了“内部牵制制度”，它以账目间的相互核对为主要内容并实施一定程度的岗位分离。

2. 内控制度阶段

20 世纪 40 年代至 70 年代为内部控制制度阶段。由于二三十年代世界性经济危机的影响和随着国际经济竞争的激化，迫使企业加强生产经营的控制与监督，这就促使内部牵制超载了会计及财务范围。以账户核对和职务分工为主要内容的内部牵制，从 20 世纪 40 年代开始逐步演变为由组织结构、岗位职责、人员条件、业务处理程序、检查标准和内部审计等要素构成的较为严密的内部控制系统。1958 年美国注册会计师协会下属的审计程序委员会又将内部控制的定义作了进一步的说明，并将内部控制划分为内部会计控制和内部管理控制。

3. 内控结构阶段

20 世纪 80 年代至 90 年代初为内控结构阶段。西方学者在对内部会计控制和管理控制进行研究时认为，两者是不可分割、相互联系的。与此同时，控制环境逐步被纳入内部控制范畴。于是，美国注册会计师协会于 1988 年发布的《审计准则公告第 55 号》中明确提出了“内部控制结构”概念。该公报认为，“企业的内部控制结构包括为合理保证企业特定目标的实现而建立的各种政策和程序”，并指出内部控制结构由控制环境、会计制度和控制程序三个方面组成。

4. 整体框架阶段

1992 年 9 月，美国 COSO 委员会颁布了指导内部控制实践的纲领性文件——《内部控制——整体框架》即 COSO 报告，并于 1994 年进行了增补，这份报告堪称内部控制发展史上的又一里程碑。1996 年，美国注册会计师协会所属的审计程序委员会又以第 78 号说明书的方式对《审计准则公告第 55 号》中内部控制的定义和描述进行了确认并作了重要修订，同时提出了内部控制整体框架的概念，即包含了控制环境、风险评估、控制活动、信息与沟通、监控五个相互联系的要素。COSO 报告是目前国内外最为权威的内部控制理论，其内涵和外延比以往任何一个内控概念都要深刻和宽泛。

（三）内部控制的作用

内部控制系统有助于企业达到自身规定的经营目标。目前，它在经济管理和监督中主要有以下作用：

（1）提高会计信息资料的正确性和可靠性；

（2）保证生产和经济管理活动顺利进行，圆满实现企业的经济管理目标；

（3）保护企业财产的安全完整；

（4）保证企业既定方针的贯彻执行；

（5）为审计工作提供良好基础。

（四）内部控制的目标

《企业内部控制基本规范》规定了内部控制的目标是合理保证企业经营管理合法合规、资产安全、财务报告及相关信息真实完整，提高经营效率和效果，促进企业实现发展战略。集团公司是国家调控粮食市场的重要载体，中央储备粮是关系国计民生和国家经济安全的重要战略物资。集团公司在搞好国家粮食储备、服务国家宏观调控、维护粮食市场稳定、实现国有资产保值增值等方面肩负重大职责。

1. 确保组织目标的有效实现

任何组织都有其特定的目标，要有效实现组织的目标，就必须及时对那些构成组织的资源（财产、人力、知识、信息等）进行合理的组织、整合与利用。集团公司的工作目标是：切实落实国务院对集团公司提出的“确保中央储备粮数量真实、质量良好，确保国家需要时调得动、用得上”的要求，不断巩固“两个确保”的基础；按照市场发展、企业发展规律，加强自身建设，完善体制机制，不断提升服务调控能力、市场化运作水平、企业管理运行质量，努力实现“维护农民利益、维护粮食市场稳定、维护国家粮食安全”的目标。

2. 服从政策、程序、规则和法律法规

为了协调组织的资源和行为以实现组织的目标，一方面，集团公司制定政策、计划和程序，并以此来监督运行并适时作出必要的调整；另一方面，还必须服从国家制定的法律法规、宏观调控任务、职业道德规则以及利益集团之间的竞争因素等所施加的外部控制。

3. 经济且有效地利用组织资源

因为所有的组织都是在一个资源有限的环境中运作，集团公司、分公司及直属企业实现其目标的能力取决于能否充分地利用现有的资源，制定和设计内部控制必须根据能否保证以最低廉的成本取得高质量的资源（经济性）和防止不必要的多余的工作和浪费（效率）。

4. 确保信息的质量

除了建立组织的目标并沟通政策、计划和方法外，集团公司需利用相关、可靠和及时的信息来控制中储粮系统的行为。

5. 有效保护组织的资源

资源的稀缺性客观上要求企业通过有效的内部控制系统确保其安全和完整。保护各种有形与无形的资源，一是确保这些资源不被损害和流失，二是要求确保对资产的合理使用和必要的维护。如信息、人力资源等。

（五）内部控制建立与实施应遵循的原则

1. 全面性原则

内部控制应当贯穿决策、执行和监督全过程，覆盖企业及其所属单位的各种业务和事项。

2. 重要性原则

内部控制应当在全面控制的基础上，关注重要业务事项和高风险领域。

3. 制衡性原则

内部控制应当在治理结构、机构设置及权责分配、业务流程等方面形成相互制约、相互监督，同时兼顾运营效率。

4. 适应性原则

内部控制应当与企业经营规模、业务范围、竞争状况和风险水平等相适应，并随着情况的变化及时加以调整。

5. 成本效益原则

内部控制应当权衡实施成本与预期效益，以适当的成本实现有效控制。

二、内部控制体系框架

（一）国际企业内部控制框架体系

1985 年，由 AICPA、美国审计总署（AAA）、FEI、管理会计师协会（IMA）等共同赞助成立了全国舞弊性财务报告委员会，即 Treadway 委员会，该委员会所探讨的问题之一就是舞弊性财务报告产生的原因，其中包括内部控制不健全问题。基于 Treadway 委员会的建议，其赞助机构又组成了一个专门研究内部控制问题的委员会——COSO 委员会。1992 年，COSO 委员会提出报告《内部控制——整体框架》。

（二）国内企业内部控制

为了加强和规范企业内部控制，提高企业经营管理水平和风险防范能力，促进企业可持续发展，维护社会主义市场经济秩序和社会公众利益，根据国家有关法律法规，2008 年 6 月，财政部会同证监会、审计署、银监会、保监会制定了《企业内部控制基本规范》，对内部控制进行了科学定义，明确了国内企业内部控制的目标，同时指出企业建立与实施有效的内部控制，应当包括内部环境、风险评估、控制活动、信息与沟通、对控制的监督五要素。

（三）中储粮系统内部控制框架体系

集团公司为落实科学发展观、完善现代企业制度、规范公司管理行为、规避公司经营风险、提升公司管理水平、夯实公司长远发展基础的迫切需要，从 2005 年 8 月开始正式启动了内部控制体系建设工程。在经过试运行达一年之久的基础上，集团公司出具了《直属库内部控制指引》。该内控指引以 COSO 为框架，按照业务目标、业务风险、业务流程步骤与业务流程图表、相关制度目录相关资料等规范格式。集团公司所属的直属企业，根据《直属库内部控制指引》要求，结合自身的实际情况分别制定出符合自己实际情况的《内部控制手册》。自党的十八大以来，集团公司把风险防控摆在关系企业根基和发展全局的重要地位，探索建立了岗位内控体系，覆盖仓储管理、购销管理、库外监管、资金和补贴管理、资产管理、合同管理等 178 个业务类型，为夯实基础管理、堵塞管理漏洞、防范化解风险、实现高质量发展提供有力保障。岗位内控以全面风险管理为指引，以岗位为切入点，将岗位职责与风险防控深度融合，运用流程图法，将各类业务的风险点、控制点以及风险防控责任部门和岗位，按照制度规范内嵌到具体业务流程中，最终形成了“一图（业务流程图）、两库（规章制度库、风险提示库）、三册（企业内控手册、部门内控手册、岗位内控手册）”。通过岗位内控建设，将内控制度定位到了每一个岗，责任和防控措施具体落实到了每一个人，推动系统全员内控的构建。从中储粮系统内部控制运行情况看，集团公司对推行内部控制制度的认识有了普遍提高，内部控制组织机构基本健全和运转有效，较好地发挥了内部控制的约束与激励功能，为实现公司战略目标和经营目标提供了重要保障。

三、内部控制评价

完善的内部控制是现代企业深化内部管理的基础和前提，而内部控制评价是促进内控体系正常运转、对各项经济活动进行系统监督检查和调整的制约机制。完善的内控体系和科学的评价方法是保证公司战略经营目标实现，减少舞弊及违法违纪行为的发生，维护财产和资源的安全完整，改善生产经营环境和提高经营效益的必要手段。

集团公司从建设内部控制体系开始，就结合公司实际情况，根据公司战略目标、经营管理、财务报告及相关信息的有效性等制定评价方案，根据内控五要素对内控制度运行的有效性做有针对性的评价。并依据国资委《关于加快构建中央企业内部控制体系有关事项的通知》（国资发评价〔2012〕68 号）中“内部控制建设与监督评价职责相分离”的原则，将内部控制体系建设工作职责由集团公司原审计监察部调整至财务部（资金管理中心）。

四、内部控制和内部审计的关系

随着市场经济的发展以及现代企业制度的逐步建立和完善，内部控制发挥着越来越重要作用，建立健全内部控制体系逐渐成为企业提高经营管理水平和风险防范能力，促进企业可持续发展的内在需要。内部审计作为企业自我约束和监督机制的重要组成部分，是建立现代企业制度的一个重要标志。内部审计与内部控制之间有着密切的关系，两者之间存在着一种相互依赖、相互促进的内在联系。

（一）内部审计是内部控制的重要组成部分

1992 年美国 COSO 发布报告，认为内部控制由控制环境、风险评估、控制活动、信息和沟通、监督五个要素构成，其中监督作为一个独立的要素主要是通过内部审计的方式体现出来的。在我国，2008 年由财政部等五部委发布的《企业内部控制基本规范》也认为内部控制由内部环境、风险评估、控制活动、信息与沟通、内部监督五个要素构成，并要求“内部审计机构应当结合内部审计监督，对内部控制的有效性进行监督检查。内部审计机构对监督检查中发现的内部控制缺陷，应当按照企业内部审计工作程序进行报告；对监督检查中发现的内部控制重大缺陷，有权直接向董事会及其审计委员会、监事会报告。”可见内部审计是内部控制的组成部分，具有不同于其他内部控制要素的相对独立的身份，肩负对其他内部控制要素进行再控制的职责，内部审计通过评价内部控制的建立及执行，协助管理当局监督其他控制政策和程序的有效性，来促成好的控制环境的建立。

（二）内部控制是内部审计关注的重点

“现代内部审计之父”劳伦斯·B. 索耶在其著作《现代内部审计实务》中指出，（内部）控制对内审人员来说，既是一种机会，也是一种责任。内审人员不可能成为企业生产经营管理各方面的专家，但是，胜任的内审人员有一个“芝麻开门的秘诀”，运用这个秘诀，他们能打开通常只有技术专家才能打开的大门，运用这一秘诀，他们能帮助解决这些大门背后的许多问题。这一秘诀就是（内部）控制。可见，内部控制是内部审计关注的重点，也是实现审计目标的桥梁。内部控制是内部审计的直接对象，通过内部审计的检查、评价而不断地促进内部控制的健全完善。内部审计对内部控制的关注远远超过了外部审计，可以说“内部审计就是通过对内部控制的审查和评价进而把握整个管理活动的，在我国当前的内部审计实务中尤为如此。”

（三）两者相互需要，缺一不可

内部审计需要内部控制。内部控制素质比任何其他因素更能决定审计的形式。没有健全的内部控制制度作基础，审计就无法开展；没有良好的内部控制，会计、财务信息会出现失真，管理人员责任会不明确，管理会出现混乱现象等，不仅会加重内部审计工作量，而且会加大内部审计的风险，从而制约了内部审计的发展。同理，内部控制需要内部审计。没有内部审计对内部控制设计的健全程度和运行的有效程度的评审和进一步完善强化内部控制的建议，内部控制也只能原地踏步，造成与现实不符，效果不佳，甚至形同虚设，或因内部控制的局限性，给不法之徒以可乘之机，造成内部控制失控。

五、内部审计对内部控制的作用

内部审计通过对内部控制进行测试，可以评价企业内部控制制度的健全性、遵循性和有效性，能针对内部控制中的薄弱环节及时提出相应改进建议，促使企业以合理的成本促进有效控制，达到改善企业内部经营状况的目的。内部审计对具体的操作和管理部门内部控制的充分性和潜在的风险性进行评价，并提出审计建议，旨在降低内部控制无效而产生的风险，从整体上保证组织目标的实现。同时，内部审计还能为改进内部控制提供建设性的意见。评价内部控制，参与重大控制程序的制定与修订，这是内部审计将要发挥的主要作用。

（一）参与内部控制的风险评估

根据 COSO 内部控制整体框架，内部控制活动的开始是要进行风险评估的。风险评估过程包括确立企业的目标，识别目标相关的风险，评估识别出风险的后果和可能性，针对风险评估的结果，考虑适当的控制活动。从上述过程可以看出，只有评估了风险点，才能设计有针对性的控制程序。大多数人认为，全面的风险评估对于一个组织的成功越来越重要。外部审计人员尽管具有丰富的衡量企业实现财务目标的盈利能力及企业流程的经验，也有设计企业会计计量系统的经验，但他们对评估未来风险方面的经验不如内部审计人员，美国的研究结果表明了这一点。2001 年，IIA 将内部审计定义为一种独立、客观的保证和咨询活动，其目的在于为组织增加价值和提高组织的运作效率，通过系统化和规范化的方法，评价和改进风险管理、控制和治理过程的效果，帮助组织实现目标。

（二）参与内部控制的设计

内部控制是一个庞大的系统，它的设计也是一个复杂的过程。我国目前很多企业的内部控制设计程序是：先由总部负责内部控制部门进行总体设计，再由各个部门起草设计与自己相关的内部控制，最后汇总到总部管理部门。虽然内部控制的制定一般经历了初稿—汇总—修改—实施的过程，但并不到此结束。因为内部控制是一个动态的过程，它是一个在实施中发现问题、解决问题，再对制度不断进行删除和更新的过程。而内部审计正处在控制环境中，对企业的各个方面都比较熟悉，又直接面对各种缺陷与舞弊，正好可以适应这种不断循环运动的特点。因此，企业再设计内部控制时，内部审计人员作为主要参与人员，这样才可以起到事半功倍的效果。

（三）监督内部控制的运行

内部控制体系是由一系列控制政策、制度与程序组成的整体系统，在这个系统中充分体现了管理者的管理理念、管理风格和对管理目标的追求。为了确保这些政策与程序得到全面、准确地执行，必须要有监督。

很多企业建立了大量规章制度与程序（当然这仅是内部控制的一部分），却流于纸面，没能真正发挥作用，一个很重要的原因就是没有强有力的监督力量。没有监督或者监督不力，违反政策、制度与程序得不到明确的惩罚，最终将使之失去权威，不能发挥应有的作用。内部审计本身在企业中不直接参与相关的经济活动，处于相对独立的地位，又时时处在各项管理活动中，对企业内部的各项业务比较熟悉、对发生的事件比较了解，是实行内部监督的最好选择。

（四）评价内部控制的有效性

2002 年 7 月，美国国会通过了《2002 年萨班斯·奥克斯利法案》。法案 302 条款要求管理层评价内部控制在签署报告前 90 日的有效性，而 404 条款则要求审计该公司财务报表的审计人员审计财务报告内部控制或者审计管理层有关内部控制有效性的结论。我国《企业内部控制基本规范》中规定“企业应当结合内部监督情况，定期对内部控制的有效性进行自我评价，出具内部控制自我评价报告。”内部审计担负着对组织内部控制的建立与实施情况进行监督检查，评价内部控制的有效性，发现内部控制缺陷，并提出改进建议的职责。内部控制评价是对企业内部控制的再控制。

在现代企业中，由于其集团化、跨地区、分支机构多的特点，而对外又面临越来越激烈、越来越残酷的竞争，迫使企业内部的管理进一步向纵深发展。国内外一些大企业从辉煌走向失败、破产的事实证明：得控则强、失控则弱、无控则乱、不控则败。内部审计作为内部控制的重要组成部分和重要手段，应引起各单位的高度重视，合理设置内部审计机构，培养和配足配好高素质的内部审计人员，正确实施内部审计职能，从而促进企业加强内部控制，防范风险，提高管理水平。

第二节 内部控制评价的目的、方法和程序

一、内部控制评价的目的

通过对企业的内部控制进行评价，深入了解企业内控管理现状、企业存在的主要问题和缺陷，认真分析企业内控管理过程中形成问题和缺陷的根源和动机，从设计层面和执行层面两个角度揭示中储粮系统各级单位在制度建设、内控体系完善、风险辨识与应对、制度执行监督与考核等方面存在的主要问题，披露中央事权粮棉油管理情况、国家及集团重大政策部署落实情况、相关法律法规及集团制度执行情况，广大干部员工内控风险管理意识以及公司领导决策与执行的效率和效果等，提高企业管理水平，保证中央储备粮棉油轮换计划、存储任务、经济效益等经营目标的全面实现。

通过内控评价，排查风险隐患，提出合理化建议，推动中储粮系统各级单位进一步完善内控管理体系，提升防范风险能力。保证企业资产的安全、完整，提高经营效率和效果；增强业务、财务和管理信息的真实性、完整性和及时性，保证财务报告的真实、准确，使企业的管理者和员工强化内部控制意识。

二、内部控制评价的方法

1. 询问法

为掌握评价对象的内部环境、控制程序等方面的状况可以对企业的

内部控制状况进行询问了解。评价人员以访谈的形式到现场向被评价单位了解内部控制制度建立、执行和监督等实际情况。现场访谈是收集信息的一个重要手段，应当在条件许可并以适合于被访谈人的方式进行。

2. 书面文档检查

即评价人员查阅被评价单位的政策和规章制度，如行为守则、业务政策、业务程序、财务会计制度等，审查执行内部控制制度生成的文件，如账簿、报表、凭证、记录、合同、报告、会议纪要等，检查其是否存在控制轨迹，以判断内部控制措施是否得到有效执行。

3. 观察法

即评价人员在被评价单位的工作现场，观察有关人员的实际工作情况，以确定其规定的内部控制措施是否得到严格执行，该方法适用于那些不留书面轨迹的内部控制，以及测试控制执行的到位程度。

4. 穿行测试法

即评价人员在每一类交易循环中选择一笔或若干笔业务，从头到尾检查其实际处理过程，以验证内部控制的执行情况。

5. 实地查验法

即评价人员针对业务层面控制，通过使用统一的测试工作表，与实际的业务、财务单证进行核对的方法进行控制测试，如固定资产、存货、粮棉油盘点等。

6. 比较分析法

即通过数据分析，识别评价关注点的方法，数据分析可以是与历史数据、行业标准数据或行业最优数据等进行比较。

三、内部控制评价的程序

依据国资委《关于加强中央企业内部控制体系建设与监督工作的实

施意见》（国资发监督规〔2019〕101 号）中关于“全面实施企业自评”“加强集团监督评价”的指导要求，所属企业每年以规范流程、消除盲区、有效运行为重点，对内控体系的有效性进行全面自评，客观、真实、准确揭示经营管理中存在的内控缺陷、风险和合规问题，形成自评报告，并经董事会或类似决策机构批准后按规定报送上级单位；集团公司要在子企业全面自评的基础上，制定年度监督评价方案，围绕重点业务、关键环节和重要岗位，组织对所属企业内控体系有效性进行监督评价，确保 3 年覆盖全部子企业。要将海外资产纳入监督评价范围，重点对海外项目的重大决策、重大项目安排、大额资金运作以及境外子企业公司治理等进行监督评价。

（一）企业自我评价

根据集团公司有关规定，分（子）公司负责组织本部及所属企业开展内控自评工作。企业自评的单位范围为各分（子）公司本部及所属企业，包括境外企业。各企业要以规范流程、消除盲区、有效运行为重点，对内部控制的有效性进行全面自评。在内控设计方面，密切关注本单位内部控制是否健全、合理，内控制度是否符合集团公司岗位内控体系建设及集团管控要求，是否符合本单位的日常管理实际；在内控执行方面，重点关注内控制度执行力情况。各企业要及时整理、汇总自评结果，形成本单位年度自评报告，经董事会或类似决策机构审议通过后，报送上级单位。各分（子）公司负责将本单位及所属企业自评报告进行全面汇总、复核后，形成《分（子）公司内控自我评价汇总报告》报送集团公司备案。

（二）集团公司抽查评价

按照国资委关于“集团监督评价 3 年全覆盖”的要求，在各单位全面自评的基础上，集团公司将适时组织对部分分（子）公司本部及所属企业的内部控制有效性进行抽查评价。集团公司抽查评价也可选择聘请第三方审计机构，采取现场评测的方式进行，以内控手册为指引、以内控流程为切入点，结合各分（子）公司实际，聚焦重要业务事项和高风险领域，对内部控制有效性进行抽查评价。

前期准备。完成内控评价审计机构选聘、合同签订等各项前期准备工作；向分（子）公司下发内控评价通知书；组织开展内控评价现场培训。

现场评价。赴现场有关分（子）公司及所属企业，开展现场抽查评价。

报告编制。组织内控评价组，开展内控评价会审汇编，起草、复核、审定、上报内控评价报告，并按要求将集团公司内控评价汇总报告提交集团公司党组审议。

督促整改。按要求下发整改通知，督促有关单位对内控评价发现的内控缺陷和问题进行整改，并向集团公司限期上报整改结果。

四、内部控制评价报告

内部控制评价报告应当分别按内部环境、风险评估、控制活动、信息与沟通、内部监督等要素进行设计，对内部控制评价过程、内部控制缺陷认定及整改情况、内部控制有效性的结论等相关内容作出披露。各级单位可以根据被评估的整体控制目标的不同，适当调整评价报告的内容。

各级单位应当将内部控制评价报告作为进一步完善内部控制、提高经营管理水平和风险防范能力的重要依据。对内部控制评价报告中列示的问题，应当采取适当的措施进行改进，并追究相关人员的责任。企业管理层和董事会应当根据评价结论对相关单位、部门或人员实施适当的奖励和惩戒。

第三节 内部控制评价主要内容

内部控制评价内容主要按控制点进行，即包括内部环境评价、风险评估评价、控制活动评价、信息与沟通评价、内部监督评价五个方面。

一、内控环境评价

以组织架构、发展战略、公司治理、人力资源、企业文化、社会责任等应用指引为依据，结合企业内控制度，对内部环境的设计及实际运行情况进行认定和评价。重点关注：

（1）被评价单位是否按照集团公司要求，修改完善内部管理及风险、合规制度，优化内控体系。

（2）内控体系是否具有实用性和针对性，是否存在与实际情况不符、流于形式的现象。

（3）被评价单位是否按照集团公司要求，对机构设置及人员进行相应调整。

（4）新进人员的标准和招聘程序是否严格遵守集团公司有关规定，劳务派遣用工管理是否合法规范。

（5）是否按照集团公司管控要求和企业发展实际，不断完善权力运行机制。

二、风险评估评价

（1）是否在经营管理的各个环节和经营过程中执行风险管理的基本

流程，是否建立了全面风险管理体系。

（2）是否收集了有关财务、市场、运营、政策和法律等方面的风险信息。

（3）是否建立了科学的风险识别方法。

（4）是否对所有重要业务流程与业务活动存在的风险从发生概率和影响程度两方面进行分析评估，并确定风险等级。对重要风险是否给予了特别关注。

（5）是否建立有效的风险应对措施。有关安全生产、防火、防汛等设施是否齐全有效，是否定期组织突发事故的风险防范应对演练。

（6）是否能够根据内外部环境的变化，对风险数据库进行不断更新、完善等。

（7）是否存在重大、重要负面舆情，是否按照集团公司有关规定，进行负面舆情处置。

三、控制活动评价

1. 中央事权粮棉油数量、质量管理情况

（1）承储企业入库的中央储备粮是否达到收购、轮换计划规定的质量等级，是否符合国家规定的质量标准。

（2）质量检验、品质化验程序是否符合规定要求，检测人员或单位是否具备相应资质。

（3）是否存在非标准仓存放中央储备粮的情况。

（4）出入库数据是否与业务管理信息系统一致，账实是否相符。

（5）承储企业是否虚报、瞒报中央储备粮的数量，是否在中央储备粮中掺杂掺假、以次充好。

（6）是否擅自串换中央储备粮的品种、变更中央储备粮的储存地点，

是否存在因延误轮换或者管理不善造成中央储备粮不宜存、霉变的情况。

（7）承储企业是否存在以低价购进高价入账、高价售出低价入账、以旧粮顶替新粮、虚增入库成本等手段套取差价，骗取中央储备粮贷款和贷款利息、管理费用等财政补贴的情况。

（8）是否严格按照要求将库外存储的中央事权粮棉油向农发行进行动产抵押、履行粮权公证，是否及时向当地银监或金融管理机构进行备案。

（9）是否严格落实出库检验制度，保证出库的粮食符合特定用途，是否存在粮食质量、数量原因发生经济纠纷。

（10）是否存在粮食严重霉变、不宜存等现象，是否对发生的粮食质量事故隐瞒不报。

2. 委托管理情况

（1）是否委托不符合条件的企业参与政策性粮食收购。

（2）是否跨监管区域委托储粮，关注收储企业的股权结构和风险案件，检查是否存在内外勾结、利益输送、权钱交易的问题。

（3）检查核实实际执行收购任务的库点是否在批复文件中，是否按照要求在收购前与收储企业签订《委托收购合同》，收购结束后及时签订《仓储保管合同》。

（4）是否采取了市县联保、财产抵押、第三方担保、履约保证金等风险防控措施。

（5）委托收购企业是否存在二次委托其他企业收购或设点延伸收购的现象，是否存在“转圈粮”、私下抵押质押、偷卖盗卖等现象。

3. 租仓管理情况

（1）是否严格落实租库管理要求，粮食入库登记、检验、检斤、化验、结算、监卸、保管期间的粮情检测等关键环节是否由直属企业员工负责。

（2）是否足额派驻了管理人员，切实做到自收自储自管。

（3）是否未经审批，擅自开展租仓储粮，租仓事项是否符合有关要求。

（4）是否按照集团公司提供的合同模板与租赁企业签订了合同，是否进行了前置审批，是否存在“假租仓”“假分库”现象。

4. 去库存情况

（1）是否严格按照要求，做好出库组织管理、粮食质量及安全检验等工作。

（2）关注资信状况不良、潜在风险大的库点，是否进行了撤并。

（3）“去库存”过程中，是否存在擅自动用盗卖、恶意拖延阻挠出库、提高并额外收取出库费等违规行为。

（4）出库过程中是否存在商务纠纷，直属企业是否会同粮食行政管理部门和交易中心，严格按照相关程序进行了处理。

5. 损耗处理情况

（1）保管总账、分仓保管账、“两簿一志”等登记、管理基础工作是否规范，中央储备粮及其他政策性粮棉油是否账账、账实相符。

（2）分（子）公司是否结合实际，将集团公司下达的储存损耗率考核指标分解下达至各直属企业，并进行相应考核。

（3）是否按照要求如实填写《中央储备粮储存损耗登记表》《中央储备粮储存损耗登记汇总表》等资料。

（4）是否存在将各仓出库损耗全部集中在一个仓的单据上反映、按保管员统计损耗、直接用溢余粮弥补损耗、虚构交易处理损耗等弄虚作假的行为，是否存在库内不同仓之间账面移仓调整原仓损耗率。

6. 安全生产管理情况

（1）是否严格落实安全生产全员责任制要求。

（2）发生事故，事故现场有关人员是否立即直接向本单位负责人报告，事故单位是否及时逐级或直接电话上报至集团公司。

（3）发生Ⅲ级、Ⅱ级、Ⅰ级事故，事故单位是否按规定向事故发生地县级以上人民政府安全生产监督管理部门和负有安全生产监督管理职责的有关部门报告。

（4）是否定期进行考核检查，是否对检查中发现的较大隐患和问题督促专业岗位人员及时处理。

（5）直属企业是否制定安全责任区平面图（含分库、租赁库点），并合理划分安全责任区和责任人。

（6）是否存在瞒报、谎报安全生产事故和重大安全隐患的情况。

（7）是否定期进行安全生产检查，并对发现的隐患立即处理。

7. 轮换购销经营情况

（1）是否按照“品质、年限双为主”的原则，安排轮换计划，是否对不宜存或达到最高参考储存年限的粮食全部安排轮换。

（2）是否存在计划外擅自轮换的情况，是否存在擅自动用储备库存的情况。

（3）是否坚持“应轮必轮”原则，重点检查轮入轮出时间，是否存在未经批准擅自超过架空期的情形。

（4）中央储备粮轮换粮源是否符合年度和质量标准。

（5）储备粮轮出是否真正实现销售出库，是否存在简单地通过转为商品粮的方式完成轮换。

（6）是否根据阶段性粮棉油价格趋势，研究确定各库分品种的阶段性购销经营价格区间，被评价直属企业购销价格及合同是否经集体决策，是否报分（子）公司进行前置审批。

（7）购销价格是否符合当地粮食行情，是否存在轮换不善导致巨额亏损的情况。

(8) 粮食的购销是否与相关单位签订合同，是否使用集团公司标准购销合同模板，签订合同是否经过法律审核，是否存在“阴阳合同”“私密合同”。

(9) 是否存在未经集团公司批准，擅自或突破批复额度开展贸易经营业务的情况。

(10) 是否存在先收后转、低收高转、以陈顶新、“转圈粮”、偷卖盗卖、抵质押中央事权粮棉油等现象。

8. 政策性粮食相关政策执行情况

(1) 政策性粮食收储库点定点的条件、程序等是否执行定点要求。

(2) 直属企业是否在收储库点确定前，会同地方粮食行政管理部门、农发行分支机构共同进行空仓核验，启动收购前，再次核实库点存粮和空仓情况。

(3) 是否严格验收程序，是否存在不合格的粮食没有退出政策性粮食库存的情况。

(4) 是否按照规定，落实粮食库存备案制度，是否存在违规将托市预案启动前收购的商品稻谷转化为托市粮。

(5) 政策性粮棉油收储政策执行过程中是否存在以陈顶新、“打白条”、抬级抬价、压级压价等不规范现象。

(6) 是否严格落实最低收购价收购有关文件要求，认真做好最低收购价收购工作。

9.“一卡通”系统使用情况

(1) 分（子）公司是否按照集团公司要求，制定辖区具体操作细则，并督促直属企业严格执行。

(2) 收购粮款是否全部由承贷直属企业通过“一卡通”系统直接支付

给售粮人；是否利用“一卡通”系统监管预警平台加强收购各环节监督管理，对收购数量、等级、水分、杂质、价格、进度等信息进行实时监控。

（3）是否存在资料不完整、数据不真实的情况，是否存在作业时间及间隔异常、称重信息雷同、单据信息缺失、相同车辆多次入库、结算审核超时、同一辆车皮重相差较多、一天内收购数量明显超出正常收购量等异常收购行为。

（4）“一卡通”系统所打印的单据是否妥善留存，是否存在事后补单、虚开单据、二次制单的情况。

10. 全面预算管理落实情况

（1）是否按要求建立健全预算管理委员会和预算管理办公室的两级全面预算管理组织领导机构并报上级单位备案，是否按规定履行职责。

（2）是否按要求和企业实际情况制定本单位战略规划和三年滚动预算并严格予以执行，是否存在预算外项目、超预算、向关联单位转嫁支出的现象。

（3）是否按照要求做好预算执行分析例会制度。

（4）是否对预算执行情况进行考核，考核结果是否与薪酬分配挂钩。

（5）是否存在大额现金支出、坐支现金的现象。

（6）分（子）公司是否制定日预算实施细则和业务操作手册，报集团公司备案，被评价单位所有资金支出是否均按照要求，通过日预算系统在线申报并审批，重点关注是否符合“三个严格”“四个规范”“五个严禁”的要求。

11. 赊销预付管理情况

（1）赊销是否经过分（子）公司审批，是否存在审批流于形式、不审而批的现象。

（2）被评价分（子）公司是否每年公布赊销客户名单、赊销条件、赊销限额、赊销合同等。

（3）对赊销业务是否实施抵押担保、履约保证金等风险保障措施。

（4）是否对大客户名单以外的企业赊销，是否超额度对客户开展赊销。

（5）是否违规进行资金预付。

（6）是否存在“名为委托收购实为借款”的变相对外拆借资金行为，重点查处“开展无商品实物、无货权流转或原地转库的融资性业务”的行为。

（7）是否存在因违规赊销预付导致应收款项未收回、发生各类经济纠纷及风险损失事件或案件。

12. 公款私存情况

（1）被评价单位是否仍然存在将单位资金存入个人银行账户、将单位销售货款直接回款至个人银行账户。

（2）购销过程中是否存在大额现金收支。

（3）是否通过隐匿收入、虚增成本等方式将资金存入个人银行账户，形成“小金库”“账外账”。

（4）是否存在由于以上问题导致企业发生资金损失、经济纠纷及风险损失或案件。

13. 费用及补贴管理情况

（1）是否严格按照有关规定，及时足额拨付收购、保管补贴费用，是否存在迟拨、少拨的情况，对于未及时足额支付的，是否书面通知委托企业具体原因并要求其整改。

（2）是否按规定抵扣烘干费用，结余部分是否计入当期损益。

（3）分（子）公司是否与省级粮食主管部门协商制定统一的租仓费用标准，是否严格按照租仓合同执行，是否存在拖欠租仓费用的情况。

(4) 是否按照规定规范使用监管质监费。

(5) 对于委托收储库点，是否按照标准及时足额拨付出库费用，对于租仓库点，是否按照双方约定的时间和标准支付租仓企业服务费用。

14. 财务基础管理情况

(1) 被评价单位票据、印章管理是否规范，是否严格按照集团公司要求，开立商业承兑汇票、独立性保函。

(2) 是否完成银行账户清理工作，关注多头账户的资金余额及销户计划，在农发行和工行开立的账户是否均开通了银企直联。

(3) 是否按要求压减了专户开户数量，归类合并同质业务账户。

(4) 分（子）公司是否制定贷款申请条件、限额、期限的规定，申请贷款是否报经分（子）公司前置审批。

(5) 基建中央补助资金、轮换贷款是否做到专款专用，是否存在擅自动用的情况，其他贷款是否按照批准或规定的用途使用。

(6) 是否存在向非银行金融机构、社会团体和个人等进行融资借贷的情况，分库是否存在以直属库名义贷款的情况。

(7) 是否存在拖欠民营企业中小企业账款及其原因。

(8) 会计核算是否符合集团公司《会计核算标准化手册》要求。

(9) 实施事业部制改革的分公司，是否按照《事业部制改革财务集中管理办法》（中储粮〔2018〕139 号）要求，落实财务集中管理的有关具体要求。

15. 会计核算情况

(1) 是否遵照《企业会计准则》规范核算、披露信息；是否按照要求，对专项借款进行处理。

(2) 是否定期与供应商、客户核对应收应付款、票据等往来款项。

(3) 是否存在往来款不真实、应提的坏账不提、应提的折旧不提、应计的费用不计、虚增利润、寅吃卯粮等“作假账”的现象。

（4）检查是否存在一年以上账龄的大额应收往来账款，了解形成原因。

（5）是否对应收账款等采取相关追索或保全措施，对以资抵债的资产，是否及时入账并进行相应的账务调整。

（6）是否按照规定，对存量应收账款压减20%，存量存货（政策性粮棉油存货除外）清理压缩15%。

16. 投资项目管理情况

（1）基本建设程序是否合规，关注各项审批手续的合法性和完备性。

（2）是否存在严重超概算问题，是否存在擅自扩大建设规模、提高建设标准、增加建设内容的问题。

（3）是否按国家招标投标法律法规要求，严格执行规定程序选定相关参建单位、设备材料供应商和服务商。

（4）是否存在规避招标的行为，是否存在随意确定中标单位、弄虚作假、人为操纵招投标等问题。

（5）是否按照集团公司产权登记相关文件要求，履行产权登记。

（6）基建类合同管理内部控制及风险管理是否适当、有效，是否经过法律顾问进行审核把关。

17. 资产购置处理情况

（1）纳入集中采购目录的物资是否实行集中采购，采购程序、交易审核、合同签订是否符合条件。

（2）转让或报废固定资产是否经分（子）公司审批，其中转让或报废固定资产单批次损失100万元以上的，转让土地、仓房、生产车间、办公楼等主要生产设施使用权的，是否报集团公司审批。

（3）转让固定资产估计100万元以上的，是否在国资委指定的产权交易机构公开交易，转让固定资产300万元以上的，是否在中央企业产权交易中心公开交易。

（4）转让企业股权，是否履行了财务审计和资产评估程序，是否报经集团公司审批，是否在国资委指定的产权交易机构公开交易。

18. 非主业投资清理及法人压减情况

（1）是否按照集团公司要求对非主业投资项目进行清理。

（2）是否严格遵守“六不投”的原则，是否仍然存在未经集团公司审批，擅自开展与轮换无关的一般商业性经营，擅自投资与主业无关的项目。

（3）是否存在账外公司和账外资产，是否存在利用往来款项掩盖股权投资行为。

（4）是否存在未经审批，擅自以库存粮棉油、固定资产、商誉等对外担保的情况。

19. 职务消费和业务支出情况

（1）职务消费、业务支出、会议费支出是否符合要求。

（2）公务接待、公车购置运行、因公出国出境“三公支出”是否符合规定。

（3）“三公支出”的预算编报、调整、执行效果情况是否合规。

（4）是否存在无会议计划、超出会议费开支范围及标准、会议费报销单据及附件不完整列支会议费的现象，是否存在利用公款购买香烟、高档酒水的情况。

（5）是否制定公车改革方案并严格落实，是否规范公务用车处置。

20. 金融衍生业务情况

（1）是否存在金融衍生业务，主要包括商品类衍生业务（以商品为标的资产的金融衍生业务）和货币类衍生业务（以货币或利率为标的资产的金融衍生业务）。

（2）是否符合国资委和集团公司有关规定，金融衍生业务是否严格遵守套期保值原则。

（3）是否与实货的品种、规模、方向、期限相匹配，与企业资金实力、交易处理能力相适应，是否违规开展投机交易。

（4）金融衍生业务有关管控制度是否健全，执行是否有效，会计核算是否真实。

四、信息沟通的评价

1. 信息的评价

（1）是否按照集团公司管理要求对各部门内、外部信息的内容、频率等信息进行收集。

（2）财务部门是否对其编制的财务报表进行财务分析，并在规定的时间内报送。

（3）统计部门是否及时、准确提供统计资料，对主要经营指标进行对比分析，最终形成经营运行检测报告，并报领导审核。

（4）规章制度的制订部门是否将制度形成书面报告，经领导审批后，下发执行。

（5）是否建立业绩监控报告、审计报告、内控报告和财务报告等信息报告体系。

（6）是否存在因系统运行维护和安全措施不到位，导致信息泄露或毁损、系统无法正常运行。

（7）是否存在非授权账号或授权不当，以及不相容职务用户账号交叉操作的现象。

2. 沟通的评价

（1）是否建立有效的信息交流和反馈机制。

(2) 对财务、管理、业务、重大事件和市场信息等相关信息，是否明确其识别、收集、处理、交流、沟通、反馈、披露的渠道和方式，并确保信息沟通渠道的畅通。

(3) 是否建立客户座谈会制度和客户走访制度，并通过订货会、谈判、签订合同等与供应商进行沟通。

(4) 信息交流沟通是否有相应的记录。信息交流与沟通是否考虑信息的安全性和保密性要求。

五、内部监督的评价

(1) 是否建立了内部控制监督制度，内部控制监督制度是否符合国家有关法律法规和集团公司的规章制度。

(2) 是否通过收集内部控制证据、外部信息反馈、定期对照和盘点、落实审计建议、发现内部控制的缺陷和薄弱环节及时采取整改措施及验收整改结果、单位领导层对内部控制的关注、定期询问员工等控制措施进行自我监督检查。

(3) 单位是否定期组织内部控制自我评价，找出内部控制的弱点和缺陷，保证自我内部监督持续、有效地进行。是否有内部控制自我评价记录及报告、实施考核措施。

第四节　内部控制缺陷的认定和整改

一、内部控制缺陷的定义分类

内部控制缺陷包括设计缺陷和运行缺陷。企业对内部控制缺陷的认定，应当以日常监督和专项监督为基础，结合年度内部控制评价，由内部控制评价部门进行综合分析后提出认定意见，按照规定的权限和程序进行审核后予以最终认定。

企业在日常监督、专项监督和年度评价工作中，应当充分发挥内部控制评价工作组的作用。内部控制评价工作组应当根据现场测试获取的证据，对内部控制缺陷进行初步认定，并按其影响程度分为重大缺陷、重要缺陷和一般缺陷。

重大缺陷，是指一个或多个控制缺陷的组合，可能导致企业严重偏离控制目标。

重要缺陷，是指一个或多个控制缺陷的组合，其严重程度和经济后果低于重大缺陷，但仍有可能导致企业偏离控制目标。

一般缺陷，是指除重大缺陷、重要缺陷之外的其他缺陷。

二、内部控制缺陷的认定标准

根据财政部和国资委对重大缺陷、重要缺陷和一般缺陷的认定要求，结合中储粮系统实际，集团公司制定以定性为主、定性与定量相结合的内控缺陷认定标准（暂行），如表 6－1 所示。

表 6－1　　内控缺陷认定标准（暂行）

序号	缺陷等级	定性标准	定量标准
1	重大缺陷	公司内部控制环境失效，严重偏离集团发展战略目标，且造成重大资产损失等	一次性造成资产损失 5000 万元（含）以上
2	重要缺陷	违反国家粮食收储政策，违反中央事权粮棉油财政政策和信贷政策，重要业务缺乏制度控制，且造成较大资产损失等	一次性造成资产损失 100 万（含）—5000 万元
3	一般缺陷	不构成重大缺陷或重要缺陷的其他内部控制缺陷	一次性造成资产损失 100 万元以下

三、内部控制缺陷整改

针对内控评价过程中发现的内部控制缺陷，被评价企业应当根据《内部控制评价缺陷清单》所列示缺陷分别制定相应的整改措施，并明确整改期限，组织开展缺陷整改工作，按要求向上级主管单位报送《内部控制评价缺陷整改台账》及对应附件材料。

各级单位应对公司本部及所属企业内控缺陷整改情况进行检查，同时，应根据评价发现的内控设计缺陷，监督各单位完成内控体系和评价体系的优化工作。必要时组织开展缺陷整改专项抽查，对于整改完成率较低、抽查结果与各单位上报结果存在显著差异的，将与被抽查单位年度绩效考核指标直接挂钩。通过加强内控缺陷整改和整改质量监督，进一步加强和规范内部控制建设和评价工作，提高企业经营管理水平和风险防范能力。

附　　录

附录1　审计法规选编

1.《中华人民共和国审计法》

2.《中华人民共和国审计法实施条例》（国务院令第571号）

3.《审计署关于内部审计工作的规定》（中华人民共和国审计署令第11号）

4.《党政主要领导干部和国有企事业单位主要领导人员经济责任审计规定》

5.《关于印发〈关于深化中央企业内部审计监督工作的实施意见〉的通知》（国资发监督规〔2020〕60号）

中华人民共和国审计法

第一章　总　则

第一条　为了加强国家的审计监督，维护国家财政经济秩序，提高财政资金使用效益，促进廉政建设，保障国民经济和社会健康发展，根据宪法，制定本法。

第二条　国家实行审计监督制度。国务院和县级以上地方人民政府设立审计机关。

国务院各部门和地方各级人民政府及其各部门的财政收支，国有的金融机构和企业事业组织的财务收支，以及其他依照本法规定应当接受审计的财政收支、财务收支，依照本法规定接受审计监督。

审计机关对前款所列财政收支或者财务收支的真实、合法和效益，依法进行审计监督。

第三条　审计机关依照法律规定的职权和程序，进行审计监督。

审计机关依据有关财政收支、财务收支的法律、法规和国家其他有关规定进行审计评价，在法定职权范围内作出审计决定。

第四条　国务院和县级以上地方人民政府应当每年向本级人民代表大会常务委员会提出审计机关对预算执行和其他财政收支的审计工作报告。审计工作报告应当重点报告对预算执行的审计情况。必要时，人民代表大会常务委员会可以对审计工作报告作出决议。

国务院和县级以上地方人民政府应当将审计工作报告中指出的问题的纠正情况和处理结果向本级人民代表大会常务委员会报告。

第五条　审计机关依照法律规定独立行使审计监督权，不受其他行政机关、社会团体和个人的干涉。

第六条　审计机关和审计人员办理审计事项，应当客观公正，实事求是，廉洁奉公，保守秘密。

第二章　审计机关和审计人员

第七条　国务院设立审计署，在国务院总理领导下，主管全国的审计工作。审计长是审计署的行政首长。

第八条　省、自治区、直辖市、设区的市、自治州、县、自治县、不设区的市、市辖区的人民政府的审计机关，分别在省长、自治区主席、市长、州长、县长、区长和上一级审计机关的领导下，负责本行政区域内的审计工作。

第九条　地方各级审计机关对本级人民政府和上一级审计机关负责并报告工作，审计业务以上级审计机关领导为主。

第十条　审计机关根据工作需要，经本级人民政府批准，可以在其审计管辖范围内设立派出机构。

派出机构根据审计机关的授权，依法进行审计工作。

第十一条　审计机关履行职责所必需的经费，应当列入财政预算，由本级人民政府予以保证。

第十二条　审计人员应当具备与其从事的审计工作相适应的专业知识和业务能力。

第十三条　审计人员办理审计事项，与被审计单位或者审计事项有利害关系的，应当回避。

第十四条　审计人员对其在执行职务中知悉的国家秘密和被审计单位的商业秘密，负有保密的义务。

第十五条　审计人员依法执行职务，受法律保护。

任何组织和个人不得拒绝、阻碍审计人员依法执行职务，不得打击报复审计人员。

审计机关负责人依照法定程序任免。审计机关负责人没有违法失职或者其他不符合任职条件的情况的，不得随意撤换。

地方各级审计机关负责人的任免，应当事先征求上一级审计机关的意见。

第三章　审计机关职责

第十六条　审计机关对本级各部门（含直属单位）和下级政府预算的执行情况和决算以及其他财政收支情况，进行审计监督。

第十七条　审计署在国务院总理领导下，对中央预算执行情况和其他财政收支情况进行审计监督，向国务院总理提出审计结果报告。

地方各级审计机关分别在省长、自治区主席、市长、州长、县长、区长和上一级审计机关的领导下，对本级预算执行情况和其他财政收支情况进行审计监督，向本级人民政府和上一级审计机关提出审计结果报告。

第十八条　审计署对中央银行的财务收支，进行审计监督。

审计机关对国有金融机构的资产、负债、损益，进行审计监督。

第十九条　审计机关对国家的事业组织和使用财政资金的其他事业组织的财务收支，进行审计监督。

第二十条　审计机关对国有企业的资产、负债、损益，进行审计监督。

第二十一条　对国有资本占控股地位或者主导地位的企业、金融机构的审计监督，由国务院规定。

第二十二条　审计机关对政府投资和以政府投资为主的建设项目的预算执行情况和决算，进行审计监督。

第二十三条　审计机关对政府部门管理的和其他单位受政府委托管理的社会保障基金、社会捐赠资金以及其他有关基金、资金的财务收支，进行审计监督。

第二十四条　审计机关对国际组织和外国政府援助、贷款项目的财务收支，进行审计监督。

第二十五条　审计机关按照国家有关规定，对国家机关和依法属于审计机关审计监督对象的其他单位的主要负责人，在任职期间对本地区、本部门或者本单位的财政收支、财务收支以及有关经济活动应负经济责任的履行情况，进行审计监督。

第二十六条　除本法规定的审计事项外，审计机关对其他法律、行政法规规定应当由审计机关进行审计的事项，依照本法和有关法律、行政法规的规定进行审计监督。

第二十七条　审计机关有权对与国家财政收支有关的特定事项，向有关地方、部门、单位进行专项审计调查，并向本级人民政府和上一级审计机关报告审计调查结果。

第二十八条　审计机关根据被审计单位的财政、财务隶属关系或者国有资产监督管理关系，确定审计管辖范围。

审计机关之间对审计管辖范围有争议的，由其共同的上级审计机关确定。

上级审计机关可以将其审计管辖范围内的本法第十八条第二款至第二十五条规定的审计事项，授权下级审计机关进行审计；上级审计机关对下级审计机关审计管辖范围内的重大审计事项，可以直接进行审计，但是应当防止不必要的重复审计。

第二十九条　依法属于审计机关审计监督对象的单位，应当按照国家有关规定建立健全内部审计制度；其内部审计工作应当接受审计机关的业务指导和监督。

第三十条 社会审计机构审计的单位依法属于审计机关审计监督对象的，审计机关按照国务院的规定，有权对该社会审计机构出具的相关审计报告进行核查。

第四章 审计机关权限

第三十一条 审计机关有权要求被审计单位按照审计机关的规定提供预算或者财务收支计划、预算执行情况、决算、财务会计报告，运用电子计算机储存、处理的财政收支、财务收支电子数据和必要的电子计算机技术文档，在金融机构开立账户的情况，社会审计机构出具的审计报告，以及其他与财政收支或者财务收支有关的资料，被审计单位不得拒绝、拖延、谎报。

被审计单位负责人对本单位提供的财务会计资料的真实性和完整性负责。

第三十二条 审计机关进行审计时，有权检查被审计单位的会计凭证、会计账簿、财务会计报告和运用电子计算机管理财政收支、财务收支电子数据的系统，以及其他与财政收支、财务收支有关的资料和资产，被审计单位不得拒绝。

第三十三条 审计机关进行审计时，有权就审计事项的有关问题向有关单位和个人进行调查，并取得有关证明材料。有关单位和个人应当支持、协助审计机关工作，如实向审计机关反映情况，提供有关证明材料。

审计机关经县级以上人民政府审计机关负责人批准，有权查询被审计单位在金融机构的账户。

审计机关有证据证明被审计单位以个人名义存储公款的，经县级以上人民政府审计机关主要负责人批准，有权查询被审计单位以个人名义在金融机构的存款。

第三十四条　审计机关进行审计时，被审计单位不得转移、隐匿、篡改、毁弃会计凭证、会计账簿、财务会计报告以及其他与财政收支或者财务收支有关的资料，不得转移、隐匿所持有的违反国家规定取得的资产。

审计机关对被审计单位违反前款规定的行为，有权予以制止；必要时，经县级以上人民政府审计机关负责人批准，有权封存有关资料和违反国家规定取得的资产；对其中在金融机构的有关存款需要予以冻结的，应当向人民法院提出申请。

审计机关对被审计单位正在进行的违反国家规定的财政收支、财务收支行为，有权予以制止；制止无效的，经县级以上人民政府审计机关负责人批准，通知财政部门和有关主管部门暂停拨付与违反国家规定的财政收支、财务收支行为直接有关的款项，已经拨付的，暂停使用。

审计机关采取前两款规定的措施不得影响被审计单位合法的业务活动和生产经营活动。

第三十五条　审计机关认为被审计单位所执行的上级主管部门有关财政收支、财务收支的规定与法律、行政法规相抵触的，应当建议有关主管部门纠正；有关主管部门不予纠正的，审计机关应当提请有权处理的机关依法处理。

第三十六条　审计机关可以向政府有关部门通报或者向社会公布审计结果。

审计机关通报或者公布审计结果，应当依法保守国家秘密和被审计单位的商业秘密，遵守国务院的有关规定。

第三十七条　审计机关履行审计监督职责，可以提请公安、监察、财政、税务、海关、价格、工商行政管理等机关予以协助。

第五章　审计程序

第三十八条　审计机关根据审计项目计划确定的审计事项组成审计组，并应当在实施审计三日前，向被审计单位送达审计通知书；遇有特殊情况，经本级人民政府批准，审计机关可以直接持审计通知书实施审计。

被审计单位应当配合审计机关的工作，并提供必要的工作条件。

审计机关应当提高审计工作效率。

第三十九条　审计人员通过审查会计凭证、会计账簿、财务会计报告，查阅与审计事项有关的文件、资料，检查现金、实物、有价证券，向有关单位和个人调查等方式进行审计，并取得证明材料。

审计人员向有关单位和个人进行调查时，应当出示审计人员的工作证件和审计通知书副本。

第四十条　审计组对审计事项实施审计后，应当向审计机关提出审计组的审计报告。审计组的审计报告报送审计机关前，应当征求被审计对象的意见。被审计对象应当自接到审计组的审计报告之日起十日内，将其书面意见送交审计组。审计组应当将被审计对象的书面意见一并报送审计机关。

第四十一条　审计机关按照审计署规定的程序对审计组的审计报告进行审议，并对被审计对象对审计组的审计报告提出的意见一并研究后，提出审计机关的审计报告；对违反国家规定的财政收支、财务收支行为，依法应当给予处理、处罚的，在法定职权范围内作出审计决定或者向有关主管机关提出处理、处罚的意见。

审计机关应当将审计机关的审计报告和审计决定送达被审计单位和有关主管机关、单位。审计决定自送达之日起生效。

第四十二条　上级审计机关认为下级审计机关作出的审计决定违反国家有关规定的，可以责成下级审计机关予以变更或者撤销，必要时也可以直接作出变更或者撤销的决定。

第六章　法律责任

第四十三条　被审计单位违反本法规定，拒绝或者拖延提供与审计事项有关的资料的，或者提供的资料不真实、不完整的，或者拒绝、阻碍检查的，由审计机关责令改正，可以通报批评，给予警告；拒不改正的，依法追究责任。

第四十四条　被审计单位违反本法规定，转移、隐匿、篡改、毁弃会计凭证、会计账簿、财务会计报告以及其他与财政收支、财务收支有关的资料，或者转移、隐匿所持有的违反国家规定取得的资产，审计机关认为对直接负责的主管人员和其他直接责任人员依法应当给予处分的，应当提出给予处分的建议，被审计单位或者其上级机关、监察机关应当依法及时作出决定，并将结果书面通知审计机关；构成犯罪的，依法追究刑事责任。

第四十五条　对本级各部门（含直属单位）和下级政府违反预算的行为或者其他违反国家规定的财政收支行为，审计机关、人民政府或者有关主管部门在法定职权范围内，依照法律、行政法规的规定，区别情况采取下列处理措施：

（一）责令限期缴纳应当上缴的款项；

（二）责令限期退还被侵占的国有资产；

（三）责令限期退还违法所得；

（四）责令按照国家统一的会计制度的有关规定进行处理；

（五）其他处理措施。

第四十六条 对被审计单位违反国家规定的财务收支行为，审计机关、人民政府或者有关主管部门在法定职权范围内，依照法律、行政法规的规定，区别情况采取前条规定的处理措施，并可以依法给予处罚。

第四十七条 审计机关在法定职权范围内作出的审计决定，被审计单位应当执行。

审计机关依法责令被审计单位上缴应当上缴的款项，被审计单位拒不执行的，审计机关应当通报有关主管部门，有关主管部门应当依照有关法律、行政法规的规定予以扣缴或者采取其他处理措施，并将结果书面通知审计机关。

第四十八条 被审计单位对审计机关作出的有关财务收支的审计决定不服的，可以依法申请行政复议或者提起行政诉讼。

被审计单位对审计机关作出的有关财政收支的审计决定不服的，可以提请审计机关的本级人民政府裁决，本级人民政府的裁决为最终决定。

第四十九条 被审计单位的财政收支、财务收支违反国家规定，审计机关认为对直接负责的主管人员和其他直接责任人员依法应当给予处分的，应当提出给予处分的建议，被审计单位或者其上级机关、监察机关应当依法及时作出决定，并将结果书面通知审计机关。

第五十条 被审计单位的财政收支、财务收支违反法律、行政法规的规定，构成犯罪的，依法追究刑事责任。

第五十一条 报复陷害审计人员的，依法给予处分；构成犯罪的，依法追究刑事责任。

第五十二条 审计人员滥用职权、徇私舞弊、玩忽职守或者泄露所知悉的国家秘密、商业秘密的，依法给予处分；构成犯罪的，依法追究刑事责任。

第七章　附　则

第五十三条　中国人民解放军审计工作的规定，由中央军事委员会根据本法制定。

第五十四条　本法自 1995 年 1 月 1 日起施行。1988 年 11 月 30 日国务院发布的《中华人民共和国审计条例》同时废止。

中华人民共和国审计法实施条例

（国务院令第 571 号）

第一章　总　则

第一条　根据《中华人民共和国审计法》（以下简称审计法）的规定，制定本条例。

第二条　审计法所称审计，是指审计机关依法独立检查被审计单位的会计凭证、会计账簿、财务会计报告以及其他与财政收支、财务收支有关的资料和资产，监督财政收支、财务收支真实、合法和效益的行为。

第三条　审计法所称财政收支，是指依照《中华人民共和国预算法》和国家其他有关规定，纳入预算管理的收入和支出，以及下列财政资金中未纳入预算管理的收入和支出：

（一）行政事业性收费；

（二）国有资源、国有资产收入；

（三）应当上缴的国有资本经营收益；

（四）政府举借债务筹措的资金；

（五）其他未纳入预算管理的财政资金。

第四条　审计法所称财务收支，是指国有的金融机构、企业事业组织以及依法应当接受审计机关审计监督的其他单位，按照国家财务会计制度的规定，实行会计核算的各项收入和支出。

第五条　审计机关依照审计法和本条例以及其他有关法律、法规规定的职责、权限和程序进行审计监督。

审计机关依照有关财政收支、财务收支的法律、法规，以及国家有关政策、标准、项目目标等方面的规定进行审计评价，对被审计单位违反国家规定的财政收支、财务收支行为，在法定职权范围内作出处理、处罚的决定。

第六条　任何单位和个人对依法应当接受审计机关审计监督的单位违反国家规定的财政收支、财务收支行为，有权向审计机关举报。审计机关接到举报，应当依法及时处理。

第二章　审计机关和审计人员

第七条　审计署在国务院总理领导下，主管全国的审计工作，履行审计法和国务院规定的职责。

地方各级审计机关在本级人民政府行政首长和上一级审计机关的领导下，负责本行政区域的审计工作，履行法律、法规和本级人民政府规定的职责。

第八条　省、自治区人民政府设有派出机关的，派出机关的审计机关对派出机关和省、自治区人民政府审计机关负责并报告工作，审计业务以省、自治区人民政府审计机关领导为主。

第九条　审计机关派出机构依照法律、法规和审计机关的规定，在审计机关的授权范围内开展审计工作，不受其他行政机关、社会团体和个人的干涉。

第十条　审计机关编制年度经费预算草案的依据主要包括：

（一）法律、法规；

（二）本级人民政府的决定和要求；

（三）审计机关的年度审计工作计划；

（四）定员定额标准；

（五）上一年度经费预算执行情况和本年度的变化因素。

第十一条 审计人员实行审计专业技术资格制度，具体按照国家有关规定执行。

审计机关根据工作需要，可以聘请具有与审计事项相关专业知识的人员参加审计工作。

第十二条 审计人员办理审计事项，有下列情形之一的，应当申请回避，被审计单位也有权申请审计人员回避：

（一）与被审计单位负责人或者有关主管人员有夫妻关系、直系血亲关系、三代以内旁系血亲或者近姻亲关系的；

（二）与被审计单位或者审计事项有经济利益关系的；

（三）与被审计单位、审计事项、被审计单位负责人或者有关主管人员有其他利害关系，可能影响公正执行公务的。

审计人员的回避，由审计机关负责人决定；审计机关负责人办理审计事项时的回避，由本级人民政府或者上一级审计机关负责人决定。

第十三条 地方各级审计机关正职和副职负责人的任免，应当事先征求上一级审计机关的意见。

第十四条 审计机关负责人在任职期间没有下列情形之一的，不得随意撤换：

（一）因犯罪被追究刑事责任的；

（二）因严重违法、失职受到处分，不适宜继续担任审计机关负责人的；

（三）因健康原因不能履行职责 1 年以上的；

（四）不符合国家规定的其他任职条件的。

第三章 审计机关职责

第十五条 审计机关对本级人民政府财政部门具体组织本级预算执

行的情况，本级预算收入征收部门征收预算收入的情况，与本级人民政府财政部门直接发生预算缴款、拨款关系的部门、单位的预算执行情况和决算，下级人民政府的预算执行情况和决算，以及其他财政收支情况，依法进行审计监督。经本级人民政府批准，审计机关对其他取得财政资金的单位和项目接受、运用财政资金的真实、合法和效益情况，依法进行审计监督。

第十六条　审计机关对本级预算收入和支出的执行情况进行审计监督的内容包括：

（一）财政部门按照本级人民代表大会批准的本级预算向本级各部门（含直属单位）批复预算的情况、本级预算执行中调整情况和预算收支变化情况；

（二）预算收入征收部门依照法律、行政法规的规定和国家其他有关规定征收预算收入情况；

（三）财政部门按照批准的年度预算、用款计划，以及规定的预算级次和程序，拨付本级预算支出资金情况；

（四）财政部门依照法律、行政法规的规定和财政管理体制，拨付和管理政府间财政转移支付资金情况以及办理结算、结转情况；

（五）国库按照国家有关规定办理预算收入的收纳、划分、留解情况和预算支出资金的拨付情况；

（六）本级各部门（含直属单位）执行年度预算情况；

（七）依照国家有关规定实行专项管理的预算资金收支情况；

（八）法律、法规规定的其他预算执行情况。

第十七条　审计法第十七条所称审计结果报告，应当包括下列内容：

（一）本级预算执行和其他财政收支的基本情况；

（二）审计机关对本级预算执行和其他财政收支情况作出的审计评价；

（三）本级预算执行和其他财政收支中存在的问题以及审计机关依法采取的措施；

（四）审计机关提出的改进本级预算执行和其他财政收支管理工作的建议；

（五）本级人民政府要求报告的其他情况。

第十八条 审计署对中央银行及其分支机构履行职责所发生的各项财务收支，依法进行审计监督。

审计署向国务院总理提出的中央预算执行和其他财政收支情况审计结果报告，应当包括对中央银行的财务收支的审计情况。

第十九条 审计法第二十一条所称国有资本占控股地位或者主导地位的企业、金融机构，包括：

（一）国有资本占企业、金融机构资本（股本）总额的比例超过50%的；

（二）国有资本占企业、金融机构资本（股本）总额的比例在50%以下，但国有资本投资主体拥有实际控制权的。

审计机关对前款规定的企业、金融机构，除国务院另有规定外，比照审计法第十八条第二款、第二十条规定进行审计监督。

第二十条 审计法第二十二条所称政府投资和以政府投资为主的建设项目，包括：

（一）全部使用预算内投资资金、专项建设基金、政府举借债务筹措的资金等财政资金的；

（二）未全部使用财政资金，财政资金占项目总投资的比例超过50%，或者占项目总投资的比例在50%以下，但政府拥有项目建设、运营实际控制权的。

审计机关对前款规定的建设项目的总预算或者概算的执行情况、年度预算的执行情况和年度决算、单项工程结算、项目竣工决算，依法进行审计监督；对前款规定的建设项目进行审计时，可以对直接有关的设计、施工、供货等单位取得建设项目资金的真实性、合法性进行调查。

第二十一条　审计法第二十三条所称社会保障基金，包括社会保险、社会救助、社会福利基金以及发展社会保障事业的其他专项基金；所称社会捐赠资金，包括来源于境内外的货币、有价证券和实物等各种形式的捐赠。

第二十二条　审计法第二十四条所称国际组织和外国政府援助、贷款项目，包括：

（一）国际组织、外国政府及其机构向中国政府及其机构提供的贷款项目；

（二）国际组织、外国政府及其机构向中国企业事业组织以及其他组织提供的由中国政府及其机构担保的贷款项目；

（三）国际组织、外国政府及其机构向中国政府及其机构提供的援助和赠款项目；

（四）国际组织、外国政府及其机构向受中国政府委托管理有关基金、资金的单位提供的援助和赠款项目；

（五）国际组织、外国政府及其机构提供援助、贷款的其他项目。

第二十三条　审计机关可以依照审计法和本条例规定的审计程序、方法以及国家其他有关规定，对预算管理或者国有资产管理使用等与国家财政收支有关的特定事项，向有关地方、部门、单位进行专项审计调查。

第二十四条　审计机关根据被审计单位的财政、财务隶属关系，确定审计管辖范围；不能根据财政、财务隶属关系确定审计管辖范围的，根据国有资产监督管理关系，确定审计管辖范围。

两个以上国有资本投资主体投资的金融机构、企业事业组织和建设项目，由对主要投资主体有审计管辖权的审计机关进行审计监督。

第二十五条 各级审计机关应当按照确定的审计管辖范围进行审计监督。

第二十六条 依法属于审计机关审计监督对象的单位的内部审计工作，应当接受审计机关的业务指导和监督。

依法属于审计机关审计监督对象的单位，可以根据内部审计工作的需要，参加依法成立的内部审计自律组织。审计机关可以通过内部审计自律组织，加强对内部审计工作的业务指导和监督。

第二十七条 审计机关进行审计或者专项审计调查时，有权对社会审计机构出具的相关审计报告进行核查。

审计机关核查社会审计机构出具的相关审计报告时，发现社会审计机构存在违反法律、法规或者执业准则等情况的，应当移送有关主管机关依法追究责任。

第四章 审计机关权限

第二十八条 审计机关依法进行审计监督时，被审计单位应当依照审计法第三十一条规定，向审计机关提供与财政收支、财务收支有关的资料。被审计单位负责人应当对本单位提供资料的真实性和完整性作出书面承诺。

第二十九条 各级人民政府财政、税务以及其他部门（含直属单位）应当向本级审计机关报送下列资料：

（一）本级人民代表大会批准的本级预算和本级人民政府财政部门向本级各部门（含直属单位）批复的预算，预算收入征收部门的年度收入计划，以及本级各部门（含直属单位）向所属各单位批复的预算；

（二）本级预算收支执行和预算收入征收部门的收入计划完成情况月报、年报，以及决算情况；

（三）综合性财政税务工作统计年报、情况简报，财政、预算、税务、财务和会计等规章制度；

（四）本级各部门（含直属单位）汇总编制的本部门决算草案。

第三十条　审计机关依照审计法第三十三条规定查询被审计单位在金融机构的账户的，应当持县级以上人民政府审计机关负责人签发的协助查询单位账户通知书；查询被审计单位以个人名义在金融机构的存款的，应当持县级以上人民政府审计机关主要负责人签发的协助查询个人存款通知书。有关金融机构应当予以协助，并提供证明材料，审计机关和审计人员负有保密义务。

第三十一条　审计法第三十四条所称违反国家规定取得的资产，包括：

（一）弄虚作假骗取的财政拨款、实物以及金融机构贷款；

（二）违反国家规定享受国家补贴、补助、贴息、免息、减税、免税、退税等优惠政策取得的资产；

（三）违反国家规定向他人收取的款项、有价证券、实物；

（四）违反国家规定处分国有资产取得的收益；

（五）违反国家规定取得的其他资产。

第三十二条　审计机关依照审计法第三十四条规定封存被审计单位有关资料和违反国家规定取得的资产的，应当持县级以上人民政府审计机关负责人签发的封存通知书，并在依法收集与审计事项相关的证明材料或者采取其他措施后解除封存。封存的期限为7日以内；有特殊情况需要延长的，经县级以上人民政府审计机关负责人批准，可以适当延长，但延长的期限不得超过7日。

对封存的资料、资产，审计机关可以指定被审计单位负责保管，被审计单位不得损毁或者擅自转移。

第三十三条 审计机关依照审计法第三十六条规定，可以就有关审计事项向政府有关部门通报或者向社会公布对被审计单位的审计、专项审计调查结果。

审计机关经与有关主管机关协商，可以在向社会公布的审计、专项审计调查结果中，一并公布对社会审计机构相关审计报告核查的结果。

审计机关拟向社会公布对上市公司的审计、专项审计调查结果的，应当在5日前将拟公布的内容告知上市公司。

第五章 审计程序

第三十四条 审计机关应当根据法律、法规和国家其他有关规定，按照本级人民政府和上级审计机关的要求，确定年度审计工作重点，编制年度审计项目计划。

审计机关在年度审计项目计划中确定对国有资本占控股地位或者主导地位的企业、金融机构进行审计的，应当自确定之日起7日内告知列入年度审计项目计划的企业、金融机构。

第三十五条 审计机关应当根据年度审计项目计划，组成审计组，调查了解被审计单位的有关情况，编制审计方案，并在实施审计3日前，向被审计单位送达审计通知书。

第三十六条 审计法第三十八条所称特殊情况，包括：

（一）办理紧急事项的；

（二）被审计单位涉嫌严重违法违规的；

（三）其他特殊情况。

第三十七条 审计人员实施审计时，应当按照下列规定办理：

（一）通过检查、查询、监督盘点、发函询证等方法实施审计；

（二）通过收集原件、原物或者复制、拍照等方法取得证明材料；

（三）对与审计事项有关的会议和谈话内容作出记录，或者要求被审计单位提供会议记录材料；

（四）记录审计实施过程和查证结果。

第三十八条　审计人员向有关单位和个人调查取得的证明材料，应当有提供者的签名或者盖章；不能取得提供者签名或者盖章的，审计人员应当注明原因。

第三十九条　审计组向审计机关提出审计报告前，应当书面征求被审计单位意见。被审计单位应当自接到审计组的审计报告之日起10日内，提出书面意见；10日内未提出书面意见的，视同无异议。

审计组应当针对被审计单位提出的书面意见，进一步核实情况，对审计组的审计报告作必要修改，连同被审计单位的书面意见一并报送审计机关。

第四十条　审计机关有关业务机构和专门机构或者人员对审计组的审计报告以及相关审计事项进行复核、审理后，由审计机关按照下列规定办理：

（一）提出审计机关的审计报告，内容包括：对审计事项的审计评价，对违反国家规定的财政收支、财务收支行为提出的处理、处罚意见，移送有关主管机关、单位的意见，改进财政收支、财务收支管理工作的意见；

（二）对违反国家规定的财政收支、财务收支行为，依法应当给予处理、处罚的，在法定职权范围内作出处理、处罚的审计决定；

（三）对依法应当追究有关人员责任的，向有关主管机关、单位提出给予处分的建议；对依法应当由有关主管机关处理、处罚的，移送有关主管机关；涉嫌犯罪的，移送司法机关。

第四十一条 审计机关在审计中发现损害国家利益和社会公共利益的事项，但处理、处罚依据又不明确的，应当向本级人民政府和上一级审计机关报告。

第四十二条 被审计单位应当按照审计机关规定的期限和要求执行审计决定。对应当上缴的款项，被审计单位应当按照财政管理体制和国家有关规定缴入国库或者财政专户。审计决定需要有关主管机关、单位协助执行的，审计机关应当书面提请协助执行。

第四十三条 上级审计机关应当对下级审计机关的审计业务依法进行监督。

下级审计机关作出的审计决定违反国家有关规定的，上级审计机关可以责成下级审计机关予以变更或者撤销，也可以直接作出变更或者撤销的决定；审计决定被撤销后需要重新作出审计决定的，上级审计机关可以责成下级审计机关在规定的期限内重新作出审计决定，也可以直接作出审计决定。

下级审计机关应当作出而没有作出审计决定的，上级审计机关可以责成下级审计机关在规定的期限内作出审计决定，也可以直接作出审计决定。

第四十四条 审计机关进行专项审计调查时，应当向被调查的地方、部门、单位出示专项审计调查的书面通知，并说明有关情况；有关地方、部门、单位应当接受调查，如实反映情况，提供有关资料。

在专项审计调查中，依法属于审计机关审计监督对象的部门、单位有违反国家规定的财政收支、财务收支行为或者其他违法违规行为的，专项审计调查人员和审计机关可以依照审计法和本条例的规定提出审计报告，作出审计决定，或者移送有关主管机关、单位依法追究责任。

第四十五条 审计机关应当按照国家有关规定建立、健全审计档案制度。

第四十六条　审计机关送达审计文书，可以直接送达，也可以邮寄送达或者以其他方式送达。直接送达的，以被审计单位在送达回证上注明的签收日期或者见证人证明的收件日期为送达日期；邮寄送达的，以邮政回执上注明的收件日期为送达日期；以其他方式送达的，以签收或者收件日期为送达日期。

审计机关的审计文书的种类、内容和格式，由审计署规定。

第六章　法律责任

第四十七条　被审计单位违反审计法和本条例的规定，拒绝、拖延提供与审计事项有关的资料，或者提供的资料不真实、不完整，或者拒绝、阻碍检查的，由审计机关责令改正，可以通报批评，给予警告；拒不改正的，对被审计单位可以处5万元以下的罚款，对直接负责的主管人员和其他直接责任人员，可以处2万元以下的罚款，审计机关认为应当给予处分的，向有关主管机关、单位提出给予处分的建议；构成犯罪的，依法追究刑事责任。

第四十八条　对本级各部门（含直属单位）和下级人民政府违反预算的行为或者其他违反国家规定的财政收支行为，审计机关在法定职权范围内，依照法律、行政法规的规定，区别情况采取审计法第四十五条规定的处理措施。

第四十九条　对被审计单位违反国家规定的财务收支行为，审计机关在法定职权范围内，区别情况采取审计法第四十五条规定的处理措施，可以通报批评，给予警告；有违法所得的，没收违法所得，并处违法所得1倍以上5倍以下的罚款；没有违法所得的，可以处5万元以下的罚款；对直接负责的主管人员和其他直接责任人员，可以处2万元以下的罚款，审计机关认为应当给予处分的，向有关主管机关、单位提出给予处分的建议；构成犯罪的，依法追究刑事责任。

法律、行政法规对被审计单位违反国家规定的财务收支行为处理、处罚另有规定的，从其规定。

第五十条 审计机关在作出较大数额罚款的处罚决定前，应当告知被审计单位和有关人员有要求举行听证的权利。较大数额罚款的具体标准由审计署规定。

第五十一条 审计机关提出的对被审计单位给予处理、处罚的建议以及对直接负责的主管人员和其他直接责任人员给予处分的建议，有关主管机关、单位应当依法及时作出决定，并将结果书面通知审计机关。

第五十二条 被审计单位对审计机关依照审计法第十六条、第十七条和本条例第十五条规定进行审计监督作出的审计决定不服的，可以自审计决定送达之日起60日内，提请审计机关的本级人民政府裁决，本级人民政府的裁决为最终决定。

审计机关应当在审计决定中告知被审计单位提请裁决的途径和期限。

裁决期间，审计决定不停止执行。但是，有下列情形之一的，可以停止执行：

（一）审计机关认为需要停止执行的；

（二）受理裁决的人民政府认为需要停止执行的；

（三）被审计单位申请停止执行，受理裁决的人民政府认为其要求合理，决定停止执行的。

裁决由本级人民政府法制机构办理。裁决决定应当自接到提请之日起60日内作出；有特殊情况需要延长的，经法制机构负责人批准，可以适当延长，并告知审计机关和提请裁决的被审计单位，但延长的期限不得超过30日。

第五十三条 除本条例第五十二条规定的可以提请裁决的审计决定

外，被审计单位对审计机关作出的其他审计决定不服的，可以依法申请行政复议或者提起行政诉讼。

审计机关应当在审计决定中告知被审计单位申请行政复议或者提起行政诉讼的途径和期限。

第五十四条　被审计单位应当将审计决定执行情况书面报告审计机关。审计机关应当检查审计决定的执行情况。

被审计单位不执行审计决定的，审计机关应当责令限期执行；逾期仍不执行的，审计机关可以申请人民法院强制执行，建议有关主管机关、单位对直接负责的主管人员和其他直接责任人员给予处分。

第五十五条　审计人员滥用职权、徇私舞弊、玩忽职守，或者泄露所知悉的国家秘密、商业秘密的，依法给予处分；构成犯罪的，依法追究刑事责任。

审计人员违法违纪取得的财物，依法予以追缴、没收或者责令退赔。

第七章　附　则

第五十六条　本条例所称以上、以下，包括本数。

本条例第五十二条规定的期间的最后一日是法定节假日的，以节假日后的第一个工作日为期间届满日。审计法和本条例规定的其他期间以工作日计算，不含法定节假日。

第五十七条　实施经济责任审计的规定，另行制定。

第五十八条　本条例自2010年5月1日起施行。

审计署关于内部审计工作的规定

（中华人民共和国审计署令第 11 号）

第一章　总　则

第一条　为了加强内部审计工作，建立健全内部审计制度，提升内部审计工作质量，充分发挥内部审计作用，根据《中华人民共和国审计法》《中华人民共和国审计法实施条例》以及国家其他有关规定，制定本规定。

第二条　依法属于审计机关审计监督对象的单位（以下统称单位）的内部审计工作，以及审计机关对单位内部审计工作的业务指导和监督，适用本规定。

第三条　本规定所称内部审计，是指对本单位及所属单位财政财务收支、经济活动、内部控制、风险管理实施独立、客观的监督、评价和建议，以促进单位完善治理、实现目标的活动。

第四条　单位应当依照有关法律法规、本规定和内部审计职业规范，结合本单位实际情况，建立健全内部审计制度，明确内部审计工作的领导体制、职责权限、人员配备、经费保障、审计结果运用和责任追究等。

第五条　内部审计机构和内部审计人员从事内部审计工作，应当严格遵守有关法律法规、本规定和内部审计职业规范，忠于职守，做到独立、客观、公正、保密。

内部审计机构和内部审计人员不得参与可能影响独立、客观履行审计职责的工作。

第二章　内部审计机构和人员管理

第六条　国家机关、事业单位、社会团体等单位的内部审计机构或者履行内部审计职责的内设机构，应当在本单位党组织、主要负责人的直接领导下开展内部审计工作，向其负责并报告工作。

国有企业内部审计机构或者履行内部审计职责的内设机构应当在企业党组织、董事会（或者主要负责人）直接领导下开展内部审计工作，向其负责并报告工作。国有企业应当按照有关规定建立总审计师制度。总审计师协助党组织、董事会（或者主要负责人）管理内部审计工作。

第七条　内部审计人员应当具备从事审计工作所需要的专业能力。单位应当严格内部审计人员录用标准，支持和保障内部审计机构通过多种途径开展继续教育，提高内部审计人员的职业胜任能力。

内部审计机构负责人应当具备审计、会计、经济、法律或者管理等工作背景。

第八条　内部审计机构应当根据工作需要，合理配备内部审计人员。除涉密事项外，可以根据内部审计工作需要向社会购买审计服务，并对采用的审计结果负责。

第九条　单位应当保障内部审计机构和内部审计人员依法依规独立履行职责，任何单位和个人不得打击报复。

第十条　内部审计机构履行内部审计职责所需经费，应当列入本单位预算。

第十一条　对忠于职守、坚持原则、认真履职、成绩显著的内部审计人员，由所在单位予以表彰。

第三章　内部审计职责权限和程序

第十二条　内部审计机构或者履行内部审计职责的内设机构应当按照国家有关规定和本单位的要求，履行下列职责：

（一）对本单位及所属单位贯彻落实国家重大政策措施情况进行审计；

（二）对本单位及所属单位发展规划、战略决策、重大措施以及年度业务计划执行情况进行审计；

（三）对本单位及所属单位财政财务收支进行审计；

（四）对本单位及所属单位固定资产投资项目进行审计；

（五）对本单位及所属单位的自然资源资产管理和生态环境保护责任的履行情况进行审计；

（六）对本单位及所属单位的境外机构、境外资产和境外经济活动进行审计；

（七）对本单位及所属单位经济管理和效益情况进行审计；

（八）对本单位及所属单位内部控制及风险管理情况进行审计；

（九）对本单位内部管理的领导人员履行经济责任情况进行审计；

（十）协助本单位主要负责人督促落实审计发现问题的整改工作；

（十一）对本单位所属单位的内部审计工作进行指导、监督和管理；

（十二）国家有关规定和本单位要求办理的其他事项。

第十三条 内部审计机构或者履行内部审计职责的内设机构应有下列权限：

（一）要求被审计单位按时报送发展规划、战略决策、重大措施、内部控制、风险管理、财政财务收支等有关资料（含相关电子数据，下同），以及必要的计算机技术文档；

（二）参加单位有关会议，召开与审计事项有关的会议；

（三）参与研究制定有关的规章制度，提出制定内部审计规章制度的建议；

（四）检查有关财政财务收支、经济活动、内部控制、风险管理的资料、文件和现场勘察实物；

（五）检查有关计算机系统及其电子数据和资料；

（六）就审计事项中的有关问题，向有关单位和个人开展调查和询问，取得相关证明材料；

（七）对正在进行的严重违法违规、严重损失浪费行为及时向单位主要负责人报告，经同意作出临时制止决定；

（八）对可能转移、隐匿、篡改、毁弃会计凭证、会计账簿、会计报表以及与经济活动有关的资料，经批准，有权予以暂时封存；

（九）提出纠正、处理违法违规行为的意见和改进管理、提高绩效的建议；

（十）对违法违规和造成损失浪费的被审计单位和人员，给予通报批评或者提出追究责任的建议；

（十一）对严格遵守财经法规、经济效益显著、贡献突出的被审计单位和个人，可以向单位党组织、董事会（或者主要负责人）提出表彰建议。

第十四条　单位党组织、董事会（或者主要负责人）应当定期听取内部审计工作汇报，加强对内部审计工作规划、年度审计计划、审计质量控制、问题整改和队伍建设等重要事项的管理。

第十五条　下属单位、分支机构较多或者实行系统垂直管理的单位，其内部审计机构应当对全系统的内部审计工作进行指导和监督。系统内各单位的内部审计结果和发现的重大违纪违法问题线索，在向本单位党组织、董事会（或者主要负责人）报告的同时，应当及时向上一级单位的内部审计机构报告。

单位应当将内部审计工作计划、工作总结、审计报告、整改情况以及审计中发现的重大违纪违法问题线索等资料报送同级审计机关备案。

第十六条　内部审计的实施程序，应当依照内部审计职业规范和本单位的相关规定执行。

第十七条 内部审计机构或者履行内部审计职责的内设机构，对本单位内部管理的领导人员实施经济责任审计时，可以参照执行国家有关经济责任审计的规定。

第四章 审计结果运用

第十八条 单位应当建立健全审计发现问题整改机制，明确被审计单位主要负责人为整改第一责任人。对审计发现的问题和提出的建议，被审计单位应当及时整改，并将整改结果书面告知内部审计机构。

第十九条 单位对内部审计发现的典型性、普遍性、倾向性问题，应当及时分析研究，制定和完善相关管理制度，建立健全内部控制措施。

第二十条 内部审计机构应当加强与内部纪检监察、巡视巡察、组织人事等其他内部监督力量的协作配合，建立信息共享、结果共用、重要事项共同实施、问题整改问责共同落实等工作机制。

内部审计结果及整改情况应当作为考核、任免、奖惩干部和相关决策的重要依据。

第二十一条 单位对内部审计发现的重大违纪违法问题线索，应当按照管辖权限依法依规及时移送纪检监察机关、司法机关。

第二十二条 审计机关在审计中，特别是在国家机关、事业单位和国有企业三级以下单位审计中，应当有效利用内部审计力量和成果。对内部审计发现且已经纠正的问题不再在审计报告中反映。

第五章 对内部审计工作的指导和监督

第二十三条 审计机关应当依法对内部审计工作进行业务指导和监督，明确内部职能机构和专职人员，并履行下列职责：

（一）起草有关内部审计工作的法规草案；

（二）制定有关内部审计工作的规章制度和规划；

（三）推动单位建立健全内部审计制度；

（四）指导内部审计统筹安排审计计划，突出审计重点；

（五）监督内部审计职责履行情况，检查内部审计业务质量；

（六）指导内部审计自律组织开展工作；

（七）法律、法规规定的其他职责。

第二十四条　审计机关可以通过业务培训、交流研讨等方式，加强对内部审计人员的业务指导。

第二十五条　审计机关应当对单位报送的备案资料进行分析，将其作为编制年度审计项目计划的参考依据。

第二十六条　审计机关可以采取日常监督、结合审计项目监督、专项检查等方式，对单位的内部审计制度建立健全情况、内部审计工作质量情况等进行指导和监督。

对内部审计制度建设和内部审计工作质量存在问题的，审计机关应当督促单位内部审计机构及时进行整改并书面报告整改情况；情节严重的，应当通报批评并视情况抄送有关主管部门。

第二十七条　审计机关应当按照国家有关规定对内部审计自律组织进行政策和业务指导，推动内部审计自律组织按照法律法规和章程开展活动。必要时，可以向内部审计自律组织购买服务。

第六章　责任追究

第二十八条　被审计单位有下列情形之一的，由单位党组织、董事会（或者主要负责人）责令改正，并对直接负责的主管人员和其他直接责任人员进行处理：

（一）拒绝接受或者不配合内部审计工作的；

（二）拒绝、拖延提供与内部审计事项有关的资料，或者提供资料不真实、不完整的；

（三）拒不纠正审计发现问题的；

（四）整改不力、屡审屡犯的；

（五）违反国家规定或者本单位内部规定的其他情形。

第二十九条 内部审计机构或者履行内部审计职责的内设机构和内部审计人员有下列情形之一的，由单位对直接负责的主管人员和其他直接责任人员进行处理；涉嫌犯罪的，移送司法机关依法追究刑事责任：

（一）未按有关法律法规、本规定和内部审计职业规范实施审计导致应当发现的问题未被发现并造成严重后果的；

（二）隐瞒审计查出的问题或者提供虚假审计报告的；

（三）泄露国家秘密或者商业秘密的；

（四）利用职权牟取私利的；

（五）违反国家规定或者本单位内部规定的其他情形。

第三十条 内部审计人员因履行职责受到打击、报复、陷害的，单位党组织、董事会（或者主要负责人）应当及时采取保护措施，并对相关责任人员进行处理；涉嫌犯罪的，移送司法机关依法追究刑事责任。

第七章 附 则

第三十一条 本规定所称国有企业是指国有和国有资本占控股地位或者主导地位的企业、金融机构。

第三十二条 不属于审计机关审计监督对象的单位的内部审计工作，可以参照本规定执行。

第三十三条　本规定由审计署负责解释。

第三十四条　本规定自2018年3月1日起施行。审计署于2003年3月4日发布的《审计署关于内部审计工作的规定》（2003年审计署第4号令）同时废止。

党政主要领导干部和国有企事业单位主要领导人员经济责任审计规定

第一章 总 则

第一条 为了坚持和加强党对审计工作的集中统一领导，强化对党政主要领导干部和国有企事业单位主要领导人员（以下统称领导干部）的管理监督，促进领导干部履职尽责、担当作为，确保党中央令行禁止，根据《中华人民共和国审计法》和有关党内法规，制定本规定。

第二条 经济责任审计工作以马克思列宁主义、毛泽东思想、邓小平理论、“三个代表”重要思想、科学发展观、习近平新时代中国特色社会主义思想为指导，增强“四个意识”、坚定“四个自信”、做到“两个维护”，认真落实党中央、国务院决策部署，紧紧围绕统筹推进“五位一体”总体布局和协调推进“四个全面”战略布局，贯彻新发展理念，聚焦经济责任，客观评价，揭示问题，促进经济高质量发展，促进全面深化改革，促进权力规范运行，促进反腐倡廉，推进国家治理体系和治理能力现代化。

第三条 本规定所称经济责任，是指领导干部在任职期间，对其管辖范围内贯彻执行党和国家经济方针政策、决策部署，推动经济和社会事业发展，管理公共资金、国有资产、国有资源，防控重大经济风险等有关经济活动应当履行的职责。

第四条 领导干部经济责任审计对象包括：

（一）地方各级党委、政府、纪检监察机关、法院、检察院的正职领导干部或者主持工作 1 年以上的副职领导干部；

（二）中央和地方各级党政工作部门、事业单位和人民团体等单位的正职领导干部或者主持工作1年以上的副职领导干部；

（三）国有和国有资本占控股地位或者主导地位的企业（含金融机构，以下统称国有企业）的法定代表人或者不担任法定代表人但实际行使相应职权的主要领导人员；

（四）上级领导干部兼任下级单位正职领导职务且不实际履行经济责任时，实际分管日常工作的副职领导干部；

（五）党中央和县级以上地方党委要求进行经济责任审计的其他主要领导干部。

第五条　领导干部履行经济责任的情况，应当依规依法接受审计监督。

经济责任审计可以在领导干部任职期间进行，也可以在领导干部离任后进行，以任职期间审计为主。

第六条　领导干部的经济责任审计按照干部管理权限确定。遇有干部管理权限与财政财务隶属关系等不一致时，由对领导干部具有干部管理权限的部门与同级审计机关共同确定实施审计的审计机关。

审计署审计长的经济责任审计，按照中央审计委员会的决定组织实施。地方审计机关主要领导干部的经济责任审计，由地方党委与上一级审计机关协商后，由上一级审计机关组织实施。

第七条　审计委员会办公室、审计机关依规依法独立实施经济责任审计，任何组织和个人不得拒绝、阻碍、干涉，不得打击报复审计人员。

对有意设置障碍、推诿拖延的，应当进行批评和通报；造成恶劣影响的，应当严肃问责追责。

第八条　审计委员会办公室、审计机关和审计人员对经济责任审计工作中知悉的国家秘密、商业秘密和个人隐私，负有保密义务。

第九条 各级党委和政府应当保证履行经济责任审计职责所必需的机构、人员和经费。

第二章 组织协调

第十条 各级党委和政府应当加强对经济责任审计工作的领导，建立健全经济责任审计工作联席会议（以下简称联席会议）制度。联席会议由纪检监察机关和组织、机构编制、审计、财政、人力资源社会保障、国有资产监督管理、金融监督管理等部门组成，召集人由审计委员会办公室主任担任。联席会议在同级审计委员会的领导下开展工作。

联席会议下设办公室，与同级审计机关内设的经济责任审计机构合署办公。办公室主任由同级审计机关的副职领导或者相当职务层次领导担任。

第十一条 联席会议主要负责研究拟订有关经济责任审计的制度文件，监督检查经济责任审计工作情况，协调解决经济责任审计工作中出现的问题，推进经济责任审计结果运用，指导下级联席会议的工作，指导和监督部门、单位内部管理领导干部经济责任审计工作，完成审计委员会交办的其他工作。

联席会议办公室负责联席会议的日常工作。

第十二条 经济责任审计应当有计划地进行，根据干部管理监督需要和审计资源等实际情况，对审计对象实行分类管理，科学制定经济责任审计中长期规划和年度审计项目计划，推进领导干部履行经济责任情况审计全覆盖。

第十三条 年度经济责任审计项目计划按照下列程序制定：

（一）审计委员会办公室商同级组织部门提出审计计划安排，组织部门提出领导干部年度审计建议名单；

（二）审计委员会办公室征求同级纪检监察机关等有关单位意见后，纳入审计机关年度审计项目计划；

（三）审计委员会办公室提交同级审计委员会审议决定。

对属于有关主管部门管理的领导干部进行审计的，审计委员会办公室商有关主管部门提出年度审计建议名单，纳入审计机关年度审计项目计划，提交审计委员会审议决定。

第十四条　年度经济责任审计项目计划一经确定不得随意变更。确需调减或者追加的，应当按照原制定程序，报审计委员会批准后实施。

第十五条　被审计领导干部遇有被有关部门采取强制措施、纪律审查、监察调查或者死亡等特殊情况，以及存在其他不宜继续进行经济责任审计情形的，审计委员会办公室商同级纪检监察机关、组织部门等有关单位提出意见，报审计委员会批准后终止审计。

第三章　审计内容

第十六条　经济责任审计应当以领导干部任职期间公共资金、国有资产、国有资源的管理、分配和使用为基础，以领导干部权力运行和责任落实情况为重点，充分考虑领导干部管理监督需要、履职特点和审计资源等因素，依规依法确定审计内容。

第十七条　地方各级党委和政府主要领导干部经济责任审计的内容包括：

（一）贯彻执行党和国家经济方针政策、决策部署情况；

（二）本地区经济社会发展规划和政策措施的制定、执行和效果情况；

（三）重大经济事项的决策、执行和效果情况；

（四）财政财务管理和经济风险防范情况，民生保障和改善情况，生态文明建设项目、资金等管理使用和效益情况，以及在预算管理中执行机构编制管理规定情况；

（五）在经济活动中落实有关党风廉政建设责任和遵守廉洁从政规定情况；

（六）以往审计发现问题的整改情况；

（七）其他需要审计的内容。

第十八条 党政工作部门、纪检监察机关、法院、检察院、事业单位和人民团体等单位主要领导干部经济责任审计的内容包括：

（一）贯彻执行党和国家经济方针政策、决策部署情况；

（二）本部门本单位重要发展规划和政策措施的制定、执行和效果情况；

（三）重大经济事项的决策、执行和效果情况；

（四）财政财务管理和经济风险防范情况，生态文明建设项目、资金等管理使用和效益情况，以及在预算管理中执行机构编制管理规定情况；

（五）在经济活动中落实有关党风廉政建设责任和遵守廉洁从政规定情况；

（六）以往审计发现问题的整改情况；

（七）其他需要审计的内容。

第十九条 国有企业主要领导人员经济责任审计的内容包括：

（一）贯彻执行党和国家经济方针政策、决策部署情况；

（二）企业发展战略规划的制定、执行和效果情况；

（三）重大经济事项的决策、执行和效果情况；

（四）企业法人治理结构的建立、健全和运行情况，内部控制制度的制定和执行情况；

（五）企业财务的真实合法效益情况，风险管控情况，境外资产管理情况，生态环境保护情况；

（六）在经济活动中落实有关党风廉政建设责任和遵守廉洁从业规定情况；

（七）以往审计发现问题的整改情况；

（八）其他需要审计的内容。

第二十条　有关部门和单位、地方党委和政府的主要领导干部由上级领导干部兼任，且实际履行经济责任的，对其进行经济责任审计时，审计内容仅限于该领导干部所兼任职务应当履行的经济责任。

第四章　审计实施

第二十一条　审计委员会办公室、审计机关应当根据年度经济责任审计项目计划，组成审计组并实施审计。

第二十二条　对同一地方党委和政府主要领导干部，以及同一部门、单位2名以上主要领导干部的经济责任审计，可以同步组织实施，分别认定责任。

第二十三条　审计委员会办公室、审计机关应当按照规定，向被审计领导干部及其所在单位或者原任职单位（以下统称所在单位）送达审计通知书，抄送同级纪检监察机关、组织部门等有关单位。

地方审计机关主要领导干部的经济责任审计通知书，由上一级审计机关送达。

第二十四条　实施经济责任审计时，应当召开由审计组主要成员、被审计领导干部及其所在单位有关人员参加的会议，安排审计工作有关事项。联席会议有关成员单位根据工作需要可以派人参加。

审计组应当在被审计单位公示审计项目名称、审计纪律要求和举报电话等内容。

第二十五条　经济责任审计过程中，应当听取被审计领导干部所在单位领导班子成员的意见。

对地方党委和政府主要领导干部的审计，还应当听取同级人大常委会、政协主要负责同志的意见。

审计委员会办公室、审计机关应当听取联席会议有关成员单位的意见，及时了解与被审计领导干部履行经济责任有关的考察考核、群众反映、巡视巡察反馈、组织约谈、函询调查、案件查处结果等情况。

第二十六条 被审计领导干部及其所在单位，以及其他有关单位应当及时、准确、完整地提供与被审计领导干部履行经济责任有关的下列资料：

（一）被审计领导干部经济责任履行情况报告；

（二）工作计划、工作总结、工作报告、会议记录、会议纪要、决议决定、请示、批示、目标责任书、经济合同、考核检查结果、业务档案、机构编制、规章制度、以往审计发现问题整改情况等资料；

（三）财政收支、财务收支相关资料；

（四）与履行职责相关的电子数据和必要的技术文档；

（五）审计所需的其他资料。

第二十七条 被审计领导干部及其所在单位应当对所提供资料的真实性、完整性负责，并作出书面承诺。

第二十八条 经济责任审计应当加强与领导干部自然资源资产离任审计等其他审计的统筹协调，科学配置审计资源，创新审计组织管理，推动大数据等新技术应用，建立健全审计工作信息和结果共享机制，提高审计监督整体效能。

第二十九条 经济责任审计过程中，可以依规依法提请有关部门、单位予以协助。有关部门、单位应当予以支持，并及时提供有关资料和信息。

第三十条 审计组实施审计后，应当向派出审计组的审计委员会办公室、审计机关提交审计报告。

审计报告一般包括被审计领导干部任职期间履行经济责任情况的总体评价、主要业绩、审计发现的主要问题和责任认定、审计建议等内容。

第三十一条　审计委员会办公室、审计机关应当书面征求被审计领导干部及其所在单位对审计组审计报告的意见。

第三十二条　被审计领导干部及其所在单位应当自收到审计组审计报告之日起10个工作日内提出书面意见；10个工作日内未提出书面意见的，视同无异议。

审计组应当针对被审计领导干部及其所在单位提出的书面意见，进一步研究和核实，对审计报告作出必要的修改，连同被审计领导干部及其所在单位的书面意见一并报送审计委员会办公室、审计机关。

第三十三条　审计委员会办公室、审计机关按照规定程序对审计组审计报告进行审定，出具经济责任审计报告；同时出具经济责任审计结果报告，在经济责任审计报告的基础上，简要反映审计结果。

经济责任审计报告和经济责任审计结果报告应当事实清楚、评价客观、责任明确、用词恰当、文字精练、通俗易懂。

第三十四条　经济责任审计报告、经济责任审计结果报告等审计结论性文书按照规定程序报同级审计委员会，按照干部管理权限送组织部门。根据工作需要，送纪检监察机关等联席会议其他成员单位、有关主管部门。

地方审计机关主要领导干部的经济责任审计结论性文书，由上一级审计机关送有关组织部门。根据工作需要，送有关纪检监察机关。

经济责任审计报告应当送达被审计领导干部及其所在单位。

第三十五条　经济责任审计中发现的重大问题线索，由审计委员会办公室按照规定向审计委员会报告。

应当由纪检监察机关或者有关主管部门处理的问题线索，由审计机关依规依纪依法移送处理。

被审计领导干部所在单位存在的违反国家规定的财政收支、财务收支行为，依法应当给予处理处罚的，由审计机关在法定职权范围内作出审计决定。

第三十六条 经济责任审计项目结束后，审计委员会办公室、审计机关应当组织召开会议，向被审计领导干部及其所在单位领导班子成员等有关人员反馈审计结果和相关情况。联席会议有关成员单位根据工作需要可以派人参加。

第三十七条 被审计领导干部对审计委员会办公室、审计机关出具的经济责任审计报告有异议的，可以自收到审计报告之日起 30 日内向同级审计委员会办公室申诉。审计委员会办公室应当组成复查工作小组，并要求原审计组人员等回避，自收到申诉之日起 90 日内提出复查意见，报审计委员会批准后作出复查决定。复查决定为最终决定。

地方审计机关主要领导干部对上一级审计机关出具的经济责任审计报告有异议的，可以自收到审计报告之日起 30 日内向上一级审计机关申诉。上一级审计机关应当组成复查工作小组，并要求原审计组人员等回避，自收到申诉之日起 90 日内作出复查决定。复查决定为最终决定。

本条规定的期间的最后一日是法定节假日的，以节假日后的第一个工作日为期间届满日。

第五章 审计评价

第三十八条 审计委员会办公室、审计机关应当根据不同领导职务的职责要求，在审计查证或者认定事实的基础上，综合运用多种方法，坚持定性评价与定量评价相结合，依照有关党内法规、法律法规、政策规定、责任制考核目标等，在审计范围内，对被审计领导干部履行经济责任情况，包括公共资金、国有资产、国有资源的管理、分配和使用中个人遵守廉洁从政（从业）规定等情况，作出客观公正、实事求是的评价。

审计评价应当有充分的审计证据支持，对审计中未涉及的事项不作评价。

第三十九条　对领导干部履行经济责任过程中存在的问题，审计委员会办公室、审计机关应当按照权责一致原则，根据领导干部职责分工，综合考虑相关问题的历史背景、决策过程、性质、后果和领导干部实际所起的作用等情况，界定其应当承担的直接责任或者领导责任。

第四十条　领导干部对履行经济责任过程中的下列行为应当承担直接责任：

（一）直接违反有关党内法规、法律法规、政策规定的；

（二）授意、指使、强令、纵容、包庇下属人员违反有关党内法规、法律法规、政策规定的；

（三）贯彻党和国家经济方针政策、决策部署不坚决不全面不到位，造成公共资金、国有资产、国有资源损失浪费，生态环境破坏，公共利益损害等后果的；

（四）未完成有关法律法规规章、政策措施、目标责任书等规定的领导干部作为第一责任人（负总责）事项，造成公共资金、国有资产、国有资源损失浪费，生态环境破坏，公共利益损害等后果的；

（五）未经民主决策程序或者民主决策时在多数人不同意的情况下，直接决定、批准、组织实施重大经济事项，造成公共资金、国有资产、国有资源损失浪费，生态环境破坏，公共利益损害等后果的；

（六）不履行或者不正确履行职责，对造成的后果起决定性作用的其他行为。

第四十一条 领导干部对履行经济责任过程中的下列行为应当承担领导责任：

（一）民主决策时，在多数人同意的情况下，决定、批准、组织实施重大经济事项，由于决策不当或者决策失误造成公共资金、国有资产、国有资源损失浪费，生态环境破坏，公共利益损害等后果的；

（二）违反部门、单位内部管理规定造成公共资金、国有资产、国有资源损失浪费，生态环境破坏，公共利益损害等后果的；

（三）参与相关决策和工作时，没有发表明确的反对意见，相关决策和工作违反有关党内法规、法律法规、政策规定，或者造成公共资金、国有资产、国有资源损失浪费，生态环境破坏，公共利益损害等后果的；

（四）疏于监管，未及时发现和处理所管辖范围内本级或者下一级地区（部门、单位）违反有关党内法规、法律法规、政策规定的问题，造成公共资金、国有资产、国有资源损失浪费，生态环境破坏，公共利益损害等后果的；

（五）除直接责任外，不履行或者不正确履行职责，对造成的后果应当承担责任的其他行为。

第四十二条 对被审计领导干部以外的其他责任人员，审计委员会办公室、审计机关可以适当方式向有关部门、单位提供相关情况。

第四十三条 审计评价时，应当把领导干部在推进改革中因缺乏经验、先行先试出现的失误和错误，同明知故犯的违纪违法行为区分开来；把上级尚无明确限制的探索性试验中的失误和错误，同上级明令禁止后依然我行我素的违纪违法行为区分开来；把为推动发展的无意过失，同为牟取私利的违纪违法行为区分开来。对领导干部在改革创新中的失误和错误，正确把握事业为上、实事求是、依纪依法、容纠并举等原则，经综合分析研判，可以免责或者从轻定责，鼓励探索创新，支持担当作为，保护领导干部干事创业的积极性、主动性、创造性。

第六章　审计结果运用

第四十四条　各级党委和政府应当建立健全经济责任审计情况通报、责任追究、整改落实、结果公告等结果运用制度，将经济责任审计结果以及整改情况作为考核、任免、奖惩被审计领导干部的重要参考。

经济责任审计结果报告以及审计整改报告应当归入被审计领导干部本人档案。

第四十五条　审计委员会办公室、审计机关应当按照规定以适当方式通报或者公告经济责任审计结果，对审计发现问题的整改情况进行监督检查。

第四十六条　联席会议其他成员单位应当在各自职责范围内运用审计结果：

（一）根据干部管理权限，将审计结果以及整改情况作为考核、任免、奖惩被审计领导干部的重要参考；

（二）对审计发现的问题作出进一步处理；

（三）加强审计发现问题整改落实情况的监督检查；

（四）对审计发现的典型性、普遍性、倾向性问题和提出的审计建议及时进行研究，将其作为采取有关措施、完善有关制度规定的重要参考。

联席会议其他成员单位应当以适当方式及时将审计结果运用情况反馈审计委员会办公室、审计机关。党中央另有规定的，按照有关规定办理。

第四十七条　有关主管部门应当在各自职责范围内运用审计结果：

（一）根据干部管理权限，将审计结果以及整改情况作为考核、任免、奖惩被审计领导干部的重要参考；

（二）对审计移送事项依规依纪依法作出处理处罚；

（三）督促有关部门、单位落实审计决定和整改要求，在对相关行业、单位管理和监督中有效运用审计结果；

（四）对审计发现的典型性、普遍性、倾向性问题和提出的审计建议及时进行研究，并将其作为采取有关措施、完善有关制度规定的重要参考。

有关主管部门应当以适当方式及时将审计结果运用情况反馈审计委员会办公室、审计机关。

第四十八条 被审计领导干部及其所在单位根据审计结果，应当采取以下整改措施：

（一）对审计发现的问题，在规定期限内进行整改，将整改结果书面报告审计委员会办公室、审计机关，以及组织部门或者主管部门；

（二）对审计决定，在规定期限内执行完毕，将执行情况书面报告审计委员会办公室、审计机关；

（三）根据审计发现的问题，落实有关责任人员的责任，采取相应的处理措施；

（四）根据审计建议，采取措施，健全制度，加强管理；

（五）将审计结果以及整改情况纳入所在单位领导班子党风廉政建设责任制检查考核的内容，作为领导班子民主生活会以及领导班子成员述责述廉的重要内容。

第七章 附 则

第四十九条 审计委员会办公室、审计机关和审计人员，被审计领导干部及其所在单位，以及其他有关单位和个人在经济责任审计中的职责、权限、法律责任等，本规定未作规定的，依照党中央有关规定、《中华人民共和国审计法》《中华人民共和国审计法实施条例》和其他法律法规执行。

第五十条　有关部门、单位对内部管理领导干部开展经济责任审计参照本规定执行，或者根据本规定制定具体办法。

第五十一条　本规定由中央审计委员会办公室、审计署负责解释。

第五十二条　本规定自 2019 年 7 月 7 日起施行。2010 年 10 月 12 日中共中央办公厅、国务院办公厅印发的《党政主要领导干部和国有企业领导人员经济责任审计规定》同时废止。

关于印发《关于深化中央企业内部审计监督工作的实施意见》的通知

（国资发监督规〔2020〕60号）

各中央企业：

《关于深化中央企业内部审计监督工作的实施意见》已经国资委第325次党委会议、第40次委务会议审议通过，现印发给你们，请遵照执行。

国资委

2020年9月28日

关于深化中央企业内部审计监督工作的实施意见

为有效推动中央企业构建集中统一、全面覆盖、权威高效的审计监督体系，贯彻落实党中央、国务院关于深化国有企业和国有资本审计监督的工作部署，根据《中华人民共和国企业国有资产法》《中华人民共和国审计法》，按照《中共中央 国务院关于深化国有企业改革的指导意见》（中发〔2015〕22号）、《国务院办公厅关于加强和改进企业国有资产监督防止国有资产流失的意见》（国办发〔2015〕79号）、《审计署关于内部审计工作的规定》（审计署令第11号）等有关要求，制定本意见。

一、总体要求

贯彻落实党中央、国务院关于加快建立健全国有企业、国有资本审计监督体系和制度的工作部署，围绕形成以管资本为主的国有资产监管体制，推动中央企业建立符合中国特色现代企业制度要求的内部审计领导和管理体制机制，做到应审尽审、凡审必严，促进中央企业落实党和国家方针政策以及国有资产监管各项政策制度。深化企业改革，服务企业发展战略，提升公司治理水平和风险防范能力，助力中央企业加快实现转型升级、高质量发展和做强做优做大。

二、强化统一管控能力，进一步完善内部审计领导和管理体制机制

（一）建立健全内部审计领导体制。建立健全党委（党组）、董事会（或主要负责人）直接领导下的内部审计领导体制。党委（党组）要加强对内部审计工作的领导，不断健全和完善党委（党组）领导内部审计工作的制度和工作机制，强化对内部审计重大工作的顶层设计、统筹协调和督促落实。董事会负责审议内部审计基本制度、审计计划、重要审计报告，决定内部审计机构设置及其负责人，加强对内部审计重要事项的管理。董事长具体分管内部审计，是内部审计工作第一责任人。加快建立总审计师制度，协助党组织、董事会（或主要负责人）管理内部审计工作。经理层接受并积极配合内部审计监督，落实对内部审计发现问题的整改。内部审计机构向党委（党组）、董事会（或主要负责人）负责并报告工作。

（二）切实发挥董事会审计委员会管理和指导作用。落实董事会审计委员会作为董事会专门工作机构的职责，审计委员会要定期或不定期召

开有关会议并形成会议记录、纪要，加强对审计计划、重点任务、整改落实等重要事项的管理和指导，督促年度审计计划及任务组织实施，研究重大审计结论和整改落实工作，评价内部审计机构工作成效，及时将有关情况报告董事会或提请董事会审议。

（三）不断完善集团统一管控的内部审计管理体制。强化集团总部对内部审计工作统一管控，统一制定审计计划、确定审计标准、调配审计资源，加快形成“上审下”的内部审计管理体制。推动所属二级子企业及二级以下重要子企业设置内部审计机构，未设置内部审计机构的子企业内部审计工作由上一级审计机构负责。所属子企业户数多、分布广或人员力量薄弱的企业，需设立审计中心或区域审计中心，规范开展集中审计或区域集中审计。各级内部审计机构审计计划、审计报告、审计发现问题、整改落实情况以及违规违纪违法问题线索移送等事项，在向本级党委（党组）及董事会报告的同时，应向上一级内部审计机构报告，审计发现的重大损失、重要事件和重大风险应及时向集团总部报告。

（四）健全内部审计制度体系。在不断完善内部审计各项制度规定基础上，对落实党和国家方针政策、国企改革重点任务、国有资产监管政策以及境外国有资产监管、内控体系建设等重要事项、重点领域和关键环节，补短板、填空白，持续构建符合国有资产监管要求和公司治理需要的企业内部审计制度体系。

（五）强化激励约束机制。落实审计工作结果签字背书责任制度，明确审计项目负责人及相关审计人员对审计结论和审计程序分别承担相应的审计责任。研究制定本企业审计质量考评标准，推动审计人员绩效考核结果与薪酬兑现、职业晋升、任职交流等挂钩，探索建立与其他业务部门差异化的内部审计考核体系，作为被审计对象的同级业务部门不参与对内部审计机构及其负责人的绩效测评。对审计工作中存在失职、渎职的要严肃追责问责，涉嫌违纪违法的，按程序移送纪检监察机构处理。下一级内部审计机构负责人任免和年度绩效考核结果需报上一级内部审计机构备案。

三、有效履行工作职责，全面提升内部审计监督效能

（六）积极推动内部审计监督无死角、全覆盖。坚持应审尽审、凡审必严，在贯彻执行党和国家重大方针政策、国资监管工作要求、完成国企改革重点任务、领导人员履行经济责任以及管理、使用和运营国有资本情况等方面全面规范开展各类审计监督，重点关注深化国有企业改革进程中的苗头性、倾向性、典型性问题。对所属子企业确保每5年至少轮审1次；对重大投资项目、重大风险领域和重要子企业实施重点审计，确保每年至少1次。企业可以根据审计工作需要，规范购买社会审计服务开展相关工作。

（七）加快推动内部审计信息化建设与应用。按照国有资产监管信息化建设要求，落实经费和技术保障措施，构建与“三重一大”决策、投资、财务、资金、运营、内控等业务信息系统相融合的“业审一体”信息化平台。及时准确提供审计所需电子数据，并根据审计人员层级赋予相应的数据查询权限。信息化基础较好的企业要积极运用大数据、云计算、人工智能等方式，探索建立审计实时监督平台，对重要子企业实施联网审计，提高审计监督时效性和审计质量。

（八）加强企业内部监督协同配合。加强与企业监事会、纪检监察、巡视以及法律、财务、违规责任追究等部门的沟通协调，将各方面集中反映的问题领域作为重点关注事项。通过联席会议、联合检查等方式，加强信息通报与交流、问题线索移送与协查等工作协同，对内部监督发现的共性问题或警示性问题在一定范围内进行通报，提高企业内部监督

透明度和影响力。

（九）提升审计队伍专业化、职业化水平。选拔政治过硬、德才兼备、具备专业技能和业务知识的复合型人才充实审计队伍，鼓励审计人员参加相关执业资格考试。加大与财务、内控、运营、采购、销售、企业管理等业务部门之间的人员交流力度，拓宽内部审计人员职业发展通道，将内部审计岗位打造成企业内部人才培养和选拔任用的重要平台。落实审计专项经费预算，配备与企业规模、审计业务量等相适应的审计人员，打造专业化、职业化的内部审计工作队伍。

四、聚焦经济责任，促进权力规范运行和责任有效落实

（十）深化和改善经济责任审计工作。贯彻落实党中央、国务院关于深化和改善经济责任审计工作要求，围绕权力运行和责任落实，坚持以对领导人员任职期间审计为主，对所属二级子企业主要领导人员履行经济责任情况任期内至少审计 1 次，对掌握重要资金决策权、分配权、管理权、执行权和监督权等关键岗位的主要领导人员加大审计力度。完善定性评价与定量评价相结合的审计评价体系，落实“三个区分开来”要求，审慎作出评价和结论，鼓励探索创新，激励担当作为，保护企业领导人员干事创业的积极性、主动性、创造性。

（十一）规范有效开展经济责任审计。聚焦经济责任，突出对党和国家重大方针政策、国资监管工作要求、企业改革发展目标任务等落实情况，企业法人治理结构的健全完善、投资经营、风险管控、内控体系建设与运行、整改落实等方面以及领导人员廉洁从业和贯彻落实中央八项规定精神情况的监督检查。研究确定经济责任审计中长期规划，制定年度审计计划，强化审计计划刚性约束，不断完善企业内部经济责任审计组织协调、审计程序、审计评价、审计结果运用等工作机制。建立健全

经济责任审计情况通报、责任追究、整改落实、结果公告等制度，有效落实企业领导人员经济责任。

五、突出关键环节，强化对重点领域的监督力度

（十二）围绕提质增效稳增长开展全面监督。适应常态化疫情防控和国际形势变化，结合经营业绩考核指标，重点关注会计政策和会计估计变更、合并报表范围调整、期初数大额调整、收入确认、减值计提等会计核算事项，保障会计信息真实性。加大对成本费用管控目标实现情况、应收账款和存货“两金”管控目标完成情况、资金集中管控情况、人工成本管控情况以及降杠杆减负债等工作的审计力度。

（十三）突出主责主业专项监督。围绕持续推动国有资本布局优化，聚焦主责主业发展实体经济等工作要求，加大对非主业、非优势业务的“两非”剥离和无效资产、低效资产的“两资”处置情况的审计力度。将打通供应链、稳住产业链等工作落实情况以及投资项目负面清单执行、长期不分红甚至亏损的参股股权清理、通过股权代持或虚假合资等方式被民营企业挂靠等情况纳入内部审计重要任务。对国有资产监管机构政策措施和监管要求落实情况进行跟踪审计，推动各项工作要求落实到位。

（十四）对混合所有制改革全过程进行审计监督。将混合所有制改革过程中的决策审批、资产评估、交易定价、职工安置等环节纳入内部审计重点工作任务，及时纠正混合所有制改革过程中出现的问题和偏差。规范开展混合所有制改革中参股企业的审计，通过公司章程、参股协议等保障国有股东审计监督权限，对参股企业财务信息和经营情况进行审计监督，坚决杜绝“只投不管”现象。

（十五）强化大额资金管控监督。针对近年来电子支付、网络交易等新兴资金结算手段的普遍使用等资金管理新形态，重点关注关键岗位授

权、不相容岗位分离等内控环节的健全完善及执行情况，深入揭示资金审批、结算、对账等各日常业务环节的薄弱点。对资金中心等资金管理机构每年至少应当审计1次，对负责资金审批和具体操作的关键岗位和重要环节应进行常态化监督。

（十六）加强对赌模式并购投资监督。将使用对赌模式开展的并购投资项目纳入内部审计重点工作任务，对对赌期内的被并购企业开展跟踪审计，对赌期结束后开展专项审计。重点关注对赌指标完成情况的真实性、完整性以及作为分期支付投资款或限售股份解禁、收取对赌补偿等程序重要依据的合规性，及时揭示问题，防止国有资产流失。

（十七）加大对高风险金融业务的监督力度。加大对金融业务领域贯彻中央重大决策部署、执行国家宏观调控和经济金融政策等方面审计力度，重点关注脱离主业盲目发展金融业务、脱实向虚、风险隐患较大业务清理整顿，以及投机开展金融衍生业务、"一把手"越权操作、超授权交易等内容。对重点金融子企业和信托、债券、金融衍生品等高风险金融业务每年至少开展1次专项审计，切实防止风险交叉传导。

（十八）落实对"三重一大"事项的跟踪审计。对重大决策、重要项目安排和大额资金使用情况进行全过程跟踪审计。加强对可行性研究论证、尽职调查、资产评估、风险评估等对重大决策、重要项目具有重要影响环节的监督力度，强化对决策规范性、科学性的监督，促进企业提高投资经营决策水平。

六、强化境外内部审计，有力保障境外国有资产安全完整

（十九）加大境外企业内部审计监督力度。结合境外企业所在国家或地区的法律法规及政治、经济、文化特点，研究制定境外内部审计制度规定，在与外方签订的投资协议（合同）或公司章程等法定文件中推动

落实中方审计权限。切实推进境外审计全覆盖、常态化，对重点境外经营投资项目（投资额1亿美元以上）或重要境外企业（机构），每年至少应审计1次。完善审计方式方法，配备具备外语能力、熟悉国际法律的复合型审计人员，探索开展向重要境外企业（机构）和重大境外项目派驻审计人员，根据工作需要可聘请境内外中介机构提供服务支持。

（二十）突出境外内部审计重点关注领域。聚焦境外经营投资立项、决策、签约、风险管理等关键环节，围绕境外经营投资重点领域以及境外大额资金使用、大额采购等重要事项，对重大决策机制、重要管控制度和内控体系有效性进行监督，保障境外国有资产安全，提升国际化经营水平。

七、加强内控体系审计，促进提升企业内控体系有效性

（二十一）规范有效开展内控审计。将企业内控体系审计纳入内部审计重点工作任务，围绕企业内部权力运行和责任落实、制度制定和执行、授权审批控制和不相容职务分离控制等开展监督，倒查企业内控体系设计和运行缺陷。突出重大风险防控审计，重点检查企业重大风险评估、监测、预警和重大风险事件及时报告和应急处置等工作开展情况，以及企业合规建设、合规审查、合规事件应对等情况。规范开展对投资决策、资金管理、招投标、物资采购、担保、委托贷款、高风险贸易业务、金融衍生业务、PPP业务等重点环节、重要事项以及行业监管机构发现的风险和问题的专项内控审计，切实促进提升内控体系有效性。

八、压实整改落实责任，促进审计整改与结果运用

（二十二）压实整改落实责任。内部审计机构对审计发现问题整改落实负有监督检查责任，被审计单位对问题整改落实负有主体责任，单位

主要负责人是整改第一责任人，相关业务职能部门对业务领域内相关问题负有整改落实责任。加快建立完善审计整改工作制度，完善整改落实工作规范和流程，强化内部审计机构监督检查职责，积极构建各司其职、各负其责的整改工作机制，促进整改落实工作有效落地。

（二十三）强化整改跟踪审计及审计结果运用。密切结合国家审计、巡视巡察、国资监管等各类监督发现问题的整改落实，建立和完善问题整改台账管理及“销号”制度，由内部审计机构制定统一标准并对已整改问题进行审核认定、验收销号。对长期未完成整改、屡审屡犯的问题开展跟踪审计和整改“回头看”等，细化普遍共性问题举一反三整改机制，确保真抓实改、落实到位。建立审计通报制度，将审计发现问题及整改成效依法依规在企业一定范围内进行通报。将内部审计结果及整改情况作为干部考核、任免、奖惩的重要依据之一，对审计发现的违规违纪违法问题线索，按程序及时移送相关部门或纪检监察机构处理。

九、加强出资人对内部审计工作的监管，组织开展检查评价和责任追究

（二十四）强化对内部审计工作的监管。国资委指导中央企业按照国家审计机关对内部审计工作有关要求，围绕国资监管重点任务研究制订本企业年度内部审计工作计划，有效开展内部审计各项工作。加强对内部审计工作的统筹谋划和资源整合，充分发挥内部审计力量在国资监管工作中的专业优势。各中央企业要定期向国资委报送年度审计计划、年度工作报告等情况，及时报送审计发现的重大资产损失、重要事件和重大风险等情况。认真做好对企业报送的年度内部审计工作报告审核工作，持续加强企业内部审计工作情况的汇总、分析和评价。

（二十五）建立健全出资人检查评估工作机制。国资委探索研究制定

内部审计工作效能评估指标体系，对企业内部审计体系建设、审计监督、整改落实等工作开展抽查，对审计计划执行、审计质量控制、审计结果运用等工作效能进行评估，每5年全部评估1次。对内部审计工作开展不力和存在重大问题的企业印发提示函或通报，压紧压实内部审计监督责任。

（二十六）加大内部审计责任追究力度。中央企业内部审计机构对重大事项应列入审计计划而不列入，或发现重大问题后拖延不查、敷衍不追、隐匿不报等失职渎职行为，要严肃追究直接责任人员的责任及企业相应领导人员的分管或协管责任；对重大问题应当发现而未发现、查办不力或审计程序不到位的，要逐级落实责任，坚决追责问责。

各省、自治区、直辖市及计划单列市和新疆生产建设兵团国资委可以参照本意见，制定本地区所出资企业内部审计工作监督管理相关工作规范。

附录2　中储粮系统内部审计制度选编

1.《中储粮集团公司内部审计管理办法（试行）》（中储粮〔2018〕108号）

2.《中国储备粮管理集团有限公司经济责任审计办法》（中储粮〔2020〕253号）

3.《中储粮集团公司固定资产投资项目审计管理办法》（中储粮〔2021〕70号）

中储粮集团公司内部审计管理办法（试行）

（中储粮〔2018〕108号）

第一章　总　则

第一条　为规范中国储备粮管理集团有限公司（以下简称“集团公司”）内部审计工作，提升内部审计工作质量，充分发挥内部审计作用，根据《中华人民共和国审计法》（2006年2月28日第十届全国人民代表大会常务委员会第二十次会议通过）、《审计署关于内部审计工作的规定》（审计署令第11号）、《国务院国资委关于进一步加强中央企业内部审计工作的通知》（国资发评价〔2016〕48号）等有关规定，结合集团公司实际，制定本办法。

第二条　本办法所称内部审计是指对公司系统财务收支、经济活动、内部控制、风险管理等实施独立、客观的监督、评价和建议，以促进单位完善治理、防控风险、实现目标的活动。

第三条　内部审计工作以服务集团战略为引领，以资金流向和业务流程为抓手，以问题和风险为导向，以压实责任、督促问题整改为重点，以促发展、控风险为目标，推动内部控制和风险管理系统不断完善，促进集团公司经济运行质量提升、管理效益提高和战略目标实现。

第四条　公司系统内部审计工作按照统一领导、分级负责的方式组织实施，内部审计机构和人员应当严格遵守有关法律法规和内部审计职业规范，忠于职守，并遵循以下原则：

（一）独立性原则。内部审计机构和人员按照经办公会议批准的年度审计工作计划及集团公司党组要求独立实施审计监督和评价。

（二）客观性原则。内部审计机构和人员检查、监督和评价各项经济业务，坚持以事实为依据，客观、公正地履行职责。

（三）审慎性原则。内部审计机构和人员根据审计目标和审计范围，实施必要的审计程序，以获取足够的审计证据支持审计结论，控制审计风险。

第五条 集团公司本部、各分（子）公司、直属企业（含控股公司，以下简称直属企业）开展内部审计工作，适用本办法。

第二章 内部审计机构和人员管理

第六条 公司系统内部审计机构或者履行内部审计职责的内设机构在单位党组（党委）、董事会（或主要负责人）直接领导下开展内部审计工作，向其负责并报告工作。

集团公司按照国家审计署、国务院国资委等有关部门要求建立总审计师制度，总审计师协助单位党组织、董事会（或主要负责人）管理内部审计工作。

第七条 集团公司董事会下设审计与风险管理委员会，对内部审计工作规划、年度任务、审计质量和队伍建设等重要事项进行管理和指导。

集团公司审计部门是审计与风险管理委员会的内设机构，具体承担审计与风险管理委员会交办的日常工作，对董事会有关决议的执行情况及第三方审计机构工作方案等进行监督和审核。

第八条 集团公司建立内部审计工作联席会议制度，在内部审计机构设立联席会议办公室，负责联席会议日常工作。

第九条 集团公司内部审计机构是公司系统内部审计工作的主管部门，接受国家有关部门的业务指导和监督。集团公司内部审计机构负责公司系统内部审计工作规划、审计策略、资源调配和成果共享。

第十条　集团公司内部审计机构应配备一定数量的专职内部审计人员，保证内部审计工作正常开展。分（子）公司设立监督检查与审计处的，应有1名处级干部负责内部审计工作，并配备2名专职内部审计人员；未设立监督检查与审计处的，应在仓储管理处明确1名处级干部负责内部审计工作，并配备1名专职内部审计人员，负责本辖区内部审计工作。直属企业应指定内部审计工作责任人。除涉密事项外，可以根据内部审计工作需要向社会购买审计服务，并对采用的审计结果负责。

第十一条　内部审计机构负责人应当政治素质好、熟悉中储粮业务、清正廉洁，具备审计、会计、经济、法律或管理等工作背景。内部审计人员应当具备从事审计工作所需要的专业能力，严格遵守职业道德规范，坚持原则，认真履职，做到独立、客观、公正、保密，确保审计工作质量。

第十二条　各单位应加强内部审计人员管理，内部审计人员考核结合各单位年度考核一并组织实施。对于认真履行职责、忠于职守、作出显著成绩的内部审计机构和人员，给予表彰和奖励。

第十三条　各单位应支持和鼓励内部审计人员参加继续教育和相关业务、技能培训，不断提高内部审计人员的综合素质和职业胜任能力。

第十四条　公司系统内部审计机构和人员依据国家有关规定和公司规章制度，独立行使内部审计监督职权，组织开展内部审计工作，受国家法律和集团公司规章制度的保护。各单位应当保障内部审计机构和人员依法依规独立履行职责，任何单位和个人不得打击报复。

第十五条　内部审计机构和人员应保持独立性和客观性，不得参与可能影响独立、客观履行审计职责的工作。与被审计单位或审计事项有利害关系的，应当回避。

第十六条　内部审计机构履行内部审计职责所需经费，应当列入本单位年度预算并予以保障。

第十七条 集团公司内部审计机构应健全完善专家人才库，选拔公司系统内政治素质好、业务能力强的骨干力量充实人才库。集团公司组织的专项审计或检查，可直接从专家人才库中挑选。

第三章 内部审计工作职责和权限

第十八条 集团公司内部审计机构的主要职责：

（一）按照国家法律、法规和集团公司的要求，制定集团公司内部审计规章制度，编制年度审计工作计划；对公司系统内部审计工作进行指导、监督和管理。

（二）对公司系统执行国家粮食（含棉花、油脂油料，下同）财政财务政策、国家粮食宏观调控政策以及集团公司发展规划等情况进行审计监督。

（三）对公司系统财务收支、财务预决算、资产质量、经营成果、年度业务计划执行情况和库存数量质量情况及财政补贴资金、专项资金的管理和使用情况进行审计监督。

（四）对分（子）公司主要负责人履行经济责任情况进行离任审计和任中审计。

（五）对公司系统内部控制制度执行情况及风险管理情况进行审计、评价和风险提示。

（六）对集团公司审批可行性研究的固定资产投资项目进行工程结算审计和竣工财务决算审计；对重点投资项目开展跟踪审计；对固定资产投资项目开展后评价。

（七）根据集团公司工作需要，开展专项审计、延伸审计及跟踪审计。对审计调查中发现的具有普遍性、倾向性，以及对公司经营活动有较大影响的问题进行专题审计调查。

（八）协助集团公司主要负责人督促有关单位落实审计发现问题的整改工作，并对整改情况开展监督检查。

（九）检查、督促分（子）公司和直属企业按照国家规定和集团公司要求制定内部审计具体规定、配备内部审计人员、开展内部审计工作。

（十）开展公司系统内部审计理论和实务研究，培训内部审计人员。总结、交流内部审计工作经验，表彰内部审计先进单位和先进个人。

（十一）完成集团公司领导交办的其他审计事项。

第十九条　分（子）公司内部审计机构或者履行内部审计职责的内设机构及专职内部审计人员的主要职责：

（一）认真贯彻执行本办法，并根据本单位实际情况制定内部审计实施细则。

（二）制定本单位年度内部审计工作计划，报集团公司备案后负责组织实施。

（三）对所属单位财务收支、财政补贴资金、专项资金的管理和使用等情况进行专项审计。

（四）对所属直属企业主要负责人履行经济责任情况进行离任审计和任中审计。

（五）对所属单位内部控制制度执行情况及风险管理情况进行审计、评价和风险提示。

（六）对分（子）公司审批的固定资产投资项目进行审计。

（七）配合有关部门对辖区直属企业和其他承储企业贯彻落实国家粮食收储政策，年度业务计划执行，库存粮食数量质量等情况进行审计。

（八）分（子）公司内部审计发现的重大违规违纪问题线索，在向本单位党组织、董事会（或者主要负责人）报告的同时，应及时向集团公司内部审计机构报告。

（九）协助分（子）公司主要负责人落实审计发现问题的整改工作，并对整改情况开展监督检查。

（十）完成其他审计事项。

第二十条 直属企业内部审计工作责任人的主要职责：

（一）贯彻落实集团公司、分（子）公司内部审计的各项规定。

（二）监督检查本单位执行国家粮食收储政策、法律法规和制度情况。

（三）监督检查本单位内控制度、风险管理制度建设和执行情况并进行风险提示，监督本单位业务运行情况。

（四）配合集团公司、分（子）公司对本单位业务计划执行情况、财务收支、资产保值增值和库存粮食数量质量等情况进行审计监督。

（五）协助本单位主要负责人落实审计发现问题的整改工作。

（六）完成其他审计事项。

第二十一条 内部审计机构或者履行内部审计职责的内设机构及人员具有以下权限：

（一）要求被审计单位提供审计所需的文件、实物、信息等资料（含相关电子数据，下同），以及必要的计算机技术文档。

（二）要求被审计单位对提供资料的真实性、完整性作出书面承诺。

（三）调阅、审查被审计单位与审计有关的文件和资料，检查资金和财产，检测信息系统及电子数据和有关资料；检查内部控制及风险管理的建立、执行情况；检查有关财政财务收支、经济活动、内部控制、风险管理的资料、文件和现场勘察实物。

（四）检查有关计算机系统及其电子数据和资料。

（五）对审计事项涉及的有关问题，向有关部门、单位或个人开展调查和询问，取得相关证明材料。

（六）参加本单位召开的有关会议，参与研究制定有关规章制度，提出制定内部审计规章制度的建议。

（七）对正在进行的严重违反财经法规和严重损失浪费的行为，及时向实施审计的内部审计机构所在单位主要负责人报告，经同意作出临时制止决定。

（八）对可能被转移、隐匿、篡改、毁弃的会计凭证、会计账簿、会计报表以及与经济活动有关的资料，经实施审计的内部审计机构所在单位批准，可暂时予以封存。

（九）对违法违规和造成损失浪费的被审计单位和人员，给予通报批评或者提出追究责任的建议。

（十）提出纠正、处理违法违规行为的意见和改进管理、提高绩效的建议。

第二十二条　集团公司党组、董事会（或者主要负责人）应当定期听取本单位内部审计工作汇报，加强对内部审计工作规划、年度审计计划、审计质量控制、问题整改和队伍建设等重要事项的管理。

第四章　内部审计工作内容和程序

第二十三条　公司系统内部审计工作应根据国家有关规定和本单位的实际情况，结合集团公司各个时期的中心任务，确定审计工作重点，编制年度工作计划，按程序报批后实施。

第二十四条　内部审计机构要根据年度内部审计工作计划和有关安排，充分考虑审计风险和内部管理需要，制定具体项目审计计划，做好审计准备。

第二十五条　审计工作可以由内部审计机构人员直接审计，或采取委托第三方审计机构进行审计和组织交叉审计的形式。

第二十六条 内部审计实施基本工作程序包括：

（一）准备阶段。包括组成审计组、开展审前调查、培训审计人员、编制审计方案、下达审计通知书。

内部审计机构应在实施审计前5个工作日向被审计单位发出书面审计通知书，特殊审计事项可在实施审计时现场送达。审计通知书的内容应明确审计的依据、范围、内容、方式、时间等。被审计单位依据审计通知书，应做好接受审计的各项准备。

（二）实施阶段。包括审计取证、审计评价。

审计组根据审计方案组织审计人员实施审计，调查收集资料，审查有关账表、实物和信息系统，综合运用审计抽样和技术分析等方法和手段，获取审计证据，编制审计工作底稿。

（三）报告阶段。包括征求意见、提交审计报告、提出审计意见、检查审计整改落实情况、归档。

现场审计结束后，审计组应当以经过核实的审计证据和审计底稿为依据，形成审计结论和审计建议，编制审计报告，并征求被审计单位的意见。被审计单位应于审计报告征求意见稿送达之日起10个工作日内提出书面意见，逾期不提出的，视为无异议。内部审计机构根据被审计单位的反馈意见，对审计报告进行复核。审计报告履行必要审批程序之后，下发被审计单位，抄送有关部门。

第二十七条 内部审计机构承办上级单位委托的审计项目，应将审计报告报送委托单位，由委托单位作出审计结论和决定。

第二十八条 在委托第三方审计机构进行审计时，委托单位对第三方审计机构提交的审计成果进行审核把关，对工作质量进行监督。

第二十九条 内部审计机构对被审计单位审计整改落实情况进行跟踪检查和后续审计，确保整改工作落到实处，提高审计效果。

第三十条　内部审计机构对已办结的内部审计事项，应当建立内部审计档案，包括审计通知书、审计方案、审计报告等，并按有关规定做好档案管理工作。

第五章　内部审计质量控制和结果运用

第三十一条　选聘第三方审计机构应坚持严格考核、优胜劣汰的原则，履行必要的选聘程序，严格选聘条件，集团公司每3年组织一次入围招标或竞争性谈判，建立《第三方审计机构备选库》。严控审计质量，强化对第三方审计机构考评，原则上每个审计年度结束后考评一次，具体由集团公司内部审计机构负责组织实施。

第三十二条　在委托第三方审计机构进行审计时，内部审计机构要对第三方审计机构的信誉和业务能力严格把关，加强指导和管理，并对审计结果负责。为确保审计质量，外聘的第三方审计机构保持相对稳定，不允许被审计单位自定第三方审计机构。

第三十三条　集团公司强化内部审计结果运用，建立健全审计发现问题整改机制，按照“三个不放过”（制度未完善的不放过、资金未追回的不放过、责任未落实的不放过）和全覆盖的原则进行审计整改，明确各方责任，形成闭环管理，确保审计整改工作落到实处。

（一）被审计单位主要负责人为审计发现问题整改第一责任人，对审计整改工作负主要领导责任。被审计单位对审计发现问题整改工作承担主体责任，应及时落实整改要求，堵塞管理漏洞，防范风险隐患，并将整改结果按要求书面报送上级内部审计机构和有关业务部门。

（二）组织实施审计的内部审计机构负责对审计整改工作进行监督，通过信息化平台，建立问题清单和整改数据库，及时下发整改通知，督促有关单位落实审计整改责任，限期上报整改结果，并对整改完成情况予以通报。特别关注审计发现重大问题的整改落实情况，对重要问题的整改落实情况开展现场检查或跟踪审计。

（三）有关业务部门按照职能分工和业务归口管理原则负责对审计整改工作进行督办，依据内部审计机构提供的业务问题清单，督促有关单位落实整改要求，上报整改结果，并对整改完成情况进行审核确认，及时反馈内部审计机构。

（四）对审计发现的重大违纪违法问题线索，内部审计机构按照管理权限及时移交集团公司纪检监察部门。

第三十四条 有关部门和单位对内部审计发现的具有典型性、普遍性和倾向性的问题，应认真分析研究，制定和完善有关管理制度，建立健全内部控制机制。

第三十五条 内部审计机构加强与监督检查、纪检监察、巡视巡察、人力资源等其他内部监督力量的协作配合，建立信息共享、结果共用、重要事项共同实施、问题整改问责共同落实等工作机制。

第三十六条 人力资源部门应将内部审计结果及整改完成情况作为考核、任免、奖惩干部和相关决策的重要依据。

第三十七条 集团公司内部审计机构应有效利用分（子）公司内部审计成果，对于分（子）公司内部审计已发现且已经纠正并整改到位的问题，不再在审计报告中反映。

第六章 被审计单位责任和义务

第三十八条 被审计单位应建立健全并严格执行内部控制制度，保护国有资产的安全；保证会计资料的真实和完整，及时发现并纠正错误与舞弊行为。

第三十九条 被审计单位应自觉接受经授权、批准的各类审计事项，积极配合审计工作，提供必要的工作条件。被审计单位应当按照审计组的要求及时提供审计所需资料，不能提供的，应书面说明原因；审计组要求签字的审计工作底稿，被审计单位应签署明确意见；审计组要求作出书面说明的事项，被审计单位应及时提供书面说明。

被审计单位主要负责人对其所提供资料的真实性、完整性负责。

第四十条　被审计单位应采取切实有效的措施，认真落实审计意见和整改要求，按照规定期限和要求向内部审计机构和有关部门书面报送落实结果。没有落实的，应书面说明原因。

第七章　责任追究

第四十一条　内部审计人员违反本办法，有下列行为之一的，根据情节轻重，由本单位党组织给予党政纪处分或经济处罚；涉嫌犯罪的，移送监察机关或司法机关依法追究刑事责任。

（一）利用职权牟取私利的；

（二）隐瞒审计查出的问题或者提供虚假审计报告的；

（三）违反内部审计职业规范造成严重后果的。

第四十二条　相关职能部门和人员违反本办法，有下列行为之一的，根据情节轻重，由本单位党组织给予党政纪处分或经济处罚；涉嫌犯罪的，移送监察机关或司法机关依法追究刑事责任。

（一）不配合内部审计工作，不提供内部审计所需资料或隐瞒事实真相的；

（二）不落实整改或落实整改不力，造成被审计单位发生重大损失或重大负面影响的；

（三）弄虚作假，虚报瞒报审计发现问题整改结果的。

第四十三条　被审计单位和人员违反本办法，有下列行为之一的，根据情节轻重，由本单位党组织给予党政纪处分或经济处罚；涉嫌犯罪的，移送监察机关或司法机关依法追究刑事责任。

（一）拒绝接受或者不配合内部审计工作的；

（二）拒绝或拖延提供以及转移、隐匿、篡改、销毁有关文件、资料和证明材料的；

（三）弄虚作假、隐瞒事实真相的；

（四）整改不力、屡审屡犯的；

（五）阻挠审计人员行使职权的；

（六）打击报复审计人员和检举人员的；

（七）拒绝审计意见和决定的。

第四十四条 内部审计人员因履行职责受到打击、报复、陷害的，单位党组织、董事会（或者主要负责人）应当及时采取保护措施，并对相关责任人员进行严肃处理；涉嫌犯罪的，移送监察机关或司法机关依法追究刑事责任。

第八章 附 则

第四十五条 本办法由集团公司监督检查与审计部负责解释。

第四十六条 本办法自下发之日起施行。中国储备粮管理总公司 2009 年 1 月 21 日印发的《中国储备粮管理总公司内部审计管理办法》（中储粮〔2009〕36 号）同时废止。

中国储备粮管理集团有限公司经济责任审计办法

（中储粮〔2020〕253号）

第一章　总　则

第一条　为坚持和加强中国储备粮管理集团有限公司（以下简称"集团公司"）党组对审计工作的集中统一领导，强化对分（子）公司和直属企业（含控股企业，下同）主要负责人的管理监督，促进公司系统领导干部履职尽责、担当作为，推动集团公司党组决策部署落实，根据《中华人民共和国审计法》（2006年2月28日第十届全国人民代表大会常务委员会第二十次会议修订，下同）和《党政主要领导干部和国有企事业单位领导人员经济责任审计规定》（中办发〔2019〕45号）等有关文件规定，结合集团公司实际，制定本办法。

第二条　集团公司经济责任审计工作坚持以习近平新时代中国特色社会主义思想为指导，贯彻新发展理念，按照集团公司党组决策部署，聚焦经济责任，客观评价，揭示问题，推动企业高质量发展，促进改革创新，规范权力运行，推进中储粮公司治理体系和治理能力现代化。

第三条　本办法所称经济责任，是指分（子）公司和直属企业主要负责人在任职期间，对其管辖范围内贯彻执行集团公司党组决策部署，推动企业发展，管理公共资金、国有资产，防控重大经营风险等有关经济活动应当履行的职责。

第四条　本办法所称经济责任审计是指集团公司内部审计机构（以下简称审计机构）依规依法对分（子）公司和直属企业主要负责人经济

责任履行情况进行监督、评价的行为。

第五条 经济责任审计对象包括：

（一）分公司总经理；

（二）子公司、直属企业法定代表人或者不担任法定代表人但实际行使相应职权的主要负责人；

（三）主持工作 1 年以上的分（子）公司和直属企业副职领导干部。

第六条 分（子）公司和直属企业主要负责人履行经济责任的情况，应当依规依法接受审计监督。

经济责任审计可以在企业主要负责人任职期间进行，也可以在其离任后进行，以任职期间审计为主。

第七条 分（子）公司和直属企业经济责任审计按照干部管理权限确定。

第八条 集团公司审计机构依规依法独立实施经济责任审计，任何组织和个人不得拒绝、阻碍、干涉，不得打击报复审计人员。对有意设置障碍、推诿拖延的，应当进行批评和通报；造成恶劣影响的，应当严肃问责追责。

第九条 集团公司审计机构和审计人员对经济责任审计工作中知悉的国家秘密、商业秘密和个人隐私，负有保密义务。

第十条 集团公司、分（子）公司应当保证履行经济责任审计职责所必须的机构、人员和经费。

第二章　组织协调

第十一条 集团公司党组和各分（子）公司党委应加强对经济责任审计工作的领导，协调解决经济责任审计工作中出现的问题，推进经济责任审计结果运用。

第十二条　经济责任审计应当有计划进行，要根据干部管理监督需要，科学制定经济责任审计中长期规划和年度审计项目计划，推进领导干部履行经济责任情况审计全覆盖。

第十三条　年度经济责任审计项目计划由审计机构商同级人力资源部门提出并征求同级纪检监察机构意见后，提交同级党组或党委审议决定。

第十四条　年度经济责任审计项目计划一经确定不得随意变更。确需调减或追加的，按上述程序报同级党组或党委批准后实施。

第十五条　被审计领导人员遇有被有关部门采取强制措施、纪律审查、监察调查或者死亡等特殊情况，以及存在其他不宜继续进行经济责任审计情形的，审计机构商同级纪检监察机构和人力资源部门提出意见，报党组或党委批准后终止审计。

第十六条　集团公司开展经济责任审计，主要采取两种形式：

（一）按国家有关规定，由集团公司或分（子）公司审计机构牵头，聘请具有相应资质的第三方审计机构实施，承担现场审计任务；

（二）根据工作需要，由集团公司或分（子）公司审计机构负责，抽调相关人员参加实施的审计。

第十七条　经济责任审计过程中，应充分利用企业内部与外部审计成果，将经济责任审计与其他审计相结合，在确保审计结果客观公正的基础上，提高审计效率，避免重复审计。

第十八条　审计机构和审计人员应保持独立性和客观性，不得参与可能影响独立、客观履行审计职责的工作。与被审计单位或审计事项有利害关系的，应当回避。

第三章　审计内容

第十九条　经济责任审计应当以企业领导人员任职期间权力运行和

责任落实为重点，充分考虑企业领导人员管理监督需要和履职特点等因素，依规依法确定审计内容。

第二十条 根据国家有关规定，集团公司经济责任审计包括但不限于以下内容：

（一）贯彻执行党和国家经济方针政策、决策部署情况。

（二）企业发展战略规划的制定、执行和效果情况。

（三）重大经济事项的决策、执行和效果情况。

（四）企业法人治理结构的建立、健全和运行情况，内控体系制定和执行情况。

（五）企业财务的真实合法效益情况，风险管控情况，境外资产管理情况。

（六）在经济活动中落实有关党风廉政建设责任和遵守廉洁从业规定情况。

（七）以往审计发现问题的整改情况。

（八）其他需要审计的内容。

第二十一条 有关分（子）公司和直属企业主要负责人由上级领导干部兼任，且实际履行经济责任的，对其进行经济责任审计时，审计内容仅限于该企业领导人员所兼任职务应当履行的经济责任。

第四章 审计实施

第二十二条 审计机构应当根据年度经济责任审计项目计划，组成审计组并实施审计。

第二十三条 审计机构应当按照规定向被审计企业领导人员及被审计单位送达审计通知书，并抄送同级纪检监察机构和人力资源部门。

第二十四条 实施经济责任审计时，应当召开由审计组主要成员、被审计企业领导人员及其所在单位有关人员参加的会议，安排审计工作有关事项。

审计组应当在被审计单位公示审计项目名称、审计纪律要求和举报电话等内容。

第二十五条　审计组工作人员在现场审计期间，要依据审计方案确定的内容开展工作，并遵守国家有关法律法规，坚持原则，实事求是，客观公正，廉洁奉公，保守秘密。

第二十六条　审计组应当根据审计事项采取科学的审计方法和程序，包括但不限于内部控制制度调查、分析性复核、召开座谈会、查阅有关会议记录、审查会计资料、函证、盘点等。被审计单位应当予以配合。

审计过程中，审计组应听取被审计企业领导人员所在单位领导班子成员的意见。

第二十七条　被审计企业领导人员及其所在单位，以及其他有关单位应当及时、准确、完整地提供与被审计企业领导人员履行经济责任有关的下列资料：

（一）被审计企业领导人员经济责任履行情况报告；

（二）工作计划、工作总结、工作报告、会议记录、会议纪要、决议决定、请示、批示、目标责任书、经济合同、考核检查结果、业务档案、规章制度、以往审计发现问题整改情况等资料；

（三）财务收支相关资料；

（四）与履行职责相关的电子数据和必要的技术档案；

（五）审计所需的其他资料。

第二十八条　被审计企业领导人员及其所在单位应当对所提供资料的真实性、完整性负责，并作出书面承诺。

第二十九条　经济责任审计过程中，可以提请有关部门、单位予以协助。有关部门、单位应当予以支持，并及时提供有关资料和信息。

经济责任审计过程中发现重大事项可以追溯到相关年度或延伸审计有关单位。

第三十条 审计组实施审计后，应当向派出审计组的审计机构提交审计报告。

审计报告一般包括被审计企业领导人员任职期间履行经济责任情况的总体评价、主要业绩、审计发现的主要问题和责任认定、审计建议等内容。

第三十一条 审计机构应当书面征求被审计企业领导人员及其所在单位对审计组审计报告的意见。

第三十二条 被审计企业领导人员及其所在单位应当自收到审计报告后10个工作日内将书面意见反馈审计组；10个工作日内未提出书面意见的，视同无异议。

审计组应根据被审计企业领导人员及其所在单位提出的书面意见，进一步研究和核实，对审计报告作出必要的修改，连同被审计企业领导人员及其所在单位的书面意见一并报送审计机构。

第三十三条 审计机构对审计组审计报告审核后提交同级党组或党委会审定，出具经济责任审计报告。

经济责任审计报告应当事实清楚、评价客观、责任明确、用词恰当、文字精练、通俗易懂。

第三十四条 按规定程序审定后的经济责任审计报告应当送达被审计企业领导人员及其所在单位，并按照干部管理权限送同级人力资源部门。

第三十五条 经济责任审计中发现的违规违纪违法问题线索，审计机构按规定移交纪检监察机构处理。

第五章　审计评价

第三十六条　审计机构应当根据不同领导职务的职责要求，在审计查证或者认定事实的基础上，综合运用多种方法，坚持定性评价与定量评价相结合，依照有关党内法规、法律法规、政策规定、责任制考核目标等，在审计范围内，对被审计企业领导人员履行经济责任情况，包括公共资金、国有资产的管理、分配和使用中个人遵守廉洁从业规定等情况，作出客观公正、实事求是的评价。

审计评价应当有充分的审计证据支持，对审计中未涉及的事项不作评价。

第三十七条　审计机构应当按照权责一致的原则，根据企业领导人员职责分工，综合考虑相关问题的历史背景、决策过程、性质、后果和企业领导人员实际所起的作用等情况，界定其应当承担的直接责任或领导责任。

第三十八条　企业领导人员对履行经济责任过程中的下列行为承担直接责任：

（一）直接违反有关党内法规、法律法规、政策规定的；

（二）授意、指使、强令、纵容、包庇下属人员违反有关党内法规、法律法规、政策规定的；

（三）贯彻党和国家经济方针政策、决策部署不坚决不全面不到位，造成国有资产流失或其他严重影响的；

（四）未完成有关法律法规规章、政策措施、目标责任书等规定的企业领导人员作为第一责任人（负总责）事项，造成国有资产流失或其他严重影响的；

（五）未经集体决策程序或集体决策时在多数人不同意的情况下，直接决定、批准、组织实施重大经济事项，造成国有资产流失的或其他严重影响的；

（六）不履行或不正确履行职责，对造成的后果起决定性作用的其他行为。

第三十九条 企业领导人员对履行经济责任过程中的下列行为应当承担领导责任：

（一）集体决策时在多数人同意的情况下，决定、批准、组织实施重大经济事项，由于决策不当或者决策失误造成国有资产流失或其他严重影响的；

（二）违反集团公司内部管理规定造成国有资产流失或其他严重影响的；

（三）参与相关决策和工作时，没有发表明确的反对意见，相关决策和工作违反有关党内法规、法律法规、政策规定，或者造成国有资产流失或其他严重影响的；

（四）疏于监管，未及时发现和处理所管辖范围内本级或下级公司违反有关党内法规、法律法规、政策规定的问题，造成国有资产流失或其他严重影响的；

（五）除直接责任外，不履行或不正确履行职责，对造成的后果应当承担责任的其他行为。

第四十条 审计评价时，应当把企业领导人员在推进改革中因缺乏经验，先行先试出现的失误和错误，同明知故犯的违纪违法行为区分开来；把上级尚无明确限制的探索性试验中的失误和错误，同上级明令禁止后依然我行我素的违纪违法行为区分开来；把为推动发展的无意过失，同为牟取私利的违纪违法行为区分开来。对企业领导人员在改革创新中的失误和错误，正确把握事业为上、实事求是、依纪依法、容纠并举等原则，经综合分析研判，可以免责或者从轻定责，鼓励探索创新，支持担当作为，保护企业领导人员干事创业的积极性、主动性、创造性。

第六章　审计结果运用

第四十一条　集团公司和各分（子）公司应建立健全经济责任审计情况通报、责任追究、整改落实、结果公告等结果运用制度，将经济责任审计结果以及整改情况作为考核、任免、奖惩被审计企业领导人员的重要参考。

经济责任审计报告及审计整改报告应当归入被审计企业领导人员本人档案。

第四十二条　集团公司和各分（子）公司审计机构应按照规定以适当方式通报或公告经济责任审计结果，对审计发现问题的整改情况进行监督检查。

第四十三条　集团公司和各分（了）公司有关主管部门和纪检监察机构应当在各自职责范围内运用审计结果：

（一）根据干部管理权限，将审计结果以及整改情况作为考核、任免、奖惩被审计企业领导人员的重要参考；

（二）对审计移送事项依规依纪依法作出处理处罚；

（三）根据审计机构提供的业务问题清单，督促有关单位落实审计决定和整改要求，审核确认整改结果；

（四）对审计发现的典型性、普遍性、倾向性问题和提出的审计建议及时进行研究，并将其作为采取有关措施、完善有关制度规定的重要参考。

第四十四条　有关主管部门和纪检监察机构应以适当方式及时将审计结果运用情况反馈审计机构。

第四十五条 被审计企业领导人员及其所在单位根据审计结果，应当采取以下整改措施：

（1）对审计发现的问题，在规定期限内进行整改，将整改结果书面报告上级审计机构和有关主管部门；

（2）根据审计发现的问题，落实有关责任人员的责任，采取相应的处理措施；

（3）根据审计建议，采取措施，健全制度，加强管理；

（4）将审计结果以及整改情况纳入所在单位领导班子党风廉政建设责任制检查考核的内容，作为领导班子民主生活会以及领导班子成员述责述廉的重要内容。

第七章 附 则

第四十六条 审计机构、审计人员、被审计企业领导人员及其所在单位，在经济责任审计中的职责、权限、法律责任等，本规定未作规定的，依照《中华人民共和国审计法》《中华人民共和国审计法实施条例》（2010 年 2 月 11 日中华人民共和国国务院令第 571 号发布）和其他法律法规及集团公司有关规定执行。

第四十七条 集团公司和各分（子）公司按照干部管理权限对企业领导人员开展经济责任审计时按照本办法执行。

第四十八条 本办法由集团公司负责解释。

第四十九条 本办法自下发之日起施行。中国储备粮管理总公司印发的《中国储备粮管理总公司经济责任审计管理办法》（中储粮〔2008〕205 号）、《中国储备粮管理总公司经济责任审计评价办法》（中储粮〔2010〕954 号）同时废止。

中储粮集团公司固定资产投资项目审计管理办法

（中储粮〔2021〕70号）

第一章　总　则

第一条　为推进审计制度化、规范化建设，不断提升公司系统固定资产投资项目审计监督效能，根据审计署《关于内部审计工作的规定》（审计署令第11号）、《关于进一步完善和规范投资审计工作的意见》（审投发〔2017〕30号）和国务院国资委《关于深化中央企业内部审计监督工作的实施意见》（国资发监督规〔2020〕60号）等有关规定，结合公司系统实际，制定本办法。

第二条　本办法所称固定资产投资项目是指列入公司系统年度投资计划的建设项目，主要包括仓储、物流、加工、信息化建设及办公生活设施的新建、扩建、改建、维修、改造等建设项目。

第三条　本办法所称固定资产投资项目审计，是指审计机构依据国家有关法律法规、集团公司相关规定和项目批复文件，对固定资产投资项目建设管理等相关经济活动进行的监督和评价。固定资产投资项目审计包括：跟踪审计、工程结算审计、竣工决算审计。跟踪审计是指建设项目初步设计和投资概算批复后对项目建设管理等相关经济活动进行动态、持续的监督和评价；工程结算审计是指建设项目完工后对项目单位报送的工程结算资料和项目工程计价、工程量真实、准确性进行的监督和评价；竣工决算审计是指对建设项目概算执行的合法、合规性及竣工财务决算的真实、准确性进行的监督和评价。

第四条 固定资产投资项目审计工作遵循以下原则：

（一）合法合规性原则。内部审计机构和审计人员应严格遵守国家法律法规和集团公司规章制度，严格遵循审计职业道德规范。

（二）独立性原则。内部审计机构和审计人员应保持审计工作的独立性，不得参与项目建设决策和审批、招标、工程结算、竣工决算等活动。固定资产投资项目审计应选聘具有资质的第三方审计机构实施。

（三）客观性原则。内部审计机构和审计人员应坚持以事实为依据，客观、公正地履行审计职责，提出审计意见和建议。

（四）问题和风险导向原则。内部审计机构和审计人员应根据问题和风险发生的可能性，确定固定资产投资项目审计方向、程序、方法，提高审计效率和质量，防范投资风险，推动管理提升。

第五条 固定资产投资项目审计费用由项目单位承担，在项目概算中列支。

第六条 本办法适用于集团公司、分（子）公司及直属企业（含控股公司）。

第二章 职责权限

第七条 按照隶属关系和管理权限，公司系统固定资产投资项目审计工作采取统一领导、分级管理的方式组织实施。

第八条 集团公司内部审计机构主要职责：

（一）制定集团公司固定资产投资项目审计管理办法。

（二）对集团公司批复可行性研究报告及初步设计（实施方案）的固定资产投资项目组织实施工程结算审计和竣工决算审计，其中，对投资概算总额在5000万元及以上的重点投资项目组织实施跟踪审计。

（三）指导分（子）公司开展固定资产投资项目审计工作，督促做好固定资产投资项目审计发现问题整改。

（四）对固定资产投资项目审计成果进行统计、分析和运用。

第九条　分（子）公司内部审计机构主要职责：

（一）贯彻执行集团公司固定资产投资项目审计工作要求，制定辖区固定资产投资项目审计实施细则。

（二）对分（子）公司批复可行性研究报告及初步设计（实施方案）的固定资产投资项目组织实施工程结算审计和竣工决算审计，对投资概算总额较大的重要投资项目组织实施跟踪审计。

（三）做好集团公司固定资产投资项目审计的协调、配合工作，督促辖区有关项目单位做好固定资产投资项目审计发现问题整改。

（四）每年12月底前将辖区年度固定资产投资项目审计情况形成书面报告上报集团公司。审计过程中发现重大问题，第一时间向集团公司报告。

第十条　集团公司、分（子）公司投资主管部门主要职责：

（一）及时将年度投资计划、可行性研究报告和初步设计等批复文件抄送本级内部审计机构。

（二）对固定资产投资项目审计发现问题整改进行督导。

第十一条　项目单位主要职责：

（一）做好固定资产投资项目审计配合工作，按要求及时提供审计所需的资料，并对提供资料的真实、合法、完整性负责。实施跟踪审计的，及时通知审计人员列席有关工程例会和隐蔽工程、关键部位、单项工程验收等活动。

（二）按要求做好固定资产投资项目审计发现问题的整改。

第三章　审计重点

第十二条　基本建设程序。是否按规定编制项目建议书、可行性研究报告、初步设计文件，并履行审批程序；是否取得或办理项目选址意见书、建设用地规划许可证、工程规划许可证、土地使用审批、环保审批、消防等行政许可审批手续。

第十三条 招投标。招标方式、组织形式、招标范围是否符合批复核准要求；招标文件是否合法合规，工程量清单编制是否规范、完整；招投标程序是否合法合规。

第十四条 项目合同。是否按规定对建设管理活动订立书面合同，合同内容是否符合国家法律法规和招投标文件约定，是否更改招投标文件中合同条款的实质性内容；合同签订、履行、变更、终止等程序是否真实有效、合法合规，是否存在违规转包、分包。

第十五条 工程管理。是否建立固定资产投资项目建设管理相关制度，项目建设管理内部控制措施是否有效；工程进度、安全和质量管理是否到位；工程洽商变更是否严格履行审批程序。

第十六条 建设资金。项目建设资金是否及时到位；资金支付是否符合审批程序，手续是否齐全；是否严格按合同约定支付工程预付款、进度款，是否存在超付、欠付工程款等情况。

第十七条 工程结算。工程结算报告等结算资料是否真实、完整、合规；工程计价和工程量计算是否合规、真实、准确；工程索赔是否符合招投标文件和合同约定。

第十八条 竣工决算。项目概算执行是否合法合规；竣工财务决算报告是否真实、完整，交付使用资产是否真实、完整，建设成本核算是否准确。

第四章 工作程序

第十九条 制定审计计划。内部审计机构应加强与固定资产投资主管部门沟通，及时制定年度固定资产投资项目审计工作计划。跟踪审计自项目初步设计和投资概算批复后实施，工程结算审计和竣工决算审计自项目完成预验收且资料齐全后实施。

第二十条　提交审计申请。分（子）公司、项目单位应根据项目批复和建设情况，及时向上级内部审计机构报送项目审计申请。实施跟踪审计的，审计申请应在项目初步设计和投资概算批复后提交。

第二十一条　选聘第三方审计机构。按照集团公司有关规定，严格履行选聘程序，通过建立第三方审计机构备选库确定入围供应商、询价、竞争性谈判等方式，择优选定第三方审计机构，并签订审计合同。选聘的第三方审计机构应具有相关资质，实施跟踪审计的，应具有工程造价咨询企业甲级资质。

第二十二条　成立审计组。根据审计任务，成立审计组，审计组一般由内部审计机构人员与第三方审计机构人员共同组成。审计组成员应专业结构合理，具有相关工作经验和专业技术资格。

第二十三条　编制审计方案。审计组根据建设项目具体情况，制定审计方案，明确审计目标、范围、内容、人员分工及审计纪律等。

第二十四条　下发审计通知书。内部审计机构原则上在实施审计 5 个工作日前下发审计通知书，特殊情况可在实施审计时现场送达。

第二十五条　组织实施审计。审计组按照审计方案，通过查阅资料、踏勘现场、列席会议、编制审计工作底稿等方式，依法依规开展审计工作。

实施跟踪审计的，项目施工期间应经常深入现场，及时了解工程进度、变更等情况，并根据工程进展情况，分阶段开展管理审计，审核工程结算。项目单位应严格按照审计通知书要求，及时将项目建设有关重要事项提交审计组审核，并充分考虑审计工作量的大小，给审计组预留充足、合理的审计时间。审计组应对审计事项及时提出审计意见和建议，以书面形式送项目单位签收。审计意见和建议应客观公正、实事求是，具有针对性和可操作性。内部审计机构应要求第三方审计机构每月书面报送审计工作情况。

第二十六条 编制审计报告。审计工作结束后，审计组应及时编制建设项目工程结算审计报告和竣工决算审计报告，并书面征求项目单位意见。审计报告经内部审计机构审定后，由第三方审计机构出具正式报告。审计报告在正式出具后10个工作日内送达内部审计机构和项目单位。

第二十七条 审计成果运用。对固定资产投资项目审计发现的问题，内部审计机构应督促项目单位严格落实整改要求，确保问题整改到位，切实防范投资风险，促进企业提高投资经营决策水平。对固定资产投资项目审计发现的违规违纪违法问题线索，内部审计机构应按照集团公司《违规违纪违法问题线索移送暂行规定（试行）》（中储粮党字〔2020〕43号），及时移送纪检监察机构。

第五章 工作纪律

第二十八条 内部审计机构应建立与第三方审计机构沟通机制，及时掌握审计工作进展情况，研究解决审计工作存在的问题和困难，确保审计工作的顺利开展。内部审计机构应加强对第三方审计机构的日常管理，每年对第三方审计机构年度工作情况组织考评，考评结果作为选聘第三方审计机构的重要依据。

第二十九条 内部审计机构和内部审计人员开展固定资产投资项目审计工作，应严格遵守工作纪律，有下列行为之一的，根据情节轻重，按照干部管理权限进行追责问责：

（一）利用职权牟取私利的；

（二）隐瞒审计查出的问题或者提供虚假审计报告的；

（三）泄露国家秘密或者企业商业秘密的；

（四）未按有关法律法规和内部审计职业规范实施审计导致应当发现的问题未被发现并造成严重后果的。

第三十条　被审计单位和有关人员应积极配合固定资产投资项目审计工作，有下列行为之一的，根据情节轻重，按照干部管理权限进行追责问责：

（一）拒绝接受或者不配合固定资产投资项目审计工作的；

（二）弄虚作假、隐瞒事实真相的；

（三）无正当理由拒绝审计意见的；

（四）不落实整改或落实整改不力造成不良影响的；

（五）因违规审签工程结算资料等原因导致审计久拖不决无法定案造成不良影响的；

（六）打击报复审计人员的。

第三十一条　第三方审计机构违反国家有关规定和审计合同约定，内部审计机构应根据合同约定，视情节给予以下处罚：

（一）终止审计任务委托关系。

（二）扣减或停止支付审计费用、要求赔偿损失。

（三）取消该单位一定时期内参与公司系统固定资产投资项目审计业务的资格。

第六章　附　则

第三十二条　本办法由集团公司负责解释。

第三十三条　本办法自印发之日起施行。集团公司《重点投资项目跟踪审计暂行办法》（中储粮〔2009〕24 号）、《固定资产投资项目审计实施办法》（中储粮〔2012〕31 号）同时废止。集团公司其他有关规定与本办法不一致的，以本办法为准。

参考文献

［1］财政部:《中国注册会计师审计准则》。

［2］中国内部审计协会:《中国内部审计准则》。

［3］中天恒管理审计编写组:《管理审计操作案例分析》，中国市场出版社，2015 年版。

［4］高雅青、李三喜:《经济责任审计操作案例分析》，中国市场出版社，2020 年版。

［5］国资委统计评价局:《企业经济责任审计工作手册》，经济科学出版社，2006 年版。

［6］中国内部审计协会:《建设项目审计》，中国时代经济出版社，2008 年版。

［7］中天恒建设项目审计编写组:《建设项目审计操作案例分析》，中国市场出版社，2015 年版。

［8］赵保卿主编:《绩效审计理论与实务》，复旦大学出版社，2007 年版。

［9］余中福:《风险导向企业绩效审计》，中国水利水电出版社，2009 年版。

［10］国有企业内部控制课题组:《国有企业内部控制框架》，机械

工业出版社，2009 年版。

［11］3C 框架内部控制课题组：《内部控制标准精要及分析》，中国时代经济出版社，2008 年版。

［12］内部控制课题组：《企业内部控制基本规范解读与案例分析》，立信会计出版社，2008 年版。

［13］李三喜、徐荣才：《基于风险管理的内部控制》，中国市场出版社，2013 年版。

［14］审计署科研所：《美国政府审计准则》，中国财政经济出版社，2004 年版。

［15］江小琴：《企业内部控制与制度设计的对策研究》，《经济师》，2009 年第 5 期。

［16］牛成喆：《COSO 框架下的内部控制》，经济科学出版社，2007 年版。

后　　记

本书由中国储备粮管理集团有限公司培训中心委托编写。集团公司监督检查与审计部部长熊本国同志对本书的编写修订工作提出了许多指导意见。

本书共分六章，第一章、第三章由黄欣编写修订，第二章由刘阳、高昌原编写修订，第四章由郃小伟编写修订，第五章由钱立峰编写修订，第六章由孙斌编写修订。书稿形成后，钱立峰、潘超进行了审核。同时，集团公司有关部门、分（子）公司和直属企业以及北京中天恒会计师事务所有限责任公司给予了大力支持，在此一并表示感谢。

希望本书的出版，能够推动中储粮系统各级内部审计人员增强对内部审计知识的了解、丰富内部审计技术方法，进一步提升内部审计工作质量和效率，为依法全面履行内部审计职责、实现新时代内部审计高质量发展、推动企业治理体系和治理能力现代化贡献力量。

《内部审计》编写组
2021 年 6 月